Pessoa, Gênero e Família
UMA VISÃO INTEGRADA DO DIREITO

P475 Pessoa, gênero e família: uma visão integrada do direito. / Adriana Mendes Oliveira de Castro ... [et al.]. — Porto Alegre: Livraria do Advogado, 2002.
191 p.; 16 x 23 cm.

ISBN 85-7348-216-8

1. Direito de família. 2. Direitos da personalidade. I. Castro, Adriana Mendes Oliveira de.

CDU – 347.6

Índices para o catálogo sistemático:

Direito de família
Direitos da personalidade

(Bibliotecária Responsável: Marta Roberto, CRB-10/652)

Pessoa, Gênero e Família

Adriana Mendes Oliveira de Castro
Amélia Baldoino Stürmer
Elsita Collor Elesbão (coordenadora)
Maria de Lourdes Isaía Pinheiro
Marilise Kostelnaki Baú
Naele Ochoa Piazzeta
Telma Sirlei Ferreira Favaretto

UMA VISÃO INTEGRADA DO DIREITO

livraria
DO ADVOGADO
editora

Porto Alegre 2002

© Adriana Mendes Oliveira de Castro, Amélia Baldoino Stürmer,
Maria de Lourdes Isaía Pinheiro, Marilise Kostelnaki Baú,
Naele Ochoa Piazzeta, Telma Sirlei Ferreira Favaretto
Elsita Collor Elesbão (coordenadora), 2002

Capa, projeto gráfico e diagramação de
Livraria do Advogado Editora

Revisão de
Rosane Marques Borba

Direitos desta edição reservados por
Livraria do Advogado Ltda.
Rua Riachuelo, 1338
90010-273 Porto Alegre RS
Fone/fax: 0800-51-7522
livraria@doadvogado.com.br
www.doadvogado.com.br

Impresso no Brasil / Printed in Brazil

Apresentação

A compreensão do que realmente seja o fenômeno jurídico não deve partir do Direito como simples conjunto de normas, em uma visão unilateral e redutora, mas, da certeza de ser ele produto de uma realidade complexa e dinâmica, que é a vida em sociedade com seus problemas e controvérsias.

A presente publicação é fruto de um objetivo comum: contribuir para a crescente evolução do Direito através da interpretação de relevantes temas da atualidade.

A iniciativa, inicialmente tímida, foi tomando impulso à medida que as pesquisas eram realizadas.

Não se pretendeu efetuar um trabalho sistemático, já que a indagação de cada Autora se dirigia à sua área específica de atuação; há, entretanto, um refletir sobre matérias interdisciplinares.O projeto foi desenvolvido e, dos diversos trabalhos nele produzidos, os resultados alcançados estimularam sua publicação com o intuito de propiciar – ainda que despretensiosamente – a formulação de idéias acerca das perspectivas da ciência jurídica no novo século.

A preocupação com a pessoa humana, surgida com as declarações de direitos, a partir da necessidade de proteger o cidadão contra o arbítrio do Estado totalitário, e recepcionada pelas Constituições dos países democráticos, vai cedendo espaço para uma série de valores que lhe são imanentes.

O Direito não está, apenas, centrado funcionalmente no conceito de pessoa, como unidade psicofísica; também seu sentido e sua finalidade, em todas as áreas específicas, constituem proteção da pessoa considerada em suas inter-relações, bem como, sua integração e participação efetiva no contexto do grupo social.

É nessa condição de ente relativo que o homem trabalha com a ciência jurídica para perceber, sempre através de uma atividade organizada, a permanente reformulação sistemática do Direito, visando à normatização mais apurada da convivência entre os indivíduos.

E ao operador do Direito cabe, trazendo um apanhado das experiências do passado, fazer uma avaliação do contexto presente para lançá-las, aprimoradas, ao futuro.

Elsita Collor Elesbão
Coordenadora

Sumário

1. **Os direitos da personalidade no novo Código Civil brasileiro**
   Elsita Collor Elesbão (coord.) 9

2. **O consentimento informado sob a ótica jurídica**
   Marilise Kostelnaki Baú 35

3. **Negócios jurídicos nos direitos de família**
   Maria de Lourdes Isaía Pinheiro 47

4. **A família, a sociedade e o direito**
   Adriana Mendes Oliveira de Castro 87

5. **A incidência do princípio da igualdade nas relações conjugais com o advento da Constituição Federal de 1988**
   Amélia Baldoino Stürmer 103

6. **A mulher e o abandono do recém-nascido: uma análise transdisciplinar**
   Telma Sirlei Ferreira Favaretto 121

7. **Crimes da mulher – o Direito Penal da emoção**
   Naele Ochoa Piazzeta 163

1

Os direitos da personalidade no novo Código Civil brasileiro

ELSITA COLLOR ELESBÃO

Sumário: Introdução. 1. Direitos da personalidade na Constituição Federal; 2. Direitos fundamentais e direitos da personalidade; 3. Direitos da personalidade no novo Código Civil; 3.1. Características dos direitos da personalidade – art. 11; 3.2. Tutela geral dos direitos da personalidade – art. 12; 3.3. Proteção à integridade física – art. 13; 3.4. Atos de disposição do corpo – art. 14; 3.5. Inviolabilidade do corpo humano – art. 15; 3.6. Direito ao nome – art. 16; 3.7. Proteção concedida ao nome – arts. 17/18; 3.8. Previsão de tutela ao pseudônimo – art. 19; 3.9. Direitos intelectuais e proteção à imagem – art. 20; 3.10. Direito e proteção à intimidade – art. 21; 4 . Considerações finais; Referências bibliográfica.

INTRODUÇÃO

Uma nova Biologia, uma nova Química, uma nova Neurologia, uma nova Astronomia, uma nova Física – novos saberes – vão sendo revelados neste início de milênio, prometendo para as primeiras décadas do novo século realidades, até então, inimagináveis.

Da relação de permanente inteiração entre o direito e a sociedade resulta que tanto o sistema social – de que depende o sistema jurídico -, quanto o próprio sistema jurídico – que influi na sociedade – estão necessariamente em constante transformação.

Reconhecidamente, "o direito – todo o direito – é valorativo: determinada comunidade, em determinado momento histórico, elege certos valores que pretende dignos de proteção que se dá através do ordenamento jurídico regente da vida em sociedade".[1]

---

[1] Cortiano Júnior, Eroulths. "Alguns Apontamentos Sobre os Chamados Direitos da Personalidade" in *Repensando Fundamentos do Direito Civil Brasileiro Contemporâneo.* Coordenação do Professor Luiz Edson Fachin. São Paulo: Renovar, 1998, p. 31-32.

O assunto que se pretende aqui invocar, "os direitos da personalidade", é de importância transcendental para os juristas no mundo hodierno, caracterizado por profundas modificações e contínuos aperfeiçoamentos nas áreas da ciência e da tecnologia, que conduzem, concomitantemente, a descobertas extraordinárias, ricas e a questões tormentosas e de difícil solução.

É de reconhecer-se que à evolução técnico-científica, marca da idade contemporânea, não tem correspondido um avanço moral. A sociedade individualista do passado está sendo substituída pela sociedade tecnológica à medida que cresce o enriquecimento da personalidade do homem, mas, à medida que cresce a personalidade do homem, trava-se também um complexo embate entre progresso, moral e direito.

E que imensidão e variedade inesperada de panoramas se nos defrontam aos olhos maravilhados a partir do momento em que os juristas – principalmente os franceses, italianos e alemães – começaram a desdobrar seus estudos em dois grandes setores, cujos contornos passam a definir-se: os direitos fundamentais da pessoa e os direitos da personalidade.

Necessário, portanto, que se encontre uma fórmula de conciliação, para que se possa alcançar o supremo ideal do equilíbrio e da síntese, e que o novo Código Civil esteja orientado sinergicamente para a composição das forças colidentes, para que sejam evitadas inflexões que inclinem a balança mais para um dos lados, representando a predominância de uma aspiração sobre a outra.

É certo que tal empreendimento não constitui tarefa fácil e exige forças que os juristas deverão concentrar. Mas nem por isso se deve desistir, pois toda a tentativa de enfrentá-lo terá significativa valia como consciência do desafio da História em uma das áreas do imenso círculo em que se equaciona o problema do destino do homem.

1. DIREITOS DA PERSONALIDADE NA CONSTIUIÇÃO FEDERAL

A Constituição Federal de 1988, ao atrair para si a tutela dos chamados direitos da personalidade, deles trata de forma harmônica em concordância com a mais moderna doutrina. Provocou a ruptura de conceitos clássicos, em face da necessidade de dar guarida mais significativa a vários anseios da sociedade, configurando-se, assim, o que se pode chamar de norma social.

Em assim sendo, esses direitos evidenciam-se com maior abrangência em comparação ao disposto na Constituição anterior.

Nesse sentido, o art. 5º da Carta Magna – ao tratar dos Direitos e Garantias Fundamentais – é sobremodo significativo como instituto para a efetiva tutela de alguns dos mais expressivos direitos inerentes à condição humana. Nele se pode identificar o reconhecimento dos direitos da personalidade já em seu *caput*, e em mais de uma dezena de incisos, chegando à culminância na previsão – que não pode deixar de ser mencionada – da indenização por dano moral.

O destaque, entretanto, não se restringe tão-somente a esse dispositivo. O legislador constituinte brasileiro inscreveu, no pórtico da Constituição, a dignidade da pessoa humana como valor no qual se baseia a República Federativa do Brasil. O artigo 1º, dentre os cinco fundamentos enunciados, contempla a dignidade da pessoa humana. Nessa fórmula ampla, tem-se o resumo dos "direitos da personalidade".

O conceito de dignidade da pessoa humana é, assim, elevado a valor expressivo que confere sentido e unidade às disposições constitucionais e, particularmente, às relativas aos direitos fundamentais. A Carta Magna, como outras constituições democráticas, incorporou, pois, como valor essencial, a referência à dignidade humana, elemento de unidade valorativa do sistema constitucional.

Dessa garantia decorre, desde logo, como verdadeiro imperativo axiológico de toda a ordem jurídica, o reconhecimento de personalidade jurídica a todos os seres humanos, acompanhado da previsão de instrumentos jurídicos destinados à defesa das refrações básicas da personalidade humana, bem como, à necessária proteção desses direitos por parte do Estado.

Em conclusão, pode-se afirmar que a Constituição de 1988 – tratando com muita eqüidade dos direitos da personalidade – coloca o Estado a serviço do homem e da dignidade da pessoa como fundamento da República (art. 1º, III) e, como conseqüência, dissipa dramática e desgastante polêmica em torno da indenização por dano moral, ampliando o rol dos direitos e garantias (art. 5º).

A norma constitucional é parte integrante da ordem normativa, não se podendo restringir à mera diretriz hermenêutica ou regra limitadora da legislação ordinária. Assim, não se fala mais em proteção da pessoa humana pelo Direito Público ou pelo Direito Privado, mas em proteção da pessoa humana pelo Direito.

Salienta Ingo Wolfgang Sarlet,[2] ao referir-se ao objeto dos direitos à proteção, que:

---

[2] Sarlet, Ingo Wolfgang. *A Eficácia dos Direitos Fundamentais*. Porto Alegre: Livraria do Advogado Editora, 1998, p. 193.

"é preciso levar em conta que estes não se restringem à proteção da vida e da integridade física, alcançando tudo que se encontra sob o âmbito da proteção dos direitos fundamentais, como a dignidade da pessoa humana em geral, a liberdade, a propriedade, incluindo até mesmo a proteção contra os riscos da utilização pacífica da energia atômica. Da mesma forma, são múltiplos os modos de realização desta proteção, que pode se dar, como referido, por meio de normas penais, de normas procedimentais, de atos administrativos e, até mesmo, por atuação concreta dos poderes públicos".

2. DIREITOS FUNDAMENTAIS E DIREITOS DA PERSONALIDADE

Em sua obra *Comentários à Constituição de 1946*, Pontes de Miranda[3] afirma que "os direitos fundamentais são direitos pessoais", aduzindo que "Resta saber se os direitos fundamentais são todos direitos da personalidade". Após resumir diversas interpretações doutrinárias, conclui o Autor:

"Feitas as considerações acima, os direitos fundamentais são, na maioria, direitos da personalidade, não todos. O direito à garantia institucional do casamento ou da propriedade é pessoal, não, porém, direito da personalidade. O direito ao sigilo da correspondência e a inviolabilidade de domicílio, esses o são, porque são formas complexas de liberdade, conforme mostramos em 'Democracia, Liberdade, Igualdade, os três caminhos'".

Ressalta que há autores (Arturo Valencia Zea,[4] Alberto Trabucchi[5]) que consideram os direitos humanos, em princípio, os mesmos da personalidade, mas deve-se entender que, quando se fala dos direitos humanos, faz-se referência aos direitos essenciais do indivíduo em relação ao direito público, visando a protegê-los contra as arbitrariedades do Estado.

Ao serem examinados os direitos da personalidade, sem dúvida, se está diante dos mesmos direitos, porém, sob o ângulo do Direito Privado, ou seja, de relações entre particulares, devendo-se, pois, defendê-los frente aos atentados perpetrados por outras pessoas.

---

[3] Pontes de Miranda, Francisco C. *Comentários à Constituição de 1946*. São Paulo: Borsoi, t. IV, Título IV, Cap.15, 4. ed., 1963, p. 280 e segs.

[4] Zea, Arturo Valencia. *Derecho Civil. Parte General y Personas*. Bogotá: Themis, 1968, p. 389.

[5] Trabucchi, Alberto. "I Soggetti e il Diritto delle Persone", *in Instituzioni di Diritto Civile* 37. ed. Padova: CEDAM, 1997, p. 27.

Em estudos mais recentes, há quem não faça essa distinção. Ao tratar da matéria, Carlos Alberto Bittar[6] divisa de um lado os *direitos do homem* ou *direitos fundamentais da pessoa natural*, como objeto de relações de direito público, para efeito de proteção do indivíduo contra o Estado. Refere que "incluem-se, nesta categoria, normalmente, os direitos: à vida, à integridade física, às partes do corpo, à liberdade, o direito de ação".

"De outro lado – prossegue- consideram-se direitos da personalidade os mesmos direitos, mas sob o ângulo das relações entre particulares, ou seja, da proteção contra outros homens".

E afirma logo a seguir:

"Por direitos do homem, ou da personalidade devem entender-se aqueles que o ser humano tem em face de sua própria condição".[7]

Este Autor equipara, portanto, os direitos, distinguindo-os, apenas, pelo modo de proteção: perante o Estado ou perante outros sujeitos.

Autores há, contudo, que consideram relativos os chamados direitos fundamentais. É o caso de Norberto Bobbio:[8]

"... os direitos do homem constituem uma classe variável, como a história destes últimos séculos demonstra suficientemente. O elenco dos direitos do homem se modificaram e continuam a se modificar, com a mudança das condições históricas, ou seja, dos carecimentos e dos interesses, das classes no poder, dos meios disponíveis para a realização dos mesmos, das transformações técnicas, etc."

E prossegue:

"Direitos que foram declarados absolutos no final do século XVIII, como a propriedade *sacre et inviolable*, como foram submetidos a radicais limitações nas declarações contemporâneas; direitos que as declarações do século XVIII nem sequer mencionavam, como os direitos sociais, são agora proclamados com grande ostentação nas recentes declarações. Não é difícil prever que, no futuro, poderão emergir novas pretensões que no momento nem sequer podemos imaginar, como o direito de não portar armas contra a própria vontade, ou o direito de respeitar

---

[6] Bittar, Carlos Alberto. *Os direitos da Personalidade*. Rio de Janeiro: Forense Universitária, 1989, p. 20.

[7] Idem, ibidem, p. 23.

[8] Bobbio, Norberto. *A Era dos Direitos*. Tradução brasileira, 1ª parte. São Paulo: Campos, 1992, p. 18.

a vida também dos animais e não só dos homens. O que prova que não existem direitos fundamentais por natureza. O que parece fundamental numa época histórica e numa determinada civilização não é fundamental em outras épocas e em outras culturas".

Em conclusão, entende Bobbio[9] que "o problema fundamental em relação aos direitos do homem, hoje, não é tanto o de justificá-los, mas o de protegê-los".

3. DIREITOS DA PERSONALIDADE NO NOVO CÓDIGO CIVIL

Na disciplina da matéria ora sob exame, as inovações são várias. O Ministro José Carlos Moreira Alves,[10] quando da abertura do "III Seminário Nacional do Novo Direito Civil", ao expor as alterações da Parte Geral, assim se pronunciou:

"Não que se pretendesse modificar por modificar. O Código Civil, como todas as codificações, não é campo de experimentações; é campo de fixação daquilo que já está estratificado, não está sujeito a experiências que devem ficar com as leis extravagantes. Os Códigos são legislações que tendem a viger o maior tempo possível porque tendem a permanecer o maior tempo possível. As modificações devem ficar por conta das leis extraordinárias".

A iniciativa de um novo Código não surgiu de repente. Foi, ao contrário, conseqüência de duas tentativas anteriores que indicavam alterações que já deveriam ser evitadas ou, então, complementadas.

Também o Projeto do Código Civil de 1899 – vigente ainda hoje – fora objeto de réplicas e tréplicas.Muitos dos princípios hoje consagrados, por estarem, na época, ainda em evolução, não foram nele estabelecidos, nem sequer aludidos, como, por exemplo, a figura do negócio jurídico da teoria moderna.

A Comissão Elaboradora, responsável pela nova codificação, constituída pelos eminentes jurisconsultos – José Carlos Moreira Alves (Parte Geral); Agostinho de Arruda Alvim (Direito das Obrigações); Sylvio Marcondes (Direito de Empresa); Ebert Vianna Chamount (Direito das Coisas); Clóvis do Couto e Silva (Direito de Família); Torquato Castro (Direito das Sucessões); Miguel Reale (Coordenador-Geral) –, mostrando-se sensível à necessidade de atender às contribuições da civilística contemporânea, não vacilou no sentido de

---
[9] Op. cit., p. 24-25.

[10] Alves, José Carlos Moreira. "Palestra de abertura do III Seminário Nacional", *Novo Direito Civil*. Rio de Janeiro, setembro, 1997.

preferir uma sistematização ampla, embora tenha partido do Código em vigor. Claro está que foi fixado o critério de preservar, sempre que possível, as disposições do Código atual, porquanto, de certa forma, cada texto legal representa um patrimônio de pesquisas, de estudos, de pronunciamentos da Doutrina e da Jurisprudência. Há, por conseguinte, todo um saber jurídico acumulado ao longo do tempo, substrato que aconselha a manutenção do que é válido e eficaz, ainda que em seus novos termos.

Ao contrário do que ocorre com códigos que adotam a sistemática germânica, nos quais a Parte Geral corresponde ao Livro Iº, da série de cinco Livros, o novo texto apresenta-se disposto em Parte Geral e Parte Especial – experiência trazida do Projeto de Teixeira de Freitas –, ambas divididas em Livros cuja respectiva numeração é autônoma.

Na Parte Geral, constam as disposições gerais aplicáveis às pessoas, aos valores essenciais da personalidade humana, ao regramento das pessoas jurídicas, aos bens e aos fatos jurídicos, em cujo início está a norma fundamental da capacidade jurídica de todo o ser humano e a regra relativa à personalização civil.

O Projeto do novo Código Civil brasileiro, recentemente aprovado (Projeto de Lei nº 634, de 1975),[11] dedicou inovação significativa com a introdução, na Parte Geral, de um espaço reservado aos direitos da personalidade.

Abriu-se um Capítulo – para os chamados direitos da personalidade – que não se poderia esperar estivesse no Código Civil vigente, motivo de severas críticas por parte da doutrina, à época da edição do Código de 1916, pois não se admitia que o ser humano fosse, ao mesmo tempo, titular e objeto desses direitos, devido à circunstância de que a matéria era, ainda, bastante controvertida, e muitos juristas negavam a existência desses direitos.

O interesse na tutela coloca-se de modo diferente em relação aos direitos ditos patrimoniais, reais ou de crédito. Nos direitos da personalidade, o bem que o titular pretende defender não existe fora de si, no mundo da natureza que lhe é estranho; insere-se, ao contrário, na própria personalidade, na sua individualidade física ou na sua experiência.

Não é a pessoa o objeto desses direitos, mas são certas facetas de sua personalidade que constituem o objeto da titularidade dos referidos direitos. Direitos da personalidade são aqueles que já estão estratificados, descritos por leis extravagantes.

---

[11] Oliveira, Juarez de; Machado, Antônio Cláudio da Costa. "Novo Código Civil". *Projeto aprovado pelo Senado Federal*. São Paulo: Oliveira Mendes, 1999.

Do artigo 11 ao artigo 21, o novo texto estabelece normas nas quais assegura a proteção aos direitos da personalidade, embora sem especificá-los, salvo o direito à integridade física, o direito ao nome e a proteção à imagem. Preferiu, assim, limitar-se a estabelecer poucos dispositivos enunciativos de normas gerais.

A cautela deve-se, segundo Francisco Amaral,[12] "à complexidade e ao estado embrionário do estudo dessa matéria em nosso direito".

E isso é dito, inclusive, na Exposição de Motivos de encaminhamento do Projeto pela própria Comissão Elaboradora:[13]

"Todo um capítulo novo foi dedicado aos direitos da personalidade, visando a sua salvaguarda, sob múltiplos aspectos, desde a proteção dispensada ao nome e à imagem, até o direito de se dispor do próprio corpo para fins científicos ou altruísticos. Tratando-se de matéria de *per si* complexa e de significação ética essencial, foi preferido o enunciado de poucas normas dotadas de rigor e clareza, cujos objetivos permitirão os naturais desenvolvimentos da doutrina e da jurisprudência".

Cabe indagar-se o que é personalidade?

Para Caio Mário da Silva Pereira,[14] "a idéia de personalidade está intimamente ligada à da pessoa, pois exprime a aptidão genérica para adquirir direitos e contrair obrigações. Essa aptidão é hoje reconhecida a todo ser humano, o que explica uma conquista da civilização jurídica, já que nem sempre foi assim. Como o homem é o sujeito das relações jurídicas, e a personalidade a faculdade a ele reconhecida, diz-se que todo o homem é dotado de personalidade".

Vale mencionar que, no Direito brasileiro, a idéia de concessão de personalidade a todo ser humano vigorou mesmo ao tempo da escravidão negra, embora o regime jurídico do escravo não o equiparasse ao homem livre.

A personalidade é um atributo jurídico. Na expressão de Orlando Gomes:[15] "a personalidade de homem é institucionalizada num complexo de regras declaratórias das condições de sua atividade jurídica e dos limites a que se deve circunscrever. O conhecimento dessas normas interessa a todo o Direito Privado, porque se dirige à pessoa humana considerada na sua aptidão para agir juridicamente".

---

[12] Amaral, Francisco. *Direito Civil Brasileiro. Introdução*. Rio de Janeiro: Forense, 1991, p. 246.

[13] *Exposição de Motivos do Projeto de Código Civil Brasileiro*. Projeto de Lei nº 634, de 1975. Cabe indagar-se o que é personalidade?

[14] Pereira, Caio Mário da Silva. *Instituições de Direito Civil*. v. I, 19. ed. Rio de Janeiro: Forense, 1999, p. 142.

[15] Gomes, Orlando. *Introdução ao Direito Civil*. Atualizado por Humberto Theodoro Júnior. 11. ed. Rio de Janeiro: Forense, 1995. p. 141.

Outra indagação: que são direitos da personalidade?

São as garantias máximas de que dispõe o ser humano; são muralhas que resguardam aquilo que ele tem de mais valioso. E já estratificados, esses direitos estão descritos por leis extravagantes. Consoante a definição de Carlos Alberto Bittar,[16] são "da personalidade os direitos reconhecidos à pessoa humana tomada em si mesma e em suas projeções na sociedade, previstos no ordenamento jurídico, exatamente para a defesa de valores inatos ao homem, como a vida, a higidez física, a intimidade, a honra, a intelectualidade e outros".

Em estilo mais explícito, afirma Orlando Gomes[17] que "sob a denominação de direitos da personalidade, compreendem-se os direitos personalíssimos e os direitos sobre o próprio corpo. São direitos considerados essenciais ao desenvolvimento da pessoa humana que a doutrina moderna preconiza e disciplina no corpo do Código Civil, com os direitos absolutos, desprovidos, porém, da faculdade de disposição. Destinam-se a resguardar a eminente dignidade da pessoa humana, preservando-a dos atentados que pode sofrer por parte dos outros indivíduos".

Esse conceito representa o ápice de abrangência da matéria, pois inclui os elementos internos e externos da pessoa, bem como, o seu aspecto social como ser de relações que é.

Duas questões suscitadas por Pontes de Miranda[18] merecem destaque. Uma em que sustenta não serem inatos os direitos da personalidade: "O direito a ter nome é direito inato; nasce-se com ele... O direito ao nome não é inato: nasce com a aposição do nome".

A outra questão reside na tese de que o direito à integridade física "não consiste somente na incolumidade anatômica; há o direito à integridade física que trata de direito a não ser contagiado, como na hipótese de recusa a relações sexuais com o cônjuge, por estar este com infecção venérea". Ambas as questões envolvem efeitos de tal complexidade, que não podem ser sumariamente aceitos.

Diante dessa dificuldade, é oportuna a referência de Santos Cifuentes,[19] para quem não podem ser "verdadeiros direitos personalíssimos aqueles a que falta a característica principal de serem inatos".

---

[16] Bittar, Carlos Alberto. *Os Direitos da Personalidade*. Rio de Janeiro: Forense Universitária, 1989, p. 1-2.

[17] Op. cit., p. 131-32.

[18] Pontes de Miranda, Francisco C. *Tratado de Direito Privado*. Parte Geral. t. VII, Rio de Janeiro: Borsoi, 1971, p. 10-20.

[19] Cifuentes, Santos. *Los Derechos Personalísimos*, 2ª ed. Buenos Aires: Astrea Editores, 1995, p. 108.

Feitas essas reflexões introdutórias, cumpre analisar, portanto, algumas das mais importantes inovações, propostas pelo novo Código Civil brasileiro, quanto aos direitos da personalidade.

3.1. Características dos direitos da personalidade – art. 11

O texto aprovado, em relação ao art. 1º, parece que veio simplificar uma definição bastante discutida no Código em vigência, ao adotar a expressão "toda pessoa" como detentor de direitos e deveres na ordem civil.

E o artigo 2º é similar ao artigo 4º do Código atual, todavia, substituindo o termo "personalidade civil do homem" por "personalidade civil da pessoa", preserva a garantia dos direitos do nascituro "desde a concepção".

A qualificação de pessoa está condicionada a um determinado momento (o do nascimento) tido como o do início da vida. Para o texto inovador – análogo ao do Direito vigente – a pessoa à qual é reconhecido o atributo da personalidade é o ser humano com vida, extinguindo-se a personalidade somente com o advento da morte.

Em brevíssima reflexão, constata-se que, desde 1997, a partir da clonagem de uma célula diferenciada, a perplexidade vem dominando o mundo. Não se põe em dúvida que essa criação da ciência humana, considerada de *per si*, pode trazer benefícios, qual seja, o progresso da ciência. Contudo, associada aos efetivos benefícios subsiste a questão ética que se reflete necessariamente no Direito.

Também o anúncio da descoberta da cartografia genética coloca esse tema em evidência.Em se tratando de questões referentes à clonagem humana, vigora a Lei nº 8.974/95, que estabelece as normas para uso das técnicas de engenharia genética.

Várias dessas questões carecem de interpretação e regulamentação, particularmente as correlacionadas à Bioética e ao Biodireito, como, por exemplo, o início da vida; enquanto o Direito o situa a partir do nascimento, a Biociência o concebe já anteriormente, na fertilização (fecundação ou concepção), percebendo no embrião características de individualidade e singularidade próprias de cada ser humano.

Pontes de Miranda[20] refere, ao analisar a proteção legal concedida aos interesses do ente ainda não nascido, que o já concebido é suporte fático de "pessoa", pois pode não vir a nascer vivo, sendo considerado, então, como se não tivesse sido concebido, estabelecen-

---

[20] Pontes de Miranda. *Tratado de Direito Privado*. t. I, parág. 51. Rio de Janeiro: Borsoi, p. 171.

do-se, assim, distinção entre *homo* e *persona* – o que ainda vai entrar na vida social e o que nela já entrou.

"Tal identificação – conclui o Mestre – foge à verdadeira natureza do Direito: protege-se o feto, como ser vivo, como se protege o ser humano já nascido, contra atos ilícitos absolutos e resguardam-se os seus interesses, para o caso de nascer com vida; biologicamente, o *conceptus sed non natus* já é homem; juridicamente este ser humano ainda não estreou na vida social, que é onde se enlaçam as relações jurídicas".

Modernamente, Direito e Ética estão inter-relacionados e, como conseqüência, reflexões da Bioética devem fornecer ao Direito parâmetros que permitem a reconstrução da idéia de pessoa fundada na coincidência entre pessoa e ser humano.

O artigo 11 do novo Código, ao tratar dos direitos da personalidade, estabelece proteção a esses direitos, definindo-os como "intransmissíveis e irrenunciáveis, não podendo o seu exercício sofrer limitação voluntária", exceto nos casos previstos em lei.

As características dos direitos da personalidade, desde logo, os elevam a uma posição mais destacada em relação aos demais, justamente porque concerne a direitos essenciais, fundamentais do indivíduo.

Ao indicar a definição de intransmissíveis, deve-se ressaltar que a personalidade compreende os bens mais importantes do ser humano, e seus atributos pertencem, também, ao indivíduo sem que possa transferi-los, porque inerentes à pessoa. A intransmissibilidade resulta da infungibilidade da personalidade e da indicação de efeitos que lhe são próprios.

Nos direitos da personalidade, o elemento determinante de sua intransmissibilidade reside em seu objeto, ou seja, nos aspectos essenciais da personalidade humana. São inseparáveis da pessoa, pois é inconcebível que vida, liberdade, integridade possam transferir-se da esfera jurídica de um indivíduo para a de outro. Tampouco, o ordenamento jurídico permite tal separação, que implica desnaturação, ou seja, um ir contra a natureza das coisas.

Quanto à irrenunciabilidade dos direitos personalíssimos, enquanto alguns autores a ressaltam sem restrições, outros deixam de citá-la, e outros ainda a proclamam com restrições.

A razão para a irrenunciabilidade é a mesma da intransmissibilidade: de vinculação interna com a personalidade.

Conquanto se possa presumir a ocorrência tanto da falta de restrições quanto da omissão à irrenunciabilidade por parte de alguns autores pelo fato de serem considerados os direitos da personalidade de índole vitalícia, a dissensão existe.

A irrenunciabilidade decorre do mesmo vínculo que o direito tem com seu titular. Se não lhe é possível dispor dos direitos da personalidade, obviamente, não é possível, também, renunciar a eles, pois a renúncia constitui uma forma de disposição e como tal exige capacidade dispositiva por parte do renunciante.

Carlos Alberto da Motta Pinto,[21] em consonância com o Código Civil Português (art. 81), afirma que os direitos da personalidade "são irrenunciáveis, podendo, todavia, ser objeto de limitações voluntárias que não sejam contrárias aos princípios da ordem pública".

Justifica-se a não-limitação desses direitos, conforme a parte final do referido dispositivo ("não podendo o seu exercício sofrer limitação voluntária") por serem de natureza absoluta.

Como tal, têm esses direitos eficácia *erga omnes*, devem ser respeitados por todos. Além disso, sendo o respeito a esses direitos um princípio de ordem pública, seu exercício não pode ser afastado por vontade própria. Ninguém pode, por exemplo, deixar de ser livre, ou de usar o seu próprio nome, ou de dispor de sua liberdade como lhe convier, bem como é contrário à ordem pública uma pessoa permitir a outra o direito de ofendê-lo.

O direito protege a liberdade física e a liberdade de pensamento em preceitos constitucionais (Constituição Federal art. 5º, IV, XV e LXVIII) e penais (Código Penal, art. 148). O direito à liberdade é, portanto, um dos direitos da personalidade, complexo, passível de ser decomposto em vários aspectos, como o direito à liberdade pública, à liberdade política, à liberdade de ação, à liberdade de idéia, à liberdade de ir e vir, à liberdade de reunião, à liberdade de associação. O direito à liberdade dirige-se contra as outras pessoas e contra o Estado.

Presidida a disposição pela ressalva – "com exceção dos casos previstos em lei" – e sem especificar os direitos da personalidade, a regra inovadora deixa espaço bastante para o entendimento inteligente do texto na doutrina e na jurisprudência, de acordo com fatos e relações supervenientes.

Como o novo diploma legal não enumera os direitos da personalidade, torna-se patente que terão todos a proteção prevista, variando a tutela com as qualidades peculiares deles próprios e do ato antijurídico.

---

[21] Pinto, Carlos Alberto da Motta. *Teoria Geral do Direito Civil*. 2 ed. Coimbra: Ed. Coimbra, 1983, p. 88.

Apresentam os direitos da personalidade caráter vitalício: se a personalidade inicia-se com o nascimento e termina com a morte, o mesmo sucede com os direitos que lhe são pertinentes.

Esta característica pode, também, ser designada de "imprescritibilidade", pois o decurso do tempo permanece como inerte no que concerne ao eventual desinteresse do titular do direito atinente à personalidade quanto ao seu exercício, pois não se extingue pelo não-uso ou por falta de proteção dos mesmos.

Aspecto importante e que deve ser abordado ao fazer-se o estudo da natureza jurídica dos direitos da personalidade é o fato de alguns autores admitirem que, ao invés de vários direitos da personalidade, existe apenas um direito geral e abstrato da pessoa, o que implica proteção de seus pressupostos e atributos.

Em oposição a essa teoria, Arturo Valencia Zea[22] conclui que a tese que encontra guarida na doutrina é a que considera a personalidade em si, tida como uma categoria jurídica, suporte dos direitos subjetivos.

Os direitos da personalidade constituem uma categoria autônoma dentre os direitos subjetivos, devido ao fato de que a especialidade de seu conteúdo provém do caráter essencial que lhe é inerente. Por sua importância, deveriam ser tratados em livro expressamente reservado nos Códigos Civis.

A maioria, porém, dos Códigos que regulamentam a matéria opta por sua inclusão em capítulo da Parte Geral. Assim é no Código Civil Suíço, Código Civil Alemão, Código Civil Português. O Código Civil Italiano a prevê no Livro das Pessoas.

3.2. Tutela geral dos direitos da personalidade – art. 12

Ao tratar da tutela geral dos direitos da personalidade no artigo 12, o Código garante o uso de medida que faça cessar "a ameaça, ou a lesão, a direito da personalidade", prevendo para o ofendido a possibilidade de "reclamar perdas e danos", inclusive, "sem prejuízo de outras sanções previstas em lei".

A lei protege os indivíduos contra qualquer ofensa, ou ameaça de ofensa, à sua integridade física ou moral. Independentemente da responsabilidade civil, a pessoa ameaçada ou ofendida pode requerer as providências adequadas às circunstâncias do caso, com o fim de evitar a consumação da ameaça ou atenuar os efeitos da ofensa cometida.

---

[22] Zea, Arturo Valencia. *Derecho Civil*. Parte Geral y Personas. Bogotá: Themis, 1968, p. 456 e segs.

Em seu parágrafo único, cuida o citado dispositivo da ofensa que possa vir a ser praticada quando o ofendido já não mais possa se defender, designando as pessoas legitimadas para o exercício de tal procedimento defensivo.

Com a morte do titular, o cônjuge sobrevivente ou seus parentes próximos mencionados no art. 12 podem opor defesa à ofensa que tenha sido praticada contra o extinto – como, por exemplo, divulgação de aspectos de sua vida íntima não autorizada – não por transferência dos direitos da personalidade, mas por direito próprio.

Conclui-se que, com este artigo 12, poderão ser reconhecidos os direitos da personalidade que não estão regulamentados nos dispositivos seguintes, mas que ainda se poderão concretizar.

3.3. Proteção à integridade física – art. 13

Reconhecendo os direitos da personalidade como direitos incidentes sobre aspectos da personalidade humana e visando-se à respectiva tutela, logo advém a questão de saber como se devem exercitar esses direitos.

Tal abordagem de excepcional importância, pela vinculação inerente à individualidade, requer minuciosa reflexão.

O Código Civil, em seu art. 13, proíbe a "disposição do próprio corpo, quando importar diminuição permanente da integridade física, ou contrariar os bons costumes".

Todavia, admite, expressamente, a disposição de órgãos "para fins de transplante, na forma estabelecida em lei especial" (art. 13, parágrafo único), em atendimento ao desenvolvimento da Medicina e a exigências sociais.

Se os direitos da personalidade, em princípio, não sofrem limitação voluntária em seu exercício, são, contudo, reconhecidos e regulados pela ordem jurídica positiva que lhes transmite caráter de relatividade no meio social, a bem da coexistência pacífica, ou de interesse público determinado.

O direito legislado reconhece a possibilidade ao titular do direito de dispor do seu próprio corpo, inclusive para após a sua morte, prevendo ser imprescindível seu consentimento para os casos de operações cirúrgicas.

As recentes descobertas biológicas, referentes à inseminação artificial, carecem de regulamentação complementar da matéria, o que já está sendo objeto de cogitação pelo legislador brasileiro.

A análise jurídica diz respeito aos direitos humanos e, especificamente, aos direitos da personalidade. Para a ciência do Direito, a apropriação de elementos naturais do corpo humano ou cientificamente elaborados, se apresenta como o principal problema a ser resolvido.

Na opinião de José Antônio Peres Gediel,[23] o "acesso e o uso de dados genéticos humanos, para fins de pesquisa e aplicação terapêutica, exigem, portanto, a revisão preliminar dos conceitos jurídicos clássicos de "pessoa", "coisa", "propriedade", cuja análise se radica na formação do Direito Moderno e compreende, também, as noções jurídicas de indissociabilidade entre o sujeito e seu corpo, garantia de dignidade essencial da pessoa humana e autonomia corporal".

3.4. Atos de disposição do corpo – art. 14

No conceito de proteção à integridade física, inscreve-se o direito ao corpo, no qual se configura a disposição de suas partes, em vida ou para depois da morte, para finalidades científicas ou humanitárias, subordinado, contudo, esse direito à preservação da própria vida ou de seus respectivos órgãos.

Nada impede a cessão de partes corporais que se reconstituam naturalmente e de outras não-reconstituíveis, desde que se não comprometa a vida ou a saúde.

Ainda no contexto do direito ao corpo, incorre a autorização constitucional para intervenção cirúrgica e para transfusão de sangue. A ela associa-se a cirurgia dos transplantes (Constituição Federal, art. 199, § 4º)

A liberdade geral da ação humana para disposição do corpo apresenta-se, assim, a par da tutela da personalidade, conjugando e integrando sua proteção, como a outra estrutura fundamental desses direitos.

O art. 14 do recente do CCB regula a validade da "disposição gratuita do próprio corpo, no todo ou em parte, para depois da morte", ressalvando a respectiva finalidade científica ou altruística.

É de observar que a doação de órgãos para transplante está contemplada em legislação específica, por isso o novo Código trata tão-somente de proibição que venha a mutilar o doador.

A Lei nº 9.434, de 04.02.1997, regulamentada pelo Decreto nº 2.268, de 30.06.1997, disciplina os casos específicos dos transplantes na doação de órgãos, bem como, estabelece – dada a complexidade desses casos – que deve haver perícia médica técnica para definir a ocorrência da efetiva morte, seus sinais evidentes, que autorizem a retirada de órgãos. E, até mesmo, dos problemas de ordem ética que

---

[23] Gediel, José Antônio Peres. "Tecnociência, dissociação e patrimonialização jurídica do corpo humano", in *Repensando Fundamentos do Direito Civil Brasileiro Contemporâneo*. Coord. Luiz Edson Fachin. São Paulo: Renovar, 1998, p. 60.

envolvem os transplantes, protegendo a vida daqueles que ainda estão vivos, para que não sejam sacrificados. Ou, no caso de morte já constatada, para a verificação da possibilidade de retirada de órgãos, ainda, aproveitáveis.

O referido artigo 14, em seu parágrafo único, prevê, outrossim, a revogabilidade do ato de disposição a qualquer momento, a critério do sujeito-doador.

É necessário ressaltar que esses atos e interesses, mesmo que estejam na esfera de disponibilidade de quem os realiza e de quem é destinado a recebê-los, para serem juridicamente merecedores de tutela, devem, em qualquer circunstância, respeitar a pessoa.

O mundo tecnológico da sociedade capitalista faz pensar acerca da possibilidade de o indivíduo dispor livremente de seu próprio corpo (ou de parte dele).

Observam-se atitudes contrastantes em relação à disposição de partes do corpo: uma decorrente da solidariedade humana, o que justifica a disposição, e outra do individualismo, que a injustifica, pois visa a fins particulares, notadamente o lucro.

Sobre o assunto, entende Eroulths Cortiano Júnior[24] que "de modo geral é aceita a disposição de partes do corpo humano com fins solidários e humanitários, mas inadmite-se a respectiva remuneração.Aceita-se a remuneração tão-somente quando se trata de algumas partes do corpo renováveis (cabelos, dentes, unhas, ou mesmo, leite materno e esperma), desconsiderando-se a idéia de solidariedade. Essa antítese no tratamento de uma mesma questão (disposição de partes do corpo humano) fez ver a enorme influência de preceitos éticos e morais sobre a ordem jurídica".

Mais adiante, o Autor questiona a possibilidade de retroceder ou, ao contrário, ampliar a esfera dos direitos e das liberdades, promovendo, nos países e nos documentos internacionais, um estatuto do corpo, que considere todos os progressos conseguidos e os direitos a serem conquistados, quanto às manifestações e aos abusos que as tecnologias biomédicas hoje tornam possíveis. Certamente, esse assunto merece a maior atenção.

3.5. Inviolabilidade do corpo humano – art. 15

O art. 15 dispõe sobre a exigência de autorização do paciente para se submeter a tratamento médico ou à intervenção cirúrgica, consagrando, assim, a inviolabilidade do corpo humano.

---
[24] Cortiano Júnior, Eroulths. Obra citada, p. 52.

A integridade da pessoa, no entendimento de Pietro Perlingieri,[25] tem uma unidade problemática, dado que único é o bem ou interesse protegido. Seja o perfil físico, seja aquele psíquico, ambos constituem componentes indivisíveis da estrutura humana.

A tutela de um desses perfis traduz-se naquela de pessoa no seu todo, e a disciplina na qual consiste esta tutela é, de regra, utilizável também para cada um de seus aspectos.

Conforme referido, é na pessoa que os direitos se concentram, por isso, ela é sujeito de direito ou centro de imputações jurídicas, no sentido de que se lhe atribuem posições jurídicas.

À evidência, ninguém pode ser constrangido a submeter-se a exame médico ou a tratamento médico ou cirúrgico. Todavia, em determinadas circunstâncias, o exame médico é necessário, e o tratamento, recomendável, quer no próprio interesse do indivíduo, quer no interesse legítimo de terceiro, como, por exemplo, se este terceiro está obrigado a indenizar o paciente por lesões corporais que lhe tenha causado, e a recusa ao tratamento por parte da vítima possa agravar o dano.

Também a urgência da intervenção e o iminente risco de deterioração da saúde devem ser sopesados no exame das hipóteses em que o consentimento deixa de ser obtido pelo médico.

Com efeito, nos termos do art. 56 do Código de Ética Médica (Resolução do Conselho de Medicina nº 1.246, de 08 de janeiro de 1988), é direito do paciente "decidir livremente sobre a execução de práticas diagnósticas ou terapêuticas, salvo em caso de iminente perigo de vida".

Nesse sentido, observa Ruy Rosado de Aguiar Júnior[26] que "em certas circunstâncias, a inexistência do assentimento é evidente, como no caso do surgimento de um fato novo, no desenrolar de uma cirurgia. Se possível suspender o ato sem risco, para submeter a decisão ao paciente em vista de novos indícios do material encontrado, essa é a providência recomendada".

Toda vez que houver um risco de vida, é preciso contar com o consentimento esclarecido do paciente, só dispensável em caso de premente urgência e insuperável, ou de atuação compulsória.

Também a integridade psíquica – aspecto do mais amplo valor que é a pessoa – analogamente à integridade física, não é suscetível de válida disposição, se não for em razão de sérios e ponderáveis motivos de saúde.

---

[25] Perlingieri, Pietro. *Perfis do Direito Civil. Introdução ao Direito Civil Constitucional.* Tradução de Maria Cristina de Cicco. Rio de Janeiro: Renovar, 1997, p. 159.

[26] Aguiar Júnior, Ruy Rosado. *Responsabilidade civil do médico.* São Paulo: RT, 1995, nº 718, p. 34.

Do mesmo modo que a intervenção no corpo do sujeito, aquela destinada a modificar um todo considerável e permanente da psique justifica-se, como ato em si, exclusivamente com base em uma avaliação global do estado de saúde, feita por pessoa legitimada.

Oportuno esclarecer, entretanto, que "o tão só consentimento, neste caso, não é idôneo para legitimar a intervenção; determinante é a avaliação objetiva, de competência do especialista: frente a um juízo negativo sobre a oportunidade e sobre a utilidade do tratamento, o pedido do interessado, a sua solicitação para ser submetido à psicoterapia, não legitimam a eventual intervenção, e não exoneram o médico das *relativas* responsabilidades", assevera Pietro Perlingieri.[27]

3.6. Direito ao nome – art. 16

No capítulo dos direitos personalíssimos, insere-se, numa particularização efetiva, a disciplina do direito ao nome, necessária sob o aspecto prático, por ser o modo de designação das pessoas.

Cumpre salientar que um dos direitos da personalidade que têm suscitado maiores polêmicas é o direito ao nome, que é, ao mesmo tempo, meio de individuação da pessoa e atributo da personalidade.

Elemento designativo do indivíduo e fator de sua identificação na sociedade, o nome integra a personalidade, individualiza a pessoa e indica a sua procedência familiar.

Discutiu-se muito a natureza jurídica do nome.Para alguns é um instituto de Direito Público, enquanto para outros representa um verdadeiro direito subjetivo do indivíduo. Houve, até, quem visse no nome uma forma *sui generis* de propriedade.

O art. 16 do novo Código Civil brasileiro, encerrando a controvérsia, assegura o direito ao nome, "nele compreendidos o prenome e o patronímico".

Modernamente, retomou-se a adoção do prenome composto, que por muito tempo estivera em desuso, acrescendo a ele o patronímico, característico de sua família, que se transfere hereditariamente aos descendentes, para a continuação do nome paterno, ou pela combinação do materno e do paterno.

O nome é "inalienável" e "imprescritível", não tem valor econômico próprio e não pode se dotado de exclusividade; é repetido, usado por pessoas diferentes, dada a limitação da linguagem de possibilitar um nome exclusivo a cada indivíduo.

---
[27] Perlingieri, Pietro. Obra citada, p. 161.

Relevante – como sempre – a lição de Caio Mário[28] ao referir que "o aspecto individual está presente no poder reconhecido ao possuidor de por ele designar-se e de reprimir abusos cometidos por terceiros".

Evidentemente não seria possível sustentar o direito à exclusividade do nome. Mas, se não é possível impedir a repetição e se não é viável obstar a adoção de nome idêntico por outrem, a utilização de nome alheio é passível de repressão criminal como de responsabilidade civil.

O direito condena a usurpação de nome alheio e concede reparação civil àquele que sofre conseqüente prejuízo; encontra-se universalmente reconhecida a tutela jurídica do nome.

Parece demasiadamente tímida a posição dos juristas que negam a existência do direito ao nome, entendendo eles que o nome civil não constitui um bem jurídico, pela impossibilidade de sua apropriação na sociedade.Se a lesão geradora do direito de queixa se dirigir à pessoa, atinge-a em algo específico, que é o seu nome, e então, o portador deverá ser ressarcido em razão de um atentado a um certo bem jurídico.

Não há, pois, razão para que se recuse ao nome o caráter de um direito, já que ninguém nega a ação tutelar devida ao seu portador.

Conserva-se a liberdade de escolha do prenome, da qual tradicionalmente desfrutam os pais, atribuindo-se, porém, ao oficial dos Registros Públicos o poder de recusar o registro de nomes que exponham seu portador ao ridículo (parág. único do art. 55), ou sejam infamantes, outrossim, se concede à própria pessoa o direito de promover, nos mesmos casos, a respectiva alteração (arts. 56 – 57).

Esse direito é estendido aos filhos ilegítimos, reconhecidos pelos pais. Embora o nome patronímico seja tido, por prestigiosa corrente doutrinária, como pertencente à família, pelo que não deveria ser comprometido por atos individuais de seu portador, não é justo proibir que filhos extramatrimoniais, se reconhecidos pelo pai, o usem.

A disciplina legal do direito ao nome é objeto, em minúcias, da Lei dos Registros Públicos (Lei nº 6.015, de 31.12.1973).

3.7. Proteção concedida ao nome – arts. 17 e 18

Como atributo da personalidade, o nome é protegido contra abusos de terceiros, com fundamento no art. 17: "O nome da pessoa não pode ser empregado por outrem em publicações ou representações que a exponham ao desprezo público, ainda quando não haja intenção difamatória".

---
[28] Pereira, Caio Mário da Silva. Obra citada, v. I, p. 157.

Ao titular é reconhecido o direito de defender o nome e o poder de agir contra quem o usurpe ou o empregue de modo a expô-lo ao desprezo público, tornando-o ridículo, desprezível ou odioso, ou contra quem se recuse a chamá-lo por seu próprio nome.

O uso desses direitos é protegido mediante ações que podem ser propostas independentemente da ocorrência de dano material, bastando que haja interesse moral.

Também, pode agir defensivamente a pessoa cujo nome é empregado em romances, filmes cinematográficos ou peças teatrais, sendo, dessa forma, exposta ao desprezo público, ainda quando não haja intenção difamatória, e, igualmente, se empregado em propaganda comercial, sem autorização. É o que resguarda o art. 18: "Sem autorização não se pode usar o nome alheio em propaganda comercial".

3.8. Previsão de tutela ao pseudônimo – art. 19

A proteção jurídica do nome abraça, da mesma maneira, o pseudônimo que os literatos e os artistas usam ao firmar ou divulgar suas obras, legitimando sua adoção para atividades lícitas (art. 12, da Lei nº 9.610/98).

Embora não sejam designativos do "nome civil", integram a personalidade do titular, no exercício de atividades literárias ou artísticas e, em razão da notoriedade e dos interesses valiosos que se ligam à sua identificação, a proteção jurídica ao nome estende-se ao pseudônimo, desde que seja este constante e legítimo (art. 58, da Lei nº 6.015/73).

O pseudônimo, quando adquire a importância do nome, goza de proteção na área do Direito Civil, mas não lhe são estendidas as medidas de tutela administrativa, podendo apenas ser assumidos, alterados e abandonados com inteira liberdade.

É de notar-se, também, que o aprovado Código Civil suprimiu o dispositivo referente aos direitos autorais.Presume-se ter sido pelo fato de que, na data de sua elaboração, já havia leis especiais sobre o assunto, que presentemente estão substituídas pela Lei nº 9.610, de 19.02.1998.

Mesmo que não houvesse lei especial, a omissão não impediria o reconhecimento dos direitos do autor, quer por serem inquestionavelmente direitos da personalidade, quer por existir garantia constitucional (Constituição Federal art. 5º, XXVII).

3.9. Direitos intelectuais e proteção à imagem – art. 20

Toda sociedade, com maior ou menor apuro, tem noção quanto à essencialidade dos direitos e, ao que se sabe, nenhum povo civilizado nega reconhecimento aos direitos que, por emoldurarem o próprio homem, estão a ele intimamente vinculados, dando-lhe e resguardando-lhe a individualidade.

É possível reconhecerem-se os direitos da personalidade mesmo sem apelo ao Direito Natural, pois constituem-se fulcro nos sistemas jurídicos.

Dos direitos à integridade moral, o que se apresenta com um novo aspecto do mais amplo sentido à intangibilidade da reputação, é o referente à própria imagem.

A fotografia, o cinema, a televisão difundiram a reprodução da imagem das pessoas com tanta facilidade, que necessário se torna defendê-la contra os abusos que podem ser freqüentemente praticados. Todo homem tem direito à própria imagem.

A tutela do direito à imagem há de orientar-se no sentido de reprimir o abuso no seu exercício, permitindo-se que se impeça a publicação, mas tão-somente quando da reprodução resultar atentado à honra, boa fama, ou respeitabilidade ao titular. Se cometido, assegura-se-lhe o direito à indenização pelos prejuízos sofridos.

Daí resulta que a divulgação ou a exploração da imagem por terceiros depende da autorização de seu titular, cuja falta importa em violação dos direitos da personalidade.

A pessoa tem o direito de conservar a discrição em torno dos acontecimentos e do desenvolvimento de sua vida. Experiências, lutas, paixões pessoais pertencem à intimidade da pessoa, não podendo, por isso, lhes ser concedido livre acesso por mera curiosidade alheia.

Ao escritor é consentido extrair motivos da vida de uma pessoa para a sua obra romântica ou dramática, mas é-lhe vedado tirar cenas que possam constituir representação tal, que a pessoa possa ser reconhecida.Ao escrever deverá respeitar, por exemplo, o desejo do titular de subtrair à publicidade um ato de beneficência, o fato de haver sido contemplado com um prêmio de loteria, como, também, manter o anonimato jornalístico da oferta ou da procura de trabalho.

A inviolabilidade da imagem da pessoa consiste na tutela do aspecto físico.Segundo Adriano de Cupis:[29] "Essa reserva pessoal no que tange ao aspecto físico – que, de resto, reflete, também, personalidade moral do indivíduo – satisfaz uma exigência espiritual de isolamento, uma necessidade evidentemente moral".

---

[29] Cupis, Adriano de. *Os Direitos da Personalidade*. Trad. Adriano Vera Jardim e Antônio Miguel Caiero. Lisboa: Livraria Moraes Editorial, 1961, p. 148.

A Constituição da República (art. 5º, IV) assegura e garante a livre manifestação do pensamento. Essa liberdade, no entanto, não se pode transformar em licença, nem ser ilimitada a ponto de poder atingir, abalar e derrubar a garantia, também constitucional, do direito à dignidade, à reserva pessoal, à integridade moral.

O indivíduo leva, por toda a existência, sua imagem, marca, timbre, reflexo indelével de sua personalidade com que o chancelou a natureza, revelando a olhos perscrutadores, tendências, qualidades, nobreza de sentimentos, ou, ao contrário, defeitos, cupidez, egoísmo.

Existem, por outro lado, limitações. Explica Adriano de Cupis[30] que "as pessoas de certa notoriedade assim como não podem opor-se à difusão da própria imagem, igualmente não podem opor-se à divulgação dos acontecimentos de sua vida. O interesse público sobreleva, nesses casos, o interesse privado: o povo, assim como tem interesse em conhecer a imagem dos homens célebres, também aspira a conhecer o curso e os passos de sua vida; as suas ações e as suas conquistas".

E, de fato, só através de tal conhecimento pode formar-se um juízo sobre o seu valor. Mesmo nesses casos, as exigências do público detêm-se diante da esfera íntima da vida privada, e, além disso, as mesmas exigências são satisfeitas pelo modo menos prejudicial para o interesse individual.

Será, portanto, lícita a biografia, mas ilícita a narrativa romanceada ou dramatizada, que não é necessária para a exposição dos fatos.

3.10. Direitos e proteção à intimidade – art. 21

A Constituição Federal destaca, em seu art. 5º, X, que são invioláveis a intimidade, a vida privada, a honra e a imagem física ou retrato do ser humano.

Seguiu o exemplo de outras legislações como a da Alemanha, da Argentina, do Chile, dos Estados Unidos da América, países que também perceberam que a evolução tecnológica propicia uma devassa na vida particular, merecendo, por isso, amparo constitucional.

O recente Código Civil, em seu art. 21, dispõe: "A vida privada da pessoa natural é inviolável, e o juiz, a requerimento do interessado, adotará as providências necessárias para impedir ou fazer cessar ato contrário a esta norma".

---
[30] Cupis, Adriano de. *Obra citada*, p. 149.

A intimidade corresponde ao desejo do indivíduo de ser deixado só; esse direito de mantê-la afastada dos olhos e ouvidos indiscretos e de impedir a divulgação de palavras, escritos e atos nela realizados é assegurado legalmente. Avulta dia a dia o relevo deste direito, ainda pouco versado pelos tratadistas na atualidade.

É o direito à reserva da intimidade, direito ao recato, que compreende os aspectos mais íntimos da pessoa e de sua atividade, um verdadeiro direito à privacidade.

O sistema jurídico protege a pessoa da indiscrição alheia e da intromissão dos outros na sua esfera particular. O limite desses direitos são deixados a critério do julgador, que decidirá conforme a natureza do caso e a condição das pessoas.

O ser humano tem uma esfera de valores próprios que são postos em sua conduta não apenas em relação ao Estado mas, também, em relação à convivência com seus semelhantes. Respeitam-se, por isso mesmo, aqueles direitos que repercutem em seu patrimônio material, bem como, aqueles direitos relativos a seus valores pessoais, que refletem em seus sentimentos.

O art. 5º, X, da Constituição Federal assegura ao ser humano o direito de obstar à intromissão em sua vida privada. Não é lícito aos meios de comunicação, por hipótese, tornar pública a doença de quem quer que seja – ainda mais quando a notícia é baseada apenas em boatos -, pois tal informação afeta a esfera ética da pessoa humana, dizendo respeito a sua intimidade, à sua vida privada. Só o próprio paciente pode autorizar a divulgação de notícia sobre sua saúde.

Na elaboração conceitual da matéria, o importante para Ada Pellegrini Grinover[31] "é que o direito à intimidade integra a categoria dos direitos da personalidade, e suas manifestações são múltiplas: o direito à imagem, à defesa do nome, à tutela da obra intelectual, à inviolabilidade do domicílio, o direito ao segredo (epistolar, documental, profissional) são apenas algumas de sua expressões, não se tratando de um rol taxativo, uma vez que a tutela da intimidade poderá ser estendida a novos atributos da personalidade".

Entende a Autora, genericamente, como direito à intimidade, quer o direito ao segredo, quer o direito à reserva, serem ambos integrantes dos direitos da personalidade. O direito ao segredo, ou seja, direito ao respeito à vida privada objetiva impedir que a ação de terceiro procure conhecer e descobrir aspectos da vida privada alheia; e o direito à reserva, ou seja, direito à privacidade sucede ao direito ao segredo, compreendendo a defesa da pessoa quanto à

---
[31] Grinover, Ada Pellegrini. *Liberdades Públicas e Processo Penal*. São Paulo: RT, 1976, p. 96.

divulgação de notícias particulares, embora legitimamente conhecidas pelo divulgador.

Edoardo Giannotti[32] assinala que "os direitos inerentes à vida privada vêem sua natureza e extensão sempre ampliadas e modificadas. O conceito hoje precariamente formulado, já sujeito à restrições e equívocos, estará superado amanhã".

E conclui ponderando: "é por essa razão que a obra de elaboração doutrinária e jurisprudencial deve ser constante, suprindo o legislador dos instrumentos de interpretação adequados à formulação de uma tutela à intimidade 'justada, o quanto possível, à evolução social".

CONSIDERAÇÕES FINAIS

A sociedade contemporânea é simultaneamente beneficiada e ameaçada pelo espantoso desenvolvimento de uma tecnologia altamente sofisticada.Sua aplicação elevou os padrões qualitativos e quantitativos da vida moderna mas, paralelamente, criou uma mentalidade consumista

É diante dessa realidade – ao mesmo tempo estimulante e constrangedora – que os juristas modernos vêm realizando esforços no sentido de oferecer à sociedade os indispensáveis instrumentos legais que objetivam preservar e proteger valores inerentes à pessoa humana.

Deve ser garantida à pessoa a possibilidade de usufruir dos incontáveis benefícios que a tecnologia oferece, sem a angustiante expectativa de que a criatura venha a destruir seu criador.

No importante inter-relacionamento *homem* e *moderna tecnologia*, cabe ao Estado a responsabilidade pela instauração de uma convivência harmoniosa entre ambos.

Em suma, o Código Civil brasileiro, a vigorar a partir de 2003, reconhecendo a necessidade de proteger a personalidade humana, organiza sua defesa através de preceitos que asseguram a todo homem prerrogativas de naturezas diversas, julgadas indispensáveis no estágio contemporâneo do nosso processo histórico, preservando-lhe o respeito, a consideração e a dignidade. Submete-as a um regime que, levando em conta a natureza especial de tais prerrogativas, as garante por um sistema de proibições e sanções, inspiradas em duplo propósito: o de defendê-las contra atentados de terceiros e o de resguardá-las da ação inconsiderada do próprio indivíduo. Ordenando-as nesses termos e com tal espírito, o texto proposto inova.

---

[32] Giannotti, Edoardo. *A Tutela Constitucional da Intimidade*. Rio de Janeiro: Forense, 1987, p. 12.

A vontade humana, mola propulsora da personalidade, opera não apenas sobre o mundo externo (sobre direitos patrimoniais, direitos de família), mas, também, sobre a própria realidade antropológica do ser humano.

Cada pessoa é o próprio guia de sua vida, corpo, honra, intimidade e demais atributos e energias que emanam da personalidade.

Ao afirmar que tem direito sobre sua vida, saúde, corpo, liberdade, honra, o sujeito está confirmando um poder de sua vontade sobre esses direitos, cujo respeito a ordem jurídica lhe garante impor aos demais.

A tutela ao nome caracteriza o direito à identidade pessoal. Como espécie dos direitos da personalidade insere-se no direito à integridade moral, no sentido de que a pessoa deve ser reconhecida na sociedade por denominação própria, que a identifique e diferencie dentre os demais indivíduos, constituindo-se um interesse essencial da pessoa titular.

Mesmo porque, se a personalidade é juridicamente reconhecida, e o nome é um dos seus atributos, consagrado está o respectivo direito, independentemente de sua previsão expressa.

A concretização efetiva do reconhecimento do direito à intimidade, devidamente amadurecido, sistemática e solidamente formulado, está na dependência de alguns requisitos considerados fundamentais.

Nesse contexto, intimidade e privacidade são sinônimos e devem ser considerados valores constitucionais supremos, conexos ao direito de ficar tranqüilo, em paz. O que se busca garantir é o segredo e a liberdade da vida privada. A ausência de sigilo, por vezes, dificulta o desenvolvimento material e espiritual, pois nem sempre a divulgação e a investigação são benéficas ao homem.

Todos esses valores são intrínsecos ao Homem, como ser racional, participativo do universo em que vive. E sobre esses valores é que assenta sua vida, como indivíduo e como ente social. Para Miguel Reale,[33] "viver é tomar posição perante valores e integrá-los em nosso mundo, aperfeiçoando nossa personalidade na medida em que damos valor às coisas, a outras pessoas e a nós mesmos. Só o Homem é capaz de valores, e somente em razão dele a realidade axiológica é possível".

À guisa de conclusão, cumpre ressaltar que o novo Código Civil brasileiro, dada a sua morosa tramitação, já se encontra desatualizado. Alguns institutos, inovadores à época de sua edição, não

---
[33] Reale, Miguel. *Filosofia do Direito*. São Paulo: Saraiva, 1983, p. 190.

mais atendem aos anseios e às necessidades da sociedade contemporânea.

·O tema aqui abordado, entretanto, é sempre atual. A cada momento, novas facetas dos direitos da personalidade são revelados. É certo, também, que as conquistas obtidas são irreversíveis, vez que guiadas por um movimento em espiral, sem retorno.

Referências bibliográficas

AGUIAR JÚNIOR, Ruy Rosado. *Responsabilidade civil do médico*. São Paulo: RT, nº 718, 1995.

ALVES, José Carlos Moreira. Palestra "A Parte Geral do Projeto do Código Civil". *Anais do III Seminário Nacional "Novo Direito Civil"*. Rio de Janeiro: setembro/ 1997.

AMARAL, Francisco. *Direito Civil Brasileiro. Introdução*. Rio de Janeiro: Forense, 1991.

BITTAR, Carlos Alberto. *Os Direitos da Personalidade*. Rio de Janeiro: Forense Universitária, 1989.

BOBBIO, Norberto. *A Era dos Direitos*. Tradução brasileira. São Paulo: Campos, 1992.

CIFUENTES, Santos. *Los Derechos Personalísimos*, 2. ed. Buenos Aires: Astrea, 1995.

CORTIANO JÚNIOR, Eroulths. "Alguns apontamentos sobre os chamados direitos da personalidade", in *Repensando Fundamentos do Direito Civil Brasileiro Contemporâneo*. Coord. Prof. Luiz Edson Fachin. São Paulo: Renovar, 1998.

CUPIS, Adriano de. *Os Direitos da Personalidade*. Trad. Adriano Vera Jardim e Antônio Miguel Caiero. Lisboa: Livraria Moraes Editorial, 1961.

FACHIN, Luiz Edson. *Teoria Crítica do Direito Civil*. Rio de Janeiro: Renovar, 2000.

GEDIEL, José Antônio Peres. "Tecnociência, dissociação e patrimonialização jurídica do corpo humano", in *Repensando Fundamentos do Direito Civil Brasileiro Contemporâneo*. Coord. Prof. Luiz Edson Fachin. São Paulo: Renovar, 1998.

GIANNOTTI, Edoardo. *A Tutela Constitucional da Intimidade*. Rio de Janeiro: Forense, 1987.

GRINOVER, Ada Pellegrini. *Liberdades Públicas e Processo Penal*. São Paulo: RT, 1976.

GOMES, Orlando. *Introdução ao Direito Civil. Parte Geral*, 11. ed. Atualizado por Humberto Theodoro Júnior. Rio de Janeiro: Forense, 1995.

OLIVEIRA, Juarez de; MACHADO, Antônio Cláudio da Costa. *Novo Código Civil. Projeto aprovado pelo Senado Federal*. São Paulo: Oliveira Mendes, 1998.

PEREIRA, Caio Mário da Silva. *Instituições de Direito Civil. Parte Geral*, 19. ed. Rio de Janeiro: Forense, 1999.

PERLINGIERI, Pietro. *Perfis do Direito Civil. Introdução ao Direito Civil Constitucional*. Tradução de Maria Cristina de Cicco. Rio de Janeiro: Renovar, 1997.

PINTO, Carlos Alberto da Motta. *Teoria Geral do Direito Civil*. 2. ed. Coimbra: Coimbra, 1983.

PONTES DE MIRANDA, Francisco C. *Comentários à Constituição de 1946*. t. IV, título IV, cap. 15, 4. ed., São Paulo: Ed. Borsoi, 1963.

——. *Tratado de Direito Privado. Parte Geral*, t. VI. Rio de Janeiro: Borsoi, 1971.

REALE Miguel. *Filosofia do Direito*. São Paulo: Saraiva, 1983.

SARLET, Ingo Wolfgang. *A Eficácia dos Direitos Fundamentais*. Porto Alegre: Livraria do Advogado, 1998.

TEPEDINO, Gustavo. *Problemas de Direito Civil-Constitucional*. Rio de Janeiro: Renovar, 2000.

ZEA, Arturo Valencia. *Derecho Civil. Parte General y Personas*. Bogotá: Themis, 1968.

2

O consentimento informado sob a ótica jurídica

MARILISE KOSTELNAKI BAÚ

Sumário: Introdução; 1. Consentimento informado e capacidade jurídica, 2. O consentimento informado e a eficácia jurídica; 3. A incapacidade; 4. Capacidade relativa; 4.1. Emancipação; 5. Autonomia relativa; 6. Constituição Federal do Brasil e os Direitos e Garantias Fundamentais da Pessoa; Conclusões; Referências bibliográficas.

INTRODUÇÃO

Este estudo propõe-se a analisar o consentimento informado de paciente sujeito a tratamento médico, experimentação terapêutica e pesquisa científica em a sua relação com a Bioética e o Direito.

Na Bioética, como ensina Joaquim Clotet,[1] o consentimento informado é a decisão voluntária do paciente ou sujeito de uma pesquisa biomédica, para submeter-se ao tratamento ou à pesquisa após ter tomado conhecimento de todos os riscos e benefícios dos mesmos. A pessoa que presta o consentimento deve ser maior e capaz. Este documento pode trazer conseqüências na área jurídica, vem sendo, cada vez mais, utilizado na prestação de assistência à saúde e na pesquisa com seres humanos, porém para que tenha validade jurídica, o consentimento deve ser prestado preferencialmente de forma escrita e por pessoa juridicamente capaz aos moldes da Lei. Ao refletir sobre a autonomia do paciente capaz,[2] pois para ter autonomia é preciso ser capaz, o estudo do conceito de capacidade jurídica é fundamental.

---

[1] CLOTET, Joaquim. "O Consentimento Informado: uma questão do interesse de todos". *Medicina*, Conselho Federal. Ano XV, n. 122/123, p. 8 e 9, outubro/novembro/2000.

[2] GOLDIM, José Roberto. *O Consentimento Informado e a adequação de seu uso na pesquisa em seres humanos*. Porto Alegre: PPG em Medicina: Clínica Médica/UFRGS, 1999 [tese de doutorado].

Sobretudo, a real importância do consentimento sob a ótica jurídica não está no objetivo de gerar prova em uma futura demanda judicial, mas, na fiscalização do cumprimento da Lei, no sentido de fazer respeitar os Direitos Fundamentais da Pessoa e trazer à responsabilidade ou chamar a atenção do pesquisador e do profissional da área médica aos seus deveres. É importante o alerta a estes profissionais, que poderão responder pelos seus atos.

1. CONSENTIMENTO INFORMADO E CAPACIDADE JURÍDICA

Este trabalho propõe-se a estabelecer a relação entre o consentimento informado e a capacidade jurídica do cidadão, enquanto sujeito de direitos e obrigações na ordem civil.

Há alguns anos vem-se ponderando sobre a relação entre Bioética e Direito, inclusive, sobre uma possível autonomia do Biodireito. Antes de determinado terreno de estudos firmar-se como disciplina autônoma, talvez seja mais prudente a ampliação da discussão dos assuntos comuns às áreas dos diversos campos do conhecimento. A jurisprudência nasce dos fatos, dos casos concretos, e a legislação sempre procurou buscar inspiração em modelos eticamente justos. As normas jurídicas encontram-se emolduradas por princípios éticos, e as normas éticas também utilizam estruturas das normas jurídicas, e muitas vezes os conceitos utilizados tanto pelo Direito como pela Ética são muito parecidos, como o conceito de pessoa, o conceito de capacidade e de autonomia. A analogia, muito utilizada no Direito, também pode ser útil à Ética.

O consentimento informado, termo empregado pela primeira vez em 1767,[3] está embasado pelo princípio básico do respeito pela pessoa nos seus valores fundamentais alicerçados,[4] por sua vez, no Direito Constitucional, no Código Civil e no Direito Comparado, bem como, nos próprios Códigos de Ética das profissões da área da saúde, e nas Diretrizes e Normas de Pesquisa em Seres Humanos têm base na Constituição Federal, no Código Civil e no Sistema jurídico vigente, no que se refere ao reconhecimento do princípio fundamental da autonomia da pessoa. O consentimento, ao ser analisado sob o aspecto jurídico, pode, sem dúvida, ser utilizado para uma possível necessidade de comprovação da declaração de vontade prestada pelo emitente com o objetivo de constituir prova em even-

---

[3] APPELBAUM, P. S.; Lidz, C. W.; Meisel, A. *Informed Consent: legal theory and clinical practice.* New York: Oxford, 1987: 36-37.

[4] CLOTET Joaquim. O Consentimento Informado nos Comitês de Ética em Pesquisa e na Prática Médica: conceituação, origens e atualidade. *Bioética* 1995; 3(1): 51-59.

tual demanda judicial, podendo, ser utilizado como testemunho na medicina defensiva. Sobretudo, a real importância do consentimento está no cumprimento da Lei, para respeitarem-se os Direito Fundamentais da pessoa e trazer à responsabilidade ou chamar a atenção do pesquisador ou do profissional da área médica que poderá responder pelos seus atos, e em fazer valer a vontade do paciente capaz, mesmo que esta consciência surja, em um primeiro momento, pelo temor às sanções penal e civil.

Ao considerar o aspecto legal, é de suma importância o estudo da capacidade do agente de prestar declaração de vontade. O princípio da autonomia de vontade, que possui aspecto interdisciplinar, deve ser abordado sob a ótica jurídica para que o consentimento tenha, assim, eficácia também jurídica.

2. O CONSENTIMENTO INFORMADO E A EFICÁCIA JURÍDICA

O consentimento informado, ou *informed consent*,[5] também chamado de consentimento livre e esclarecido (Resolução 196/96 do Conselho Nacional de Saúde), é termo cada vez mais utilizado na assistência à saúde em geral e na pesquisa biomédica. Para ser submetido às inovações da tecnologia experimental - na busca da cura de doença, na correção de um problema físico ou psíquico, a uma melhora estética - sempre que houver necessidade de intervenção no corpo ou na psique do paciente ou de seu dependente legal - deverá ser informado, ouvido, pois, só assim, poderá prestar o seu consentimento. O cientificismo não foge à responsabilidade civil, penal, nem ética.

Capacidade, por sua vez, é condição indispensável para a prática de qualquer ato da vida civil. A falta de capacidade deverá ser suprida quando o agente for considerado juridicamente incapaz. O ato, tanto do médico quanto do pesquisador, não é ato jurídico, mas ato que pode trazer conseqüências jurídicas, por esse motivo, tenta-se analisar o consentimento informado sob a ótica da capacidade do paciente ou sujeito de atos experimentais.

O consentimento informado é a decisão voluntária de pessoa autônoma e capaz após um processo informativo e deliberativo visando à aceitação de um tratamento médico ou experimentação terapêutica, determinados ou específicos, depois de saber das possíveis

---

[5] BEAUCH, T. L.; Faden, R. *Meaning and elements of informed consent*. In Reich W. Encyclopedia of Bioethics. New York: McMillan, 1995: 1238-1241.

respectivas conseqüências e riscos.[6] Indispensável para a validade é que a pessoa seja autônoma e capaz. É melhor, para ter validade jurídica, que seja escrito, para ter valor probatório, muito embora, no "mundo do Direito", costuma-se afirmar que todas as provas lícitas deverão ser consideradas válidas pelo Poder Judiciário, como gravações, desde que autorizadas e oitiva de testemunhas. Sem dúvida, é a melhor prova a declaração emitida pelo próprio sujeito, capaz e autônomo, interessado na execução do tratamento ou da pesquisa a ser realizada em sua pessoa.

Ao questionar-se sobre a capacidade da pessoa, mister se faz definir quem é considerado pessoa. A atribuição jurídica do conceito de pessoa vai do nascimento com vida à morte. A personalidade, então, inicia-se com o nascimento com vida e termina com a morte. Juridicamente, o feto não é considerado pessoa. O início da personalidade não é questão discutível para o Direito, como o é para a Bioética. Para a definição de morte, o entendimento jurídico é mutável e procura acompanhar o desenvolvimento da ciência médica ao levar em conta os conceitos mutantes de morte cerebral e morte cardíaca. O Direito ampara-se na declaração médica, mediante o atestado de óbito, para considerar que o processo da vida do ser humano tenha chegado ao seu final.

A pessoa passa a assumir a capacidade plena, isto é, ter poderes de praticar os atos da vida civil, levam-se em conta vários fatores a se iniciar pela idade. Entre nós, a capacidade plena ocorre, como regra, aos 21 anos completos.

É importante lembrar que, em se tratando de tratamento médico, terapia experimental ou pesquisa científica que envolva seres humanos, o consentimento informado deverá ser prestado pelo sujeito que preencha todos os requisitos da capacidade.

Do nascimento aos 16 anos, a pessoa é considerada absolutamente incapaz e deve ser representada pelos pais ou representante legal. Dos 16 aos 21 anos, é relativamente capaz e, na prática de atos jurídicos, deverá ser assistida. É relativamente capaz porque poderá praticar alguns atos sem assistência, como trabalhar e votar. Penalmente, já é considerada maior a partir dos 18 anos, respondendo pelos seus atos em prática de crime, sem a assistência dos pais ou responsável. Para contrair matrimônio necessitará de assistência até os 21 anos. Mas com o casamento, a pessoa se equipara a maior e continua com este estado mesmo que depois se separe.

---

[6] FADEN, Ruth et. al. *A history and theory of informed consent*. New York: Oxford University Press, 1986.

De acordo com a Lei 8.069, de 13/07/90 (Estatuto da Criança e do Adolescente), é considerada adolescente a pessoa entre 12 e 18 anos de idade. Este Estatuto visa a proteger, de forma especial, o indivíduo que ainda se encontra em estado de formação e educação. Nesta fase da vida, parece que os aspectos éticos a serem observados pelo pesquisador ou pelo profissional da área médica são mais importantes do que os jurídicos. Acertadamente, Gabriel Oselka[7] afirma que a família não deve ser excluída do processo do atendimento, quando o menor estiver na condição de paciente ou sujeito de pesquisa científica, embora essa participação não deva preponderar na relação do médico/paciente adolescente.

O princípio da boa-fé poderá sempre ser aplicado. Nos casos de maioridade putativa (que se supõe ter existência legal), será observado nas questões legais e na questão ética, observar-se-ão regras que envolvem a boa relação médico-paciente.

3. A INCAPACIDADE

São absolutamente incapazes os menores de 16 anos, os "loucos de todo o gênero", os surdos-mudos e os ausentes. A legislação pátria utiliza a expressão "loucos de todo o gênero", que na medicina usaríamos o termo "pacientes psicóticos" (abrangendo os loucos propriamente ditos; pacientes portadores de anomalias ou deficiências que colocam o indivíduo em condições inferiores quanto à acuidade de espírito; doença que implica supressão de entendimento ou vontade, ou redução do discernimento a ponto de comprometer a conduta do paciente ou o torne inapto a reger sua pessoa e administrar seus bens).

São igualmente incapazes os surdos-mudos que não puderem exprimir a sua vontade e os ausentes, declarados tais por ato do juiz. Ausente é aquele indivíduo que se afasta do seu domicílio sem deixar procurador ou representante nem notícias do seu paradeiro.

Em se tratando de paciente menor de idade, o pediatra ou médico assistente deverá observar, conforme lembra Genival Veloso de França,[8] as regras dos arts. 46, 56 e 59 do Código de Ética Médica que devem os respectivos pais assumir o consentimento informado. Nem toda a espécie de parentesco qualifica o indivíduo como representante legal. Lembra, ainda, Genival, que os termos de responsabilidade nos casos de alta a pedido só terão valor se a alta não

---

[7] OSELKA, Gabriel. Aspectos Éticos do Atendimento Médico do Adolescente. *Boletim da Sociedade Brasileira de Bioética*, Ano , II, n. 3 m, junho de 2000.

[8] FRANÇA, Genival Veloso de. *Flagrantes Médico Legais IV*. João Pessoa: Editora Universitária da UFPB, 1995. P. 252.

implicar grave prejuízo à vida e à saúde do paciente. Em caso de insistência dos pais, o médico assistente deverá levar ao conhecimento do juiz, sempre que for possível, visando sempre à proteção dos interesses do menor, pois, caso o médico não atenda ao paciente, cometerá omissão de socorro e se, por sua vez, intervir sem consentimento dos pais, poderá responder por abuso de autoridade. Claro está que esta é uma preocupação mais jurídica do que ética.

Em se tratando de pessoa considerada louca, a sentença proferida no processo de interdição tem efeito declaratório, e não constitutivo, assim não é o decreto que cria a incapacidade, e sim, a doença. A loucura é uma circunstância de fato a ser apreciada em cada caso concreto. Quando verificada a participação do doente mental em um negócio jurídico, este poderá vir a ser declarado inválido. Depois de pronunciada a sentença de interdição, ocorre a pré-constituição da prova da insanidade, a perícia vai ter um valor fundamental e decisivo como prova do pedido. Não pronunciada a sentença, o interessado na interdição deverá provar a insanidade e a sua extensão para tentar anular ato praticado pelo doente. Nos casos de loucura intermitente, a questão que se coloca é avaliar se os atos praticados nos períodos de lucidez serão ou não considerados válidos. No Direito Romano, à época de Justiniano,[9] os atos praticados fora do período de surto psicótico eram considerados válidos. No Direito brasileiro atual, só pode ser posta em termos de discutir-se a validade do ato se a moléstia estiver totalmente erradicada. A incapacidade por enfermidade, enquanto o indivíduo não estiver totalmente curado, é tida como estado permanente e contínuo, não admitindo a lei intermitências na incapacidade. A preocupação do legislador é a segurança social que estaria ameaçada se toda ação da pessoa anormal estivesse sujeita à verificação de ter sido praticada em momento de surto ou em momento de lucidez.

A senectude, por si só, não acarreta a incapacidade. Por maior que seja a idade avançada da pessoa, ela não deve ser considerada equivalente a um estado psicopático. Somente poderá ser requerida a interdição se a decrepitude, que gera um estado patológico, como o mal de Parkinson, a arterioesclerose, e em prejuízo da capacidade de discernimento, torna a pessoa incapaz. A perícia, nestes casos, será decisiva, o laudo psiquiátrico será de suma importância para se definir a gravidade da doença que gere a incapacidade total do indivíduo, porque, conforme Pontes de Miranda[10] "(...) às vezes, na elaboração psíquica, em virtude da própria segregação do eu, das

---

[9] ALVES, Moreira. *Direito Romano*. Rio de Janeiro: Forense, 1992. V. I.

[10] MIRANDA, Pontes. *Sistema de Ciência Positiva do Direito*. Rio de Janeiro: Borsoi, 1972.

muralhas individuais, abstrai-se a causalidade, de maneira que a liberdade é sentida como se veria azul o mundo se nos colocássemos dentro de grande redoma azul".

A surdo-mudez também gera incapacidade, embora diferente da incapacidade mental. O legislador do Código Civil de 1916, ainda em vigor, considera que essas pessoas, que vivem alienadas do ambiente social, se não puderem com ele se comunicar, enquanto deseducadas, não poderão praticar atos válidos. Quando se puderem comunicar e daí expressarem sua vontade, cessa a incapacidade, porém continuam privadas da prática de atos que dependem da audição, como servir de testemunha, ou qualquer prática que necessite da voz e da audição.

4. CAPACIDADE RELATIVA

Segundo o art. 6º do Código Civil, apresentam capacidade relativa os maiores de 16 anos e menores de 21 anos; os pródigos e os silvícolas. Não estão eles totalmente privados da capacidade de fato, seriam dotados de uma imperfeita coordenação das faculdades psíquicas, por várias razões. A pouca idade por si só seria um fator (pela inexperiência e desenvolvimento ainda insuficiente para agir com plena autonomia). O exercício de seus direitos realiza-se com a sua presença e com o seu consentimento, porém devem ser assistidos pelo representante legal ou por representante designado pelo juiz.

O pródigo também é considerado por Lei como relativamente capaz. Pródigo é aquele que desordenadamente dilapida o seu patrimônio. Historicamente, falava-se em pródigo, referindo-se àquele que destruía o patrimônio da família, já que havia uma co-propriedade entre os bens considerados do *paterfamilias* e seus herdeiros, hoje, o fundamento está assentado na ordem social. Pelo fato de uma pessoa ser facultada em destruir seus bens, corre ela o risco de vir a futuramente depender do Estado para sua sobrevivência e este, já está imbuído em cuidar dos menos favorecidos. Perde assim o pródigo a sua plena capacidade.

A capacidade relativa do silvícola também é bastante discutida. O país já tem 500 anos, e o estado "selvagem" dos seus habitantes colonizados não deveria ser regido por normas tão antigas, discute-se. Porém, também é considerado pelo legislador pátrio, capaz relativamente aquele selvagem que ainda não recebeu educação, que não conhece as leis ou que não está adequadamente inserido no contexto social. É algo bastante delicado, pois envolve questões de culturas diferentes dentro do mesmo território.

A legislação pátria anterior à Constituição Brasileira de 1988 considerava de capacidade relativa a mulher casada, por necessitar, não da assistência, mas da autorização do marido para a prática dos atos jurídicos, fato que hoje em dia só pode ser explicado guardando preceito de origens romanísticas. No Direito Romano, a incapacidade jurídica da mulher era baseada no *propter sexus infirmitatem et ignorantiam rerum forensium*. Em razão de sua debilidade física, em razão do sexo (*infirmitas sexus*), inconstância de caráter (*levitas animi*) e falta de seqüência de raciocínio (*infirmitas consilli*). Hodiernamente, apesar de ser comum o preconceito em razão do sexo,[11] juridicamente, o Direito Brasileiro contempla, finalmente e finalmente, a igualdade entre os sexos.

4.1. Emancipação

Cessa a menoridade aos 21 anos completos, e o indivíduo passa a poder praticar qualquer ato da vida civil, entretanto existem outros casos em que a pessoa é considerada emancipada antes dos 21 anos. Com a emancipação – assegurada em lei – cessa a incapacidade para os menores. Ocorre por concessão dos pais, por escritura pública; ou por sentença do juiz, ouvido o tutor; pelo casamento; pelo exercício de emprego público efetivo; pela colação de grau científico em curso de ensino superior; pelo estabelecimento civil ou comercial, com economia própria e para efeito do alistamento e do sorteio militar.

Depois de emancipada por qualquer uma dessas formas, a pessoa passa a ser considerada maior de idade, apta para praticar qualquer ato da vida civil e, portanto, para prestar o consentimento informado no caso de necessitar de assistência à sua saúde ou pretenda sujeitar-se à pesquisa biomédica.

5. AUTONOMIA RELATIVA

Será que se pode falar em relatividade na autonomia? No Direito, assim como na Bioética, questiona-se a situação de igualdade entre o médico/pesquisador e o paciente/sujeito da pesquisa em termos de conhecimento científico, assim não estaria em situação de igualdade, em relação ao profissional que o submeterá ao experimento ou à técnica, para poder realmente discutir qual seria a melhor técnica a ser empregada no seu caso concreto. O paciente sabe que necessita dos cuidados prescritos pelo médico, ouve com atenção a sua orientação, confia no profissional, mas não dispondo, mui-

---

[11] PIAZZETA, Naele Ochoa. *O Princípio da Igualdade no Direito Penal Brasileiro*. Porto Alegre: Livraria do Advogado.

tas vezes, do suficiente conhecimento científico, tornando-se redobrado o compromisso do profissional. O médico e o pesquisador possuem o saber, dominam a ciência e a tecnologia, certamente estão em situação de superioridade frente ao paciente que se submete ao tratamento ou à pesquisa com a esperança de ver diminuído o seu sofrimento, esperando a cura da doença que o acomete.

6. CONSTITUIÇÃO FEDERAL DO BRASIL E OS DIREITOS E GARANTIAS FUNDAMENTAIS DA PESSOA

Uma vez que o Consentimento Informado tem seus fundamentos nos direitos e garantias fundamentais da pessoa, neste capítulo pretende-se apontar na Constituição os artigos pertinentes a estes referidos direitos e garantias. A proposta consiste em exatamente apontar os referidos artigos, pois eles embasam constitucionalmente, em última análise, o próprio Consentimento Informado. Alguns artigos serão comentados, e todos os transcritos estarão grifados.

O legislador, no Preâmbulo da Constituição Federal, institui, como objetivos primordiais da promulgação da Lei Magna, assegurar o exercício dos direitos sociais e individuais, a liberdade, a segurança, o bem-estar, o desenvolvimento, a igualdade, e a justiça como valores supremos da sociedade brasileira.

No Título I da Lei Maior, que trata dos Princípios Fundamentais, já no seu artigo primeiro, entre os fundamentos do Estado Democrático, inciso III – está: a dignidade da pessoa humana.

O Título II é referente aos Direitos e Garantias Fundamentais; o Capítulo I (arts. 5º a 17) estabelece direitos e deveres individuais e coletivos, alguns artigos trazem no seu bojo os elementos que justificam o consentimento informado. Inicialmente, o *caput* do artigo 5º – *Todos são iguais perante a lei, sem distinção de qualquer natureza, garantindo-se aos brasileiros e aos estrangeiros residentes no País a inviolabilidade do Direito à vida, à liberdade, à igualdade, à segurança e à propriedade* (...)

Constitucionalmente, os maiores bens da pessoa são a vida e a liberdade que o legislador da Lei Suprema preocupou-se em detalhar nos incisos do artigo 5º.

I – homens e mulheres são iguais em direitos e obrigações, nos termos desta Constituição;

II – ninguém será obrigado a fazer ou deixar de fazer alguma coisa senão em virtude de lei;

Destaca-se, claramente, a intenção da Assembléia Nacional Constituinte com a garantia da liberdade do cidadão.

III – ninguém será submetido à tortura nem a tratamento desumano ou degradante;
Por degradação entende-se a destruição e a deterioração da dignidade, o aviltamento, o rebaixamento do ser humano.
...
VI – é inviolável a liberdade de consciência e de crença, sendo assegurado o livre exercício dos cultos religiosos e garantida, na forma da lei, a proteção aos locais de culto e suas liturgias;
Na Bioética, igualmente existe esta preocupação de respeitar a diversidade de crenças, como por exemplo, no tratamento de pessoas que não admitem transfusão de sangue, sabendo-se que algumas religiões proíbem a transfusão.
...
X – são invioláveis a intimidade, a vida privada, a honra e a imagem das pessoas, assegurado o direito à indenização pelo dano material ou moral decorrente de sua violação;
Na Bioética, estudam-se os conflitos entre o que convém e o que não convém ser divulgado pelos órgãos de comunicação e radiodifusão, ou seja, há uma preocupação em preservar a intimidade do paciente na sua vida privada.
XI – a casa é asilo inviolável do indivíduo, ninguém nela podendo penetrar sem consentimento do morador, salvo em caso de flagrante delito ou desastre, ou para prestar socorro, ou, durante o dia, por determinação judicial;
XII – é inviolável o sigilo da correspondência e das comunicações telegráficas, de dados e das comunicações telefônicas, salvo, no último caso, por ordem judicial, nas hipóteses e na forma que a lei estabelecer para fins de investigação criminal ou instrução processual penal;
Nos últimos três incisos do artigo citado, a Magna Carta trata da privacidade, que é igualmente um grande tema para a Bioética.
...
XIV – é assegurado a todos o acesso à informação e resguardado o sigilo da fonte, quando necessário ao exercício profissional;
O Código do Consumidor, também nesse sentido, garante ao consumidor tomar conhecimento de todo o conteúdo de fichas e cadastros que tragam informações sobre sua pessoa. É bom salientar que quaisquer informações sobre a pessoa, contidas em cadastros, são consideradas entidades de caráter público. E, neste mesmo sentido, está o inciso XXIII.
XXXIII – todos têm direito a receber dos órgãos públicos informações de seu interesse particular, ou de interesse coletivo ou geral,

que serão prestadas no prazo da lei, sob pena de responsabilidade, ressalvadas aquelas cujo sigilo seja imprescindível à segurança da sociedade e do Estado;

...

Ainda, sobre o direito à liberdade:

XLI – a lei punirá qualquer discriminação atentatória dos direitos e liberdades fundamentais;

LIV – ninguém será privado da liberdade ou de seus bens sem o devido processo legal;

Sobre o sigilo das informações:

LX – a lei só poderá restringir a publicidade dos atos processuais quando a defesa da intimidade ou o interesse social o exigirem;

Qualquer processo da vara de família ocorre em segredo de justiça, visando, exatamente, a proteger a intimidade dos membros da família.

...

LXVIII – conceder-se-á *habeas corpus* sempre que alguém sofrer ou se achar ameaçado de sofrer violência ou coação em sua liberdade de locomoção, por ilegalidade ou abuso de poder;

LXIX – conceder-se-á mandado de segurança para proteger direito líquido e certo, não amparado por *habeas corpus* ou *habeas data*, quando o responsável pela ilegalidade ou abuso de poder for autoridade pública ou agente de pessoa jurídica no exercício de atribuições do Poder Público;

...

LXXII – conceder-se-á *habeas data*:

para assegurar o conhecimento de informações relativas à pessoa do impetrante, constantes de registros ou bancos de dados de entidades governamentais ou de caráter público;

Estes três últimos incisos estabelecem os remédios constitucionais, quando o direito à liberdade da pessoa for desrespeitado.

É possível concluir que o consentimento informado tem base constitucional, porque está fundamentado em princípios fundamentais da dignidade da pessoa humana, no respeito à sua liberdade de tomada de decisão, na autonomia da pessoa capaz.

CONCLUSÕES

Cabe aos profissionais da área da saúde e aos pesquisadores, nos casos de intervenção, informarem-se sobre a capacidade do paciente ou sujeito da pesquisa, indagar, por exemplo, ao menor sobre o fato de este ser emancipado ou não, sobre quem é o responsável legal, sem deixar de ouvir, sempre, o paciente, maior interessado no feito.

Para obter o consentimento informado, o profissional da área médica ou pesquisador deve prestar ao paciente/sujeito todas as informações, procurando não exercer nenhum tipo de coerção, apontar-lhe tanto os benefícios, quanto como os malefícios ou prejuízos do tratamento terapêutico, experimental ou do emprego da técnica, levando em consideração a capacidade de entendimento do paciente e seu possível estado de inferioridade e dependência técnica com relação ao profissional. As informações deverão ser prestadas de forma simples e clara, condizentes com a idade e o nível intelectual e cultural do agente.

Concluímos, então, que os fundamentos éticos e jurídicos que norteiam o consentimento informado estão muito próximos e baseados em princípios morais, leis e regulamentos comuns.

Referências bibliográficas

ALVES, J. C. Moreira. *Direito Romano*. v. I. Rio de Janeiro: Forense, 1992.

APPELBAUM, P. S.; Lidz, C. W.; Meisel. A. *Informed Consent: legal theory and clinical practice*. New York: Oxford, 1987.

BEAUCHAMP T.L.; Faden, R. Meaning and elements of informed consent. In Reich W. *Encyclopedia of Bioethics*. New York: McMillan, 1995.

BRASIL. *Código Civil*. Lei 3.071, de 1º de janeiro de 1916.

CLOTET, Joaquim. *O Consentimento Informado: uma questão do interesse de todos*. Medicina, Conselho Federal. Ano XV, n. 122/123, p. 8 e 9, outubro/novembro/2000.

———. *O Consentimento Informado nos Comitês de ética em Pesquisa e na Prática Médica*: conceituação, origens e atualidade. Bioética 1995; 3(1): 51-59.

CRETELLA JÚNIOR, J. *Curso de Direito Romano*. Rio de Janeiro: Forense, 1993.

FADEN, Ruth et. al. *A history and theory of informed consent*. New York: Oxford University Press, 1986.

FRANÇA, G. Veloso de. *Flagrantes Médico-Legais IV*. João Pessoa: Editora Universitária da UFPB, 1995. p. 252.

FREITAS, Juarez. *A interpretação Sistemática do Direito*. São Paulo: Malheiros, 1995.

GOLDIM, José Roberto. *O Consentimento Informado e a adequação de seu uso na pesquisa em seres humanos*. Porto Alegre: PPG e Medicina: Clínica Médica/UFRGS, 1999 [tese de doutorado].

MIRANDA, Pontes de. *Sistema de Ciência Positiva do Direito*. Rio de Janeiro: Borsoi, 1972.

OSELKA, Gabriel. Aspectos Éticos do Atendimento Médico do Adolescente. *Boletim da Sociedade Brasileira de Bioética*, Ano II, n. 3m, junho de 2000.

PEREIRA, C. M. Silva. *Instituições de Direito Civil*. Rio de Janeiro: Forense, 1998.

PIAZZETA, Naele Ochoa. *O princípio da Igualdade no Direito Penal Brasileiro*. Porto Alegre: Livraria do Advogado, 2001.

3

Negócios jurídicos nos direitos de família

MARIA DE LOURDES ISAÍA PINHEIRO

Sumário: Introdução; 1. Generalidades dos fatos jurídicos; 2. O negócio jurídico; 3. Desenho da família; 4. Direitos da família; 5. Atos negociais no Direito de Família; Conclusões; Bibliografia.

INTRODUÇÃO

As relações jurídicas são, predominantemente, relações humanas resultantes do convívio interpessoal, provenientes de fatos sociais anteriormente existentes, que passam a ter maior relevância a partir da valoração, da disciplina, e da sanção que lhes dá o Direito.

Fatos que desencadeiam as relações sociais, por conseguinte, podem, ou não, ter ressonância jurídica imediata, tornando-se integrantes do ordenamento legal vigente quando são por este previstos, configurando novas situações, ou quando lhes são atribuídas qualificações jurídicas. Assim sendo, *o fato* é um elemento específico e indispensável à concretização de cada relação jurídica, posto que, fundamentalmente, o vínculo que a constitui está embasado no próprio fato que a gerou.

O *negócio jurídico* é um fato, presente no quotidiano nas mais variadas formas de relacionamento humano.

O vocábulo "negócio" deriva do latim *nec + otium*, denotando a idéia de negação do ócio, portanto, qualquer trabalho, ocupação, ação ou ato. Em linguagem jurídica, tem a conotação de *ato lícito*, praticado para a consecução de um efeito jurídico desejado.

O negócio jurídico - uma categoria recente de ato jurídico - surgiu durante o século XVIII no pensamento dos civilistas alemães. Criaram estes um sistema de direito privado baseado na liberdade dos particulares, em que o negócio jurídico significava o paradigma próprio da manifestação de vontade.

Também os doutrinadores italianos dedicaram especial atenção ao negócio jurídico, em razão de suas características pertinentes, distinguindo-o de outros atos jurídicos lícitos, no que tange à estrutura, à função e aos respectivos efeitos.

No Brasil, a doutrina dá tratamento sistemático ao negócio jurídico, analisando-o como ato distinto do ato não-negocial, embora o Código Civil de 1916, ora vigente, tenha adotado apenas a nomenclatura *ato jurídico* de modo abrangente.

A autonomia privada é encarada como o fator marcante do negócio jurídico, subordinada a limites que restringem seu pleno exercício.

Entende-se que é possível reconhecer a existência de negócios jurídicos em muitos campos do Direito (administrativo, comercial, trabalho, consumidor), entretanto, no presente estudo, o conceito de negócio jurídico e a análise desse ato limitar-se-ão aos direitos de família e serão desenvolvidos a partir do exame preliminar dos fatos jurídicos em geral.

Especificamente na área do Direito Civil, são negócios jurídicos todos os atos onde há poder de escolha na manifestação de vontade e na expressão do interesse, não apenas patrimonial, dos sujeitos, como também, no que diz respeito a valores pessoais inestimáveis, presentes nas relações de Direito de Família.

Contrariamente à posição de alguns, que explicitam o negócio jurídico proclamando-o como um ato vinculado apenas a interesse e fins econômicos, reputa-se oportuno identificá-lo como um ato do quotidiano jurídico, que também serve de instrumento para a realização e satisfação humanas, objetivando alcançar, no convívio familiar, bens inavaliáveis - frutos do afeto e da confiança.

A presente abordagem do negócio jurídico como ato propulsor das relações jurídicas familiares trata, preliminarmente, de generalidades dos fatos jurídicos e caracteriza o negócio jurídico; apresenta breve evolução do desenho da família como protagonista de interesses comuns ou diversificados em relação aos seus respectivos membros, e, finalmente, refere, em síntese, os direitos de família.

Identificam-se, nos direitos de família, os atos jurídicos que comportam a qualificação de *negócios jurídicos*, ou seja, atos em que, aos sujeitos componentes do grupo familiar, é reconhecida, social e juridicamente, sua celebração com autonomia privada, sendo-lhes facultada a escolha do destinatário da vontade, a determinação de efeitos pretendidos, bem como, a possibilidade de ulterior desconstituição do ato, quando conveniente.

1. GENERALIDADES DOS FATOS JURÍDICOS

A realização de um *fato* concreto constitui o ponto de confluência entre a norma estabelecida e a realidade, produzindo a conseqüente atuação do ordenamento jurídico.

Considera-se que o fato concreto é sempre juridicamente relevante, mesmo aquele que na aparência é indiferente, porque traz, em si mesmo, ao menos um aspecto de juridicidade - v.g., o simples fato de alguém caminhar no parque é juridicamente relevante, enquanto manifestação do princípio jurídico da liberdade de ir e vir.

Um mesmo fato pode apresentar juridicamente diferentes relevâncias, devido à respectiva finalidade, porque ele pode ter *qualificação jurídica* e *função* diversas, conforme a ordem de interesses. Assim, o mesmo evento - emancipação - previsto no parágrafo único do art. 9º, e no art. 392, II, do Código Civil brasileiro de 1916, acarreta efeitos jurídicos diferentes; no primeiro artigo, é causa de cessação da incapacidade civil do menor, e, no outro, produz a extinção do pátrio poder.

O enfoque dado aos fatos jurídicos que interessam aos sujeitos de direito diverge conforme a visualização dos doutrinadores.

Na concepção clássica, fatos jurídicos *relevantes* são aqueles a que a norma jurídica imputa efeitos no plano do relacionamento inter-humano, e, *irrelevantes* os que permanecem sem normatização (Pontes de Miranda, 1970, t. I, p. 77). Segundo essa teoria, distingue-se, dentro do universo dos fatos - *mundo fático* - um conjunto formado apenas pelos fatos jurídicos - *mundo jurídico*. Afirma a doutrina: "Na verdade, somente o fato que esteja regulado pela norma jurídica pode ser considerado um fato jurídico, ou seja, um fato gerador de direitos (Mello, 1995, p. 9).

Entretanto, o entendimento contemporâneo considera que "fato juridicamente relevante não é somente aquele produtor de conseqüências jurídicas que podem ser bem individuadas, mas qualquer fato, enquanto expressão positiva ou negativa (fato ilícito) de valores ou de princípios presentes no ordenamento [...] Não existe fato que não tenha uma valoração expressa ou implícita no âmbito do ordenamento [...] A função do fato jurídico é expressa não pela descrição, mas pela síntese dos seus efeitos essenciais". (Perlingieri, 1999, p. 90/96).

Nessa linha de pensamento, todos os fatos juridicamente relevantes têm *função*, isto é, a razão justificadora do fato, seja predeterminada pelo ordenamento jurídico em esquemas típicos, seja modelada pela iniciativa dos sujeitos.

A classificação dos fatos jurídicos, embora não tenha merecido uniformidade na doutrina, apresenta traços fundamentais, pertinentes aos eventos que produzem repercussão jurídica, permitindo identificá-los como *fatos jurídicos que independem da participação humana* e *fatos jurídicos que dependem da participação humana*.

Entre os primeiros, estão os fatos oriundos da natureza e os fatos oriundos de animais, porque ambos prescindem da participação humana para sua existência e para a produção de efeitos jurídicos.

Em se tratando de relações jurídicas familiares, o fato do nascimento e o fato da concepção enquadram-se dentre os fatos que independem da participação humana, enquanto pacto antenupcial, casamento, reconhecimento da paternidade, adoção, separação judicial, divórcio, integram a classe dos fatos jurídicos que dependem da ação e da vontade humana.

Todavia, certos doutrinadores consideram que a melhor classificação é a que preliminarmente distingue os fatos jurídicos *lato sensu* em *fatos conforme o direito - fatos lícitos*, que produzem efeitos de direito, e *fatos contrários ao direito - fatos ilícitos*, que produzem efeitos de dever.

Sob esse enfoque de conformidade ou de contrariedade ao direito, é realçada a presença, ou não, do comportamento humano e do elemento volitivo no acontecimento.

A mesma doutrina destaca que, em alguns fatos jurídicos - lícitos ou ilícitos - que têm como base um ato humano, o direito considera irrelevante a circunstância de ter, ou não, havido vontade em praticá-los, embora o ato humano seja essencial, porque neles o maior relevo jurídico é atribuído ao resultado desses decorrente, e não a eles próprios; dentre os lícitos, caça e pesca, tipificadas no Direito das Coisas; o pagamento, no Direito das Obrigações; e dentre os ilícitos, os atos danosos cometidos por incapazes. Enquadram-se todos eles como a*to-fato*, ou seja, "o ato humano é da substância do fato jurídico, mas não importa para a norma se houve ou não vontade em praticá-lo" (Mello 1995, p. 110).

Nos fatos jurídicos que dependem da participação humana, porém, *a vontade* em praticar o ato constitui o próprio cerne do fato jurídico constituindo-se em *atos jurídicos lato sensu*.

Os atos jurídicos *lato sensu* caracterizam-se pela presença dos seguintes elementos constitutivos: uma exteriorização da vontade, a consciência dessa exteriorização, e a finalidade de obtenção de um resultado permitido pelo Direito.

Os doutrinadores consideram importante observar que a vontade em si mesma não é um elemento constitutivo do ato, pois é preciso que ela seja manifestada, declarada, para que o negócio se torne socialmente reconhecido no plano da existência.

No entanto, a vontade influi nos efeitos do ato já existente, seja para auxiliar seu entendimento, seja para preencher omissões. A relevância jurídica da vontade dá-se, portanto, no plano da validade, "porque ela não foi regular, isto é, não resultou de uma exata noção da realidade (erro, dolo), ou não resultou de opção espontânea (coação, estado de perigo), ou, ainda, não resultou de motivos lícitos (simulação, fraude contra credores, lesão)" (Azevedo, 2000, p. 83).

Na análise dos atos jurídicos *lato sensu*, embora não exista unanimidade entre os doutrinadores, muitos apontam um desdobramento em duas classes distintas, resultantes da natureza intrínseca de cada um deles.

Em certos atos, "a vontade não tem escolha da categoria jurídica, razão pela qual a sua manifestação apenas produz efeitos necessários, ou seja, preestabelecidos pelas normas jurídicas respectivas, e invariáveis". (Mello, 1995, p.136).

Assim sendo, nesses atos o celebrante não tem liberdade de escolha quanto ao destinatário da vontade - porque ele já está predeterminado na regra jurídica - nem tampouco quanto ao conteúdo eficacial do ato - porque também já está preestabelecido no dispositivo legal. A manifestação de vontade do celebrante fica absolutamente vinculada aos efeitos predeterminados na regra jurídica que contém a previsão desses atos.

São denominados atos jurídicos *stricto sensu* e classificados como *reclamativos* (v.g., o pedido de alimentos provisórios por quem os necessita), *comunicativos* (v.g., a permissão expressa dos pais para o filho menor viajar), *enunciativos* (o reconhecimento de paternidade), *mandamentais* (v.g., a medida cautelar de separação de corpos ajuizada por um dos cônjuges), e *compósitos* (a escolha do domicilio).

Trata-se de atos que não podem ser revogados por arbítrio dos sujeitos; uma vez celebrados, só poderão ser desconstituídos com fundamento nas hipóteses de invalidade que o ordenamento jurídico contempla de modo geral para todo e qualquer ato (por erro, dolo, coação, simulação ou fraude).

Outros atos recebem a denominação de *negócios jurídicos* e atuam como instrumento de regulamentação dos interesses dos sujeitos, caracterizando-se como atos em que a vontade do celebrante não apenas gera o negócio, mas tem liberdade para delimitar seus efeitos; trata-se aqui de ato de manifestação de vontade que, conforme explica a doutrina, tem "um conteúdo preceptivo relativo a uma matéria de autonomia privada" (Betti, 1969, p. 300), através do qual os sujeitos particulares "auto-regulam seus interesses estatuindo as regras a que voluntariamente quiseram subordinar o próprio comportamento" (Gomes, 1999, p. 264).

Nesses o celebrante pode escolher a categoria jurídica, o destinatário de sua vontade e o conteúdo eficacial do ato, restando-lhe também a faculdade de ulterior desconstituição do negócio, ser for de sua conveniência, tudo sob a tutela do direito.

Identificam-se negócios jurídicos em diversos campos do Direito, inclusive em relações familiares, v.g., separação judicial consensual, adoção, constituição de união estável.

Esse desdobramento dos atos jurídicos em duas classes distintas não aparece em todos os ordenamentos jurídicos. Assim, a doutrina francesa destaca, apenas, os fatos jurídicos propriamente ditos (fatos da natureza), e os atos jurídicos, incluindo entre os primeiros os acontecimentos que não decorrem de um ato de vontade, enquanto os segundos abrangem, exclusivamente, os atos com efeitos volitivos.

Diversamente, a doutrina alemã e a doutrina italiana contemplam a classificação dos fatos jurídicos nos moldes supracitados, incluindo a classe dos *atos-fatos jurídicos* (caça, pesca, pagamento, atos lícitos sem culpa que produzem dever de indenizar, e o desforço pessoal imediato para manutenção da posse, previsto no art. 502 do Código Civil de 1916).

Nos *atos-fatos*, o ato humano é da substância do fato, mas para efeitos da norma jurídica que contém sua previsão, *não importa* se houve ou não houve *vontade* em praticá-lo.

Quanto ao o *negócio jurídico*, caracteriza-se por ter, na vontade do agente, o cerne, a causa do ato, e dessa vontade emergem os efeitos pretendidos, a partir de sua manifestação com maior ou menor amplitude de autonomia privada que o ordenamento jurídico permite ao declarante.

No Brasil, a classificação dos fatos jurídicos foi exaustivamente tratada por Pontes de Miranda (ob. cit.), arrolando, nos moldes do direito europeu, o *fato jurídico stricto sensu* (acontecimento da natureza), o *ato-fato jurídico*, o *ato jurídico stricto sensu* e o *negócio jurídico*. Os civilistas brasileiros não apresentam uma classificação unânime dos fatos jurídicos, mas a maioria destaca o negócio jurídico como ato em que há a presença da vontade humana relacionada aos efeitos por ela pretendidos - efeitos estes tutelados pelo ordenamento jurídico.

O novo Código Civil, traz significativa alteração ao regramento da Parte Geral, substituindo o título *"Dos atos jurídicos"* da legislação de 1916 ainda vigente, por *"Do Negócio Jurídico"*.

Em 85 artigos, o novo Código Civil dispõe sobre os elementos constitutivos do negócio jurídico, a forma, a prova, a representação dos sujeitos na sua celebração, seus respectivos elementos acidentais (condição, termo e encargo), defeitos (erro, dolo, coação, estado de perigo, lesão, fraude contra credores) e invalidade.

A ênfase dada ao *negócio jurídico* pelo novo diploma da legislação civil, ora em tramitação, pode ter resultado de uma observação da realidade do quotidiano jurídico, visto que esse acontecimento é muito mais freqüente e reiterado do que o ato jurídico *stricto sensu*.

2. O NEGÓCIO JURÍDICO

O *negócio jurídico*, no Direito, é uma figura autônoma, que teve suas origens e contornos definidos entre os pandectistas alemães, diferenciando esse ato dos atos não negociais (*atos stricto sensu*).

Da Alemanha, a concepção pandectista alcançou todo o mundo jurídico ocidental, vencendo resistências acentuadas, até que o posicionamento dualista da classificação dos atos jurídicos passou a ser aceito, admitindo-se que o direito positivo reconhece, ou não, aos sujeitos o poder de provocar ou de escolher efeitos jurídicos, conforme a categoria do ato realizado.

Na formulação do negócio jurídico inexiste uniformidade conceitual; cada corrente de pensamento emite sua concepção, dando destaque ao que lhe parece ser o traço predominante dessa figura jurídica.

Assim, segundo Gomes (1999, p. 269), é "toda a declaração de vontade destinada à produção de efeitos jurídicos correspondentes ao intento prático do declarante, se reconhecido e garantido pela lei"; Azevedo (2000, p. 16) o define como categoria de ato "que consiste em uma manifestação de vontade cercada de certas circunstâncias (as circunstâncias negociais), que fazem com que socialmente essa manifestação seja vista como dirigida à produção de efeitos jurídicos".

Partindo dessas considerações, é possível reconhecer a existência de negócios jurídicos não apenas na área do direito privado, mas também no direito administrativo, cujos contratos, alguns são regidos pelo direito privado (comodato, locação de prédio do poder público), outros pelo direito público (destinados à execução de obras e serviços, e ao fornecimento de materiais).

Os negócios jurídicos não estão vinculados apenas a interesses e fins econômicos, pois muitos deles propõem-se a alcançar fins inestimáveis financeiramente, que visam à satisfação humana - é o caso dos atos negociais de direito civil pertinentes às relações jurídicas de direitos familiares.

Estes já haviam sido reconhecidos na doutrina clássica, nos seguintes termos:

"É óbvia, antes de mais nada, a distinção entre negócios familiares e negócios patrimoniais. Uns e outros são atos de autonomia privado, distinguindo-se os primeiros dos segundos, por estar neles a autonomia individual vinculada a uma instância superior, que transcende o indivíduo como tal: o interesse no núcleo familiar. Ao passo que nos negócios patrimoniais, a apreciação da conveniência é, em regra, confiada ao critério de cada um, aqui ela está submetida a um juízo social..." (Betti, 1969, tomo II, p. 168).

Modernamente, a ótica social, vinculada especialmente ao negócio jurídico, continua sendo enfatizada pelos estudiosos, destacando que a característica principal do ato está em "ser ele uma declaração de vontade, isto é, uma manifestação de vontade qualificada por um modelo cultural que faz com que ele socialmente seja visto como juridicamente vinculante" (Azevedo, 2000, p. 132).

Esclarece este mesmo doutrinador que, às vezes, não é o declarante quem estabelece o conteúdo dos negócios jurídicos (v.g., contratos de adesão e contratos em que a autoridade pública determina as condições, bem como, aqueles em que a própria lei fixa o conteúdo do negócio).

O que se pode concluir é que há negócios cujo conteúdo algumas vezes é quase todo estabelecido pelas partes e outras vezes é resultante de outras fontes.

O modo através do qual o negócio jurídico se exterioriza pode ser ou uma declaração (testamento), ou um comportamento (leilão).

Quer num modo, quer noutro, trata-se de uma vontade manifestada e reconhecível como um ato conscientemente destinado a sujeito(s) que, mais cedo ou mais tarde, deverá(ão) conhecê-la.

A vontade manifestada é elemento essencial à constituição de um negócio jurídico, juntamente com o respectivo objeto - bem sobre o qual recai o interesse dos sujeitos do negócio - e a forma - modo através do qual se estrutura o negócio.

Atribui-se maior ou menor influência à manifestação de vontade, especificamente, na interpretação e no erro, posto que aspectos repercutem na eficácia do negócio jurídico.

A interpretação parte da declaração. O art. 85 do Código Civil vigente traça regra geral de interpretação, que complementa o conceito de ato jurídico, pois, considerando a vontade como elemento essencial, nuclear, do ato, determina: "nas declarações de vontade se atenderá mais a sua intenção do que ao sentido literal da linguagem"

A intenção é o que parte da declaração, devendo-se entender por declaração, não apenas o "texto" do negócio, "mas, tudo aquilo que pelas suas circunstâncias (pelo *contexto*), surge aos olhos de uma pessoa normal, em virtude principalmente da boa fé e dos usos e costumes" (Azevedo, 2000, p.99).

É necessário, também, que a vontade do celebrante do ato jurídico corresponda ao seu querer íntimo.

Muitas vezes o que se exterioriza através de uma declaração ou conduta e se torna conhecido das pessoas nem sempre coincide com o que realmente acontece no espírito daquele que a realiza. Se a declaração ou a conduta resultar de uma vontade equivocada, por falsa imaginação do celebrante (erro), ou por manobra astuciosa de alguém que induziu o celebrante ao equívoco (dolo), ou ainda de uma declaração emitida sob ameaça de vir o declarante a sofrer grave dano (coação), o ato será juridicamente defeituoso.

Cabe esclarecer que a "questão da inconsciência não se confunde com o problema do erro na manifestação de vontade. A inconsciência implica inexistência da vontade, enquanto no erro há vontade, porém defeituosa" (Mello, 1995, p.120).

Para caracterização do negócio jurídico, todavia, não basta a manifestação de vontade, porque esta também é intrínseca ao ato jurídico em sentido estrito. Doutrinariamente, aponta-se como elemento caracterizador do negócio jurídico a *autonomia privada*, cujo exercício, na celebração do ato, produz, imediatamente, os efeitos jurídicos correspondentes à função do negócio no plano social, tornando-o juridicamente relevante.

Em razão da autonomia privada, é facultado aos celebrantes do negócio jurídico (observando limites predeterminados de amplitude variada) poder de escolha quanto ao surgimento da relação jurídica em que são protagonistas, quanto a sua permanência e intensidade na esfera jurídica.

Não se trata de autonomia privada a competência para criar normas jurídicas, sentenças e decisões administrativas, conferida a órgão com posição constitucional e poderes normativos no âmbito da ordem jurídica.

No negócio jurídico, a ordem jurídica não é chamada a criar e nem a integrar quaisquer normas, mas, apenas, a realizar a hipótese de fato de uma norma já existente, dando vida à relação jurídica que essa norma estabelece.

Cabe destacar que, "entre o interesse regulado, o poder e a vontade reguladora, (e este é o ponto característico), há aqui uma coincidência imediata: porque são interesse, poder e vontade das próprias pessoas [...] e a ordem jurídica limita-se a reconhecer aos indivíduos o poder de criar fatispécies aptas a gerar vínculos entre eles. A autonomia privada tem, portanto, caracteres próprios, claros e inconfundíveis com os de qualquer outra autonomia." (Betti, 1969, p. 99).

No conceito de *autonomia privada* destaca-se o poder reconhecido ou concedido pelo ordenamento jurídico aos sujeitos de direito, para escolher a categoria de ato que pretendem celebrar e a respectiva estrutura eficacial mais conveniente, podendo determinar vicissitudes jurídicas como conseqüência de comportamentos livremente assumidos.

Essa autonomia foi especialmente enriquecida de significação concreta e positiva, na França, na medida em que o voluntarismo foi instrumento de luta contra as antigas estruturas feudais e corporativas, tornando-se símbolo de liberdade e atingindo grau de verdadeiro princípio político com o advento da Revolução Francesa (que via na vontade particular um instrumento de luta contra o feudalismo e seus privilégios).

Assim é que o Código Civil francês foi impregnado do dogma da autonomia de vontade, prevalecendo, também, entendimento unânime na doutrina francesa de que a lei resolve o conflito entre a vontade e a declaração, em favor da primeira, afastando a segunda. O mesmo princípio veio a ser consagrado no ordenamento jurídico brasileiro, na letra do art. 85 do Código Civil Brasileiro de 1916, que enfatiza a prevalência da intenção do celebrante sobre a sua declaração de vontade.

É preciso levar em conta que a conceituação de *autonomia privada* não resulta de uma abstração, mas é determinada pelo ordenamento jurídico que reflete a experiência histórica que resultou na exigência dessa autonomia.

O Código Civil Brasileiro de 1916 corresponde a um reflexo da concepção social, política e econômica da época, consagrando um direito centrado no homem, construído segundo o princípio racionalista-liberal, que privilegia bens patrimoniais, especialmente os imobiliários, posto que, à época em que foi elaborada essa codificação, a base das fortunas era a propriedade fundiária.

A influência do liberalismo econômico foi traduzida nas regras jurídicas destinadas a regerem relações de força mercantil, a ponto de confundir o princípio de liberdade com o princípio de iniciativa econômica.

Esta confusão tem persistido na doutrina jurídica, especialmente quando se trata de conceituar o negócio jurídico, pois há quem entenda ser esse ato "instrumento de atuação dos interesses econômicos individuais dentro do sistema de produção e distribuição de bens" [...] (Amaral, 2000, p. 369).

É preciso levar em conta as profundas transformações na concepção de vida e nos padrões de comportamento social decorrentes do desenvolvimento tecnológico, e da explosão demográfica, que desde meados do Século XX, vem gerando um mundo massificado no qual as relações negociais perderam a marca do caráter individualista.

Em conseqüência, houve necessidade de intromissão do Estado na regulamentação do relacionamento interpessoal, alterando o direito que havia sido concebido em outro contexto, quanto a certos aspectos da vida social (relações de trabalho, produção, comércio e utilização de bens, moradia, propriedade rural).

E, no que diz respeito especificamente ao Direito Civil, essa interveniência estatal aconteceu em todos os seus campos, mudando, também, a fisionomia dos respectivos negócios jurídicos, socialmente relevantes, inclusive, no Direito de Família, em aspectos pertinentes à autonomia de vontade dos sujeitos celebrantes, e às respectivas limitações a que está subordinada.

Inobstante tenha a teoria dos atos jurídicos enfatizado, sobretudo, os negócios contratuais, portanto, os de conteúdo patrimonial por excelência, é preciso ressaltar que a teoria não se restringe aos contratos, e que os atos que expressam liberdade e autonomia de vontade em matéria não-patrimonial ocupam posição mais elevada na hierarquia constitucional.

Se o negócio jurídico foi proclamado como instrumento facilitador das transações mercantis e da circulação de bens e serviços, dentro de um determinado contexto histórico e político, urge reconceituá-lo à luz da evolução do Direito.

Novos paradigmas sucederam-se, tendo o Direito Civil Contemporâneo passado a refletir a idéia de *despatrimonialização* dos seus fins últimos, embora sem a exclusão do conteúdo patrimonial.

Na análise atual, de conformidade com os princípios constitucionais modernos, os doutrinadores apontam a funcionalização do sistema econômico, direcionando-o para a produção com respeito à dignidade da pessoa humana e ao meio ambiente, bem como para a distribuição das riquezas com maior justiça.

Observa-se que, na hierarquia constitucional dos valores, "a liberdade da pessoa e a conseqüente responsabilidade, ultrapassa e subordina a si mesma a iniciativa econômica" (conforme Perlingieri, 1999, p. 17).

O preâmbulo da Constituição brasileira de 1988 consagra como valores supremos da sociedade a liberdade, a segurança, o bem-estar, o desenvolvimento, a igualdade e a justiça. Tanto assim que o texto do art. 5º preconiza a liberdade de ir e vir, a livre manifestação de pensamento, de consciência e de crença, a expressão intelectual, artística, científica, e, ao mesmo tempo, preserva a intimidade, a honra, a imagem pessoal e o direito de associar-se.

Há, portanto, uma tipificação dos direitos da personalidade em particular, operacionalizada em conjunto com a proteção de um direito geral da personalidade, consubstanciadas em disposições constitucionais que antecedem à preocupação do legislador com a livre iniciativa e a ordem econômica e financeira que estão tuteladas somente a partir do art. 170 da Carta Magna.

Apesar de todo o ato jurídico negocial ser sempre uma expressão da iniciativa privada, muitos atos são incompatíveis com as regras próprias dos contratos porque têm a função de realização da personalidade humana, que não é suscetível de avaliação patrimonial, exigindo garantias e tutelas especiais traduzidas em plano alheio ao do direito das obrigações.

A liberdade de manifestação de vontade expressa através da autonomia privada não se exaure nos negócios patrimoniais, pois é também expressiva em matérias que envolvem diretamente situações subjetivas existenciais.

O *negócio jurídico* coloca-se como categoria mais ampla do que o contrato, por ser instrumento de expressão de toda a manifestação de autonomia privada, patrimonial ou não-patrimonial.

A amplitude de sua abrangência exige especial consideração, por exemplo, em circunstâncias que importam em escolhas relativas à saúde (transplante de órgãos, inseminação artificial) e à vida familiar (transferência da guarda de filhos menores, adoção, casamento).

Há fundamentos diversificados para os atos de autonomia privada, mas todos encontram um denominador comum na necessidade de serem dirigidos à realização dos interesses da pessoa humana, tutelados pelo Direito e socialmente úteis.

É preciso levar em conta *limites ao exercício da autonomia privada* - que existem tanto nos negócios jurídicos patrimoniais, como nos negócios jurídicos não-patrimoniais - consubstanciados em dispositivos legais vigentes (*jus cogens*), em princípios de *moral e bons costu-*

mes aceitos na sociedade, no *respeito às esferas jurídicas de terceiros*, bem como na *função social dos contratos* (mencionada no texto do novo Código Civil).

Os atos jurídicos que têm por objeto situações subjetivas não-patrimoniais, de natureza pessoal e existencial (como a opção de nacionalidade e a separação judicial consensual), estão subordinados aos princípios gerais de tutela da pessoa humana e à exigência de respeito, à segurança, à liberdade e à dignidade da pessoa.

Embasados em critérios distintos, os doutrinadores apontam diferentes *classes de negócios jurídicos*.

Quanto ao número de participantes, há negócios jurídicos *unilaterais* (promessa de recompensa), *bilaterais* (contratos) e *multilaterais* (constituição de sociedade); quanto aos efeitos, há negócios *inter-vivos* (permuta) e *causa-mortis* (testamento); quanto à causa, *onerosos* (compra e venda) e *gratuitos* (doação); quanto ao objeto, *patrimoniais* (constituição de usufruto) e *não-patrimoniais* (adoção); quanto à forma, *solenes* (casamento), e *não-solenes* (constituição de união estável); quanto à disciplina legal, *típicos* (contrato de seguro) e *atípicos* (contrato de locação de cofre bancário).

Os negócios jurídicos *típicos* têm disciplina legal nas mais variadas áreas do Direito, e, embora sejam padronizados no ordenamento jurídico, a doutrina ressalta nesses atos a permissão da lei às partes para elaboração do conteúdo eficacial com "flexibilidade uma vez que não estariam obrigatoriamente vinculadas ou submissas à matriz legal, facultada a elas a modificação da estrutura íntima de tais negócios" (Abreu Filho, 1995, p. 81).

Em conseqüência, nestes negócios as partes interessadas podem inserir cláusulas que melhor atendam a seus interesses, porque há liberdade de estruturação do conteúdo do ato, embora sejam regulamentados especificamente em lei (v.g., o pacto antenupcial, a separação judicial, o testamento).

Nos negócios jurídicos *atípicos*, as partes elaboram um ato absolutamente estranho, desvinculado da previsão legal preestabelecida pelo legislador cujo traço principal é a inovação.

Designados por alguns doutrinadores, de negócios *tipificados socialmente*, constituem-se em fontes de obrigação e são freqüentes em matéria contratual, em conseqüência de maior autonomia privada concedida aos interessados nas relações obrigacionais.

Os negócios atípicos não são alheios aos direitos da família, cujos sujeitos interessados também dispõem da realização de atos jurídicos negociais não tipificados em lei (v.g., a celebração de promessa de casamento) e podem manifestar sua vontade com autonomia privada, objetivando a satisfação de necessidades humanas conforme suas próprias conveniências, fundadas no respeito aos direitos da personalidade.

A tutela do interesse humano nas relações jurídicas de família implica o desafio de identificar o ponto de equilíbrio entre a dimensão privada e o papel social das instituições familiares.

Atento a essa circunstância, nosso sistema jurídico passou a definir os direitos do menor - grupo significativo dentro da população brasileira - em termos distintos do Direito de Família, enquanto perde significado o princípio tradicional da coesão familiar.

Essas inovações e a abertura do direito privado, a partir do fundamento constitucional da igualdade dos sujeitos e da evolução do modelo de família através dos tempos, permitem vislumbrar, nas relações familiares da atualidade, uma perspectiva mais ampla em busca do desenvolvimento pessoal e dos interesses particulares de cada componente - ao invés do interesse do grupo familiar considerado em si mesmo.

3. DESENHO DA FAMÍLIA

O estudo da família como realidade ética, política e social, interessa à sociologia, enquanto sua análise como fonte de relações sociais relevantes, em razão dos interesses individuais e coletivos nela presentes, interessa ao Direito.

Sob o primeiro aspecto, o conceito de família é relativo, no tempo e no espaço, e corresponde principalmente ao momento histórico em que ela está inserida; do ponto de vista jurídico, família é um grupo social organizado segundo uma disciplina própria - o direito de família - cujo campo é o mais sensível às mudanças da sociedade em geral.

A família brasileira sofreu influência da família romana, modificada pelo Direito Canônico, e das instituições germânicas que vigeram ao longo da Idade Média.

Em Roma, a família era definida como o conjunto de pessoas chefiadas pelo *pater*, o ascendente mais velho ainda vivo, sob a autoridade do qual se reuniam os descendentes.

Na primeira fase do Direito Romano, a família era simultaneamente uma unidade econômica, religiosa, política e jurisdicional; havia um patrimônio pertencente à família, e uma religião própria, a religião dos antepassados falecidos.

O Senado constituía-se pela reunião dos chefes de família *(patres conscripti)*, e o *pater* administrava a justiça dentro dos limites da casa.

O poder do *pater* sofreu transformações profundas ao longo da história, e sua autoridade foi progressivamente restringida, dando-se maior autonomia à mulher e aos filhos. Para isso, contribuiu o advento do cristianismo, quando a influência da Igreja sobre o pátrio poder foi traduzida em princípios que o conceituaram como um *múnus, um encargo*, que tinha sua medida no interesse da família, enquanto para os romanos era uma *auctoritas*, ou seja, um direito cuja medida era a vontade e o interesse do *pater*.

Durante a Idade Média, as relações de família foram regidas pelo Direito Romano e pelo Direito Canônico, até que a invasão dos povos bárbaros introduziu o regime da "lei pessoal", conservando suas próprias instituições e deixando os romanos conquistados conservarem as suas. Houve, no entanto, influências mútuas, como referem os historiadores do Direito.

Na análise das transformações por que passou a família nos últimos séculos, desde que se afastou da antiga dependência exclusiva do *pater*, os pesquisadores apontam os movimentos que se seguiram à Revolução Francesa e à Revolução Americana do século XVIII, como marco inicial de um novo modelo, fundado em uma idéia simples, mas completamente nova: "o poder de um só é intolerável e sempre se exerce arbitrariamente" (conforme refere Leite, 1991, p. 292).

Essa revolução de mentalidade, ainda que na prática tardasse a alterar os comportamentos, marcou o final do século XVIII e o início do século XIX, quando o Estado passou a interferir com sua presença nas relações familiares, interessando-se pela criança onde a figura paterna falhava, vigiando estreitamente o grupo, substituindo o patriarcado familiar e concretizando uma política de publicização da família.

Entretanto, no centro do ordenamento jurídico prevaleciam a propriedade imobiliária da terra e respectivos manutenção e incremento, e ainda o grupo familiar como um conjunto de pessoas e de bens estreitamente dependentes da lei que regia as pessoas e o patrimônio.

Os casamentos realizavam-se num círculo limitado que agrupava as pessoas socialmente, em razão de sua origem e posição socioeconômica.

O Código Civil Brasileiro de 1916 foi nitidamente influenciado pelo retrato da família da época, prevalentemente rural e essencialmente patrimonializada, refletindo em seus dispositivos a exagerada valorização do aspecto patrimonial, e a reduzida proteção das pessoas integrantes da entidade familiar, por influência do contexto econômico e político oriundo da filosofia norteadora da época.

Ressalta evidente que as relações jurídicas de família foram marcadas pela prevalência de objetivo patrimonializante, até mesmo nos dispositivos legais referentes aos impedimentos matrimoniais, cuja maior parte tem por finalidade proteger não as pessoas, mas o patrimônio. No estudo elaborado por Jussara Meirelles ("O Ser e o Ter na Codificação Civil Brasileira: do sujeito virtual à clausura patrimonial", *in* Fachin, 2000, p. 101-103), há um significativo elenco dos artigos que refletem a preocupação do Código Civil de 1916 com a proteção dos bens dos sujeitos do direito de família, ao invés da proteção da pessoa.

Essa prevalência do interesse patrimonial aparece nítida a partir dos dispositivos legais do Código Civil de 1916 que estabelecem impedimentos ao casamento (art. 183, incisos XI e XV), nos preceitos referentes à obrigatoriedade do regime legal de bens e à vedação de doações de um ao outro cônjuge, ressaltando-se, especialmente, as disposições legais dos institutos da tutela, da curatela e da ausência, cujo objetivo primordial é o de proteção dos bens dos sujeitos a eles subordinados, conforme o modelo de administração imposto pelo sistema.

Nos exemplos apontados, extraídos do regramento dos direitos de família do Código Civil Brasileiro de 1916, reflete-se a realidade social e jurídica do século XIX: uma família marcada essencialmente pelo patrimônio, formada de indivíduos proprietários, originando relações jurídicas com finalidade de compor os interesses econômicos, ficando relegados a um segundo plano os valores inerentes à dignidade da pessoa como seres humano.

Conseqüentemente, esse diploma jurídico traduz uma visão abstrata da pessoa como sujeito titular de direitos.

Com o crescimento da urbanização, em conseqüência da revolução industrial, houve modificação do grupo social da família: a grande prole dá lugar a um número reduzido de filhos, compondo a família nuclear; são retiradas da família algumas incumbências, posto que as atividades desenvolvidas fora de casa cresciam, e o Estado toma a si a educação das crianças em escolas e creches. Desse modo, a família converte-se em lugar de intimidade e valorização das pessoas contra o anonimato e a massificação da sociedade de consumo.

Surgem exigências comuns decorrentes de uma sociedade de massas, observando-se uma dispersão econômica dos componentes da família, atenuando seu papel de unidade econômica.

Enfim, a família deixa de ser uma unidade de produção e, afastando-se dos fins econômicos, políticos, culturais e religiosos que prevaleciam nos séculos anteriores, converte-se, no século atual, num lugar de intimidade das pessoas, de companheirismo e de afetividade. O papel de cada membro é valorizado, em função das aptidões pessoais, e a família passa a refletir, gradativamente, o interesse de seus membros, mais do que o interesse do grupo familiar.

Ao mesmo tempo, surgem convivências espontâneas de casais, ensejando a formação de famílias atípicas, não fundadas no casamento, oriundas de relação concubinária, que vêm ser reconhecidas sob designação de *união estável*, sendo-lhe atribuída relevância jurídica como *entidade familiar*, no § 3º do art. 226 da Constituição Federal de 1988.

Essa inovação da Carta Magna objetiva propiciar condições jurídicas de proteção à família à margem do casamento, desde que presentes elementos indicativos de estabilidade na relação do casal.

Face a essa realidade social, o desenho jurídico dos direitos familiares foi modificado, alterando os diplomas legais vigentes, ou ampliando-os com o acréscimo de novas disposições adequadas a um novo contexto.

No Brasil, o advento da Constituição de 1988 demonstra acentuada preocupação com a construção de um Estado fundado no bem-estar social, resultando em maior interferência nas relações interpessoais. A proteção da pessoa é destacada como princípio orientador no seu tratamento em todas as esferas, priorizando, em conseqüência, a proteção dos componentes da família em relação ao grupo.

Especificamente na esfera familiar, foi ampliada a tutela jurídica, atingindo situações anteriormente não contempladas, como a da igualdade jurídica dos cônjuges e dos filhos, a previsibilidade do divórcio como causa de extinção do vínculo matrimonial, o reconhecimento da convivência fática homem-mulher tanto na união estável capaz de constituir família, quanto na família monoparental.

A designação de "família monoparental" surgiu dos sociólogos franceses, em 1975, os quais ressaltaram problemas específicos desse tipo de família e sua excepcionalidade.

A Carta Magna de 1988, no § 4º do art. 226, consagra a família monoparental como "a comunidade formada por qualquer dos pais e seus descendentes".

Um dos fatores que influiu na proliferação dessas famílias talvez tenha sido a independência econômica das mulheres, na medida em que optam pela separação de seus esposos ou companheiros quando a convivência se torna intolerável, mesmo que isso importe em futura dificuldade em prover a própria manutenção e a dos filhos. Na realidade, são quase sempre as mulheres que detêm a guarda dos filhos e que dirigem as famílias monoparentais, socorrendo-se cada vez mais do Direito como instrumento indispensável para a organização de suas famílias e de suas relações familiares.

Na constatação dos estudiosos, essa categoria de família é vulnerável e frágil do ponto de vista espiritual e econômico, "cabendo ao Estado as medidas necessárias destinadas a suprir essas deficiências" (Leite, in Repertório de Jurisprudência, 1995, p. 50/51).

Enfim, não cabe mais a expressão singularizada de "família" como um modelo único, posto que os princípios constitucionais reconheceram a diversidade e proclamaram a preservação da pluralidade de formas, para evitar que a lei as trate de modo igual em situações dissemelhantes.

Por conseguinte, a família contemporânea é fundada na multiplicidade de formas de sua constituição - a oriunda do casamento ou da união estável integrada por ambos os genitores e filhos; a monoparental; a originada de laços de sangue ou de adoção - e, em qualquer de suas formas, tem proteção assegurada pela Constituição brasileira.

De fato, no século atual, vivemos uma realidade nova - impensável para nossos antepassados - pois cada casal organiza a vida de acordo com seus interesses, dividindo tarefas conforme suas disponibilidades, atribuindo papéis na vida comum independente do sexo de cada um, acordando sobre o número de filhos, independente de qualquer pressão exterior.

Como formação social, tendente ao desenvolvimento da personalidade de seus membros, a família exprime hoje uma função de instrumento para a realização dos interesses afetivos e existenciais dos seus componentes.

Constituída sob uma nova ótica, "possui, na sua estrutura e nas suas funções, elementos de permanência que excedem largamente a sua composição meramente biológica, extravasando sua concepção em terrenos até então desconsiderados pelo Direito, como as funções afetivas, emotivas e mesmo psicológicas" (Leite, 1991, p. 349).

A excessiva preocupação com o patrimônio, que norteou também o Direito de Família na Codificação Civil Brasileira de 1916, não encontra mais respaldo na realidade contemporânea em que o ser humano é considerado em sua dimensão total de pessoa.

A família continua sendo uma instância biológica, núcleo em que se realiza, dentre outras funções vitais, a reprodução humana. Mas, além dos laços de sangue, são os laços afetivos que justificam o surgimento da família e exercem, cada vez mais, o papel de denominador comum de qualquer núcleo familiar.

A tutela jurídica cada vez mais se dirige às relações afetivas traduzidas em uma comunhão de vida e manifestadas em uma pluralidade de articulações - da família nuclear sem filhos, à grande família. A comunhão material e espiritual tende a continuar mesmo com a superveniência de eventos que marcam a separação dos componentes do grupo (por exemplo, filhos que prosseguem a convivência com o pai ou a mãe divorciados).

A evolução do desenho da família nos conduz à conclusão de que não se pode traçar um perfil ideal desse grupo. Muitas são as variáveis culturais, éticas, políticas, econômicas e religiosas que influem no seu modelo, enquanto se identifica o ambiente da convivência familiar como o lugar onde se restaura a personalidade e, gradativamente, se desenvolvem as aptidões de cada membro.

A doutrina enfatiza esse aspecto: "A família não fundada no casamento, quando responde à exigência educativa dos filhos e de desenvolvimento das pessoas que dela fazem parte, representa um valor merecedor de tutela" (Perlingieri, 1999, p. 257).

As uniões formadoras de família, reconhecidas social e juridicamente, espelham a própria formação democrática do convívio em sociedade, ao mesmo tempo em que são, por natureza, fundadas em valores psíquicos inerentes ao subjetivismo humano.

Assim sendo, os direitos atribuídos aos componentes da família visam a tutelar e a promover as exigências próprias da pessoa, de seu pleno desenvolvimento - e não de um organismo distinto - porque a família não é titular de direitos, nem de interesses autônomos.

4. DIREITOS DA FAMÍLIA

Os direitos da família brasileira incidem sobre o casamento, a união estável, a filiação, o parentesco e sobre as chamadas relações "parafamiliares" (tutela, curatela e ausência), sendo assegurados pela Constituição Federal (artigos 226 a 230), pelo Código Civil de 1916 (artigos 180 a 484) e pela legislação complementar especial referente ao casamento, à união estável e às relações de parentesco.

Enfocados em seu conjunto, esses direitos situam-se, tradicionalmente, no Direito Privado. Entretanto, Antônio Cicu (conforme refere Gomes, 1999, p. 6) considera que o Direito de Família teria intensa afinidade com o Direito Público, porque as relações de família são ordenadas juridicamente com técnica própria das relações publicísticas, resultando naquelas a prevalência do espírito que norteia o Direito Público.

Também Ruggiero e Maroi (1995, vol. I, § 47) entendem que o ordenamento jurídico tutela a família não em razão do interesse do indivíduo, mas do próprio Estado, porque este não conseguiria se desenvolver sem o fortalecimento e o aprimoramento de sua base, que é a família

Sustenta-se, de outra parte, que o Direito de Família é um Direito Social, que "tanto protege de modo imediato os interesses dos organismos sociais como regula as relações do homens como seres sociais" (Gomes, 1999, p. 6).

Apesar dessa controvérsia, predomina o parecer dos que proclamam a pertinência das normas de Direito de Família ao Direito Privado, partindo da idéia de que os interesses protegidos são individuais, ou seja, dos componentes do grupo familiar, e as normas visam a realizações de valores de natureza ética, compreendendo-se, em razão disso, a significativa influência da moral e da religião através de princípios referenciais que as norteiam.

Diferentemente dessas categorias éticas que lhes servem de paradigma, as normas de direito de família são cogentes, imperativas, restringindo a liberdade de manifestação de vontade dos sujeitos sobre os quais incidem, distinguindo-se de regras que integram outros ramos do Direito. Assim sendo, os doutrinadores modernos alertam para a impossibilidade de aplicação dos critérios interpretativos do Direito das Obrigações às normas que regem as relações jurídicas familiares

A *função* do regramento de Direito de Família está vinculada à função do Direito Civil, como área do Direito Privado, em cujas disposições se encontra inserida.

E qual seria a função do direito privado? Muitos estudiosos abordam a matéria a partir de uma restrospectiva ao século XIX, registrando que, até meados desse século, as relações jurídicas de direito privado restringiam-se a possibilitar *apropriação e transação de bens, como objetivo último* (e seria essa, também, a razão de ser do Direito Civil, como área integrante do Direito Privado).

Contudo, o pensamento jurídico não perdeu de vista que o ordenamento de Direito Civil destina-se, sobretudo, a servir de base reguladora dos *relacionamentos interpessoais*; argumentava-se que os direitos de família integram o Direito Privado, principalmente porque a vida familiar é um prolongamento da vida particular, daí a conseqüência de ter sua regulamentação inserida no Direito Privado.

A evolução da realidade social e familiar, bem como dos direitos individuais fundamentais tutelados nos princípios constitucionais vigentes a partir do século XX, abriu perspectivas mais amplas na visão do conjunto dos direitos privados, direcionando-os à luz das necessidades humanas, no afã de satisfazê-las.

Doutrinadores brasileiros apontam para uma espécie de renascimento do Direito Civil, nos últimos tempos, permitindo um olhar diferenciado em direção a novos rumos que passam a nortear essa matéria. Trata-se, agora, de uma *repersonalização* da função e dos fins a que se destina o ordenamento jurídico.

Afirma Eroulths Cortiano Júnior: "O centro nuclear do direito civil é a pessoa humana" (*in* Fachin, 2000, p. 41). Em verdade, a noção de pessoa é anterior à ordem jurídica e a função do Direito tem sua razão no ser humano. É compreensível, portanto, que as normas que regem a pessoa no seu relacionamento com outras, e as normas que regem o primeiro grupo social que acolheu a pessoa - família - integrem o mesmo espaço no ordenamento jurídico - Direito Privado - e ocupem lugar próprio no Direito Civil.

No entanto, é de ressaltar o particularismo dos direitos de família, em relação a outras áreas do Direito Privado, v.g., no Direito das Obrigações, posto que "o vínculo de família, envolve completamente a personalidade, ao contrário do que acontece com o vínculo de obrigação que deixa alheia a personalidade do indivíduo e é apenas um vínculo para determinado ato". (Dantas, 1991, p. 93).

No Direito das Obrigações a autonomia da vontade é mais ampla, e a normatização de ordem pública é mais reduzida; diferentemente, muitas normas que incidem sobre as relações jurídicas familiares revelam, na sua estrutura, imperatividade, precedência lógica do dever sobre o direito, sendo a ordem pública mais ampliada do que a autonomia de vontade dos sujeitos.

A par disso, comparando-se o vínculo das relações familiares com o vínculo das relações obrigacionais, percebem-se outras características interessantes, posto que as relações de família envolvem completamente a personalidade, ao contrário do que acontece com o vínculo das obrigações, alheio à personalidade do indivíduo, destinado apenas à prática de determinado ato.

Esse aspecto é pertinente à idéia de *status familiae*, alvo do seguinte comentário na doutrina: "Percebe-se que o vínculo de família não decorre senão de uma qualidade jurídica que afeta integralmente a personalidade do homem, quando ele se encontra na sua família, e esta qualidade jurídica é que se chama estado, estado de família, estado de filiação, estado de paternidade, estado de casado, estado de solteiro, enfim, qualidades jurídicas de que o homem aparece revestido no seio da comunidade familiar." (Dantas, 1991, p. 93).

Os direitos decorrentes do estado de família são *patrimoniais e não-patrimoniais*, conforme sejam, ou não, suscetíveis de estimativa pecuniária.

Os primeiros podem assumir a feição de direitos reais (como no usufruto sobre os bens dos filhos menores), ou de direitos de crédito (como o que corresponde à obrigação alimentar), mas não são constituídos por concurso de vontade dos sujeitos, e sim, decorrentes de disposições legais que os atribuem aos sujeitos em virtude do estado de família.

Os direitos não-patrimoniais, em regra, são direitos pessoais decorrentes dos vínculos que estabelecem cooperação entre seus membros, como na relação marido e mulher, pai e filho, parente com parente, e são considerados direitos subjetivos quando a eles corresponde um dever. Em razão de sua natureza especial, os direitos não-patrimoniais são irrenunciáveis, intransmissíveis, e não estão sujeitos a condição ou termo.

No seu exercício, são passíveis de uma fiscalização mais severa por parte do Estado, através de órgãos próprios, bem como, de uma vigilância quanto à causa por que são exercidos, posto que são direitos que existem em função dos interesses de outras pessoas, além do titular (v.g., pátrio poder).

Ao lado desses direitos da família, há faculdades jurídicas que integram *direitos potestativos*, aos quais não corresponde nenhum dever. São exercidos unilateralmente, alterando a situação jurídica de outrem. Esta categoria inclui a faculdade de os pais emanciparem os filhos menores e a de reconhecerem a paternidade, que são exercidas em *atos jurídicos stricto sensu*.

Quanto aos interesses presentes nos direitos da família, não se pode dizer que as razões desta sejam autônomas em relação às razões individuais de seus membros, como era concebido na doutrina clássica, em especial no referente à conceituação dos negócios jurídicos familiares proclamada por Betti (1969, tomo II, p.168), onde aparece o interesse do núcleo familiar como vinculado *a uma instância superior que transcende o indivíduo*.

Sob a ótica da repersonalização do direito, urge que se revisem premissas ultrapassadas, que relegam os valores e atributos personalíssimos a plano secundário.

A nova concepção jurídica de família decorrente dos princípios da igualdade e da liberdade, expressamente consagrados na Constituição de 1988, abre espaço para a verdade *socioafetiva*.

A família contemporânea é considerada pelos observadores como uma *comunidade de afeto e entreajuda*, enquanto acentuam-se as relações de sentimento entre seus membros.

Assim sendo, a tutela jurídica da família não é dirigida exclusivamente às relações de sangue, mas, sobretudo, às relações afetivas que se traduzem em uma comunhão espiritual que gera deveres de solidariedade.

O primeiro e mais importante princípio do novo Direito de Família é o que põe a *ratio*, o fundamento básico, do matrimônio e da vida conjugal na afeição entre os cônjuges e "a necessidade de que perdure completa comunhão de vida" (Gomes, 1999, p. 23).

Essa idéia constitui-se em suporte e finalidade do casamento, a ponto de muitas legislações admitirem a dissolução do vínculo conjugal por efeito do desaparecimento da *affectio*, na observação do mesmo autor.

Outro princípio consagrado constitucionalmente no art. 226, § 5º, da Carta Magna é o da *igualdade dos cônjuges*, que veio substituir a determinação tradicional do Código Civil de 1916 segundo a qual a chefia da sociedade conjugal era atribuída ao homem.

E, no que diz respeito à filiação, não menos importante é a equiparação de todos *os filhos, havidos ou não do casamento, ou por adoção*, que passaram a deter os mesmos direitos e qualificações em virtude do preceito contido no art. 227, § 6º, da Constituição vigente desde 1988.

Algumas situações subjetivas de natureza existencial, resultantes da filiação, do casamento ou da união estável, no seu exercício, e na sua titularidade, têm íntima conexão com as razões familiares, as quais podem transcender o interesse existencial do indivíduo, constituindo-se em pressuposto legitimador para o ato que este venha a realizar.

Aqui, o próprio do indivíduo é, simultaneamente, interesse comum aos outros sujeitos pertencentes ao mesmo grupo familiar, consoante a concepção contemporânea dos direitos familiares.

Este interesse não exclusivo, ora individual, ora coletivo, é exercido no sentido de realizar diretamente a proteção dos componentes da família; esta, entretanto, não é sujeito de direito, não é pessoa jurídica, nem titular de interesse separado e autônomo, razão pela qual a titularidade do exercício do respectivo ato compete, singularmente, aos membros da família.

Mais do que isso, o pensamento jurídico atual resgata os valores pessoais, explicando o verdadeiro sentido dos direitos familiares: "Os direitos atribuídos aos componentes da família garantem, tutelam e promovem diretamente as exigências próprias da pessoa e não de um distinto organismo, expressão de um interesse coletivo superior, fundamento de direitos e deveres" (Perlingieri, 1999, p. 245).

Em gênero, os direitos da família são produzidos por *fatos jurídicos oriundos da natureza*, ou por atos jurídicos decorrentes da vontade *(atos stricto sensu* e *negócios jurídicos)*, que acarretam aquisição, modificação, conservação ou extinção de direitos.

Na categoria de *fatos naturais*, são reconhecidos a concepção, o nascimento (efeito jurídico de atribuir a filiação), o advento da maioridade (efeito jurídico de cessação do pátrio poder), a morte efeito jurídico de extinção do vínculo conjugal e/ou do pátrio-poder).

Na categoria dos *atos jurídicos stricto sensu*, identifica-se, no Direito de Família, a emancipação do filho menor pelos pais (efeito jurídico da capacidade civil plena), o compromisso da tutela (efeito jurídico de substituição do pátrio-poder) e o compromisso da curatela (efeitos jurídicos do exercício dos direitos do interditado, do ausente, e do nascituro).

Em todos esses atos, a ordem jurídica não confere aos sujeitos liberdade de escolha do destinatário da vontade, nem da estrutura do ato, não sendo permitido aos celebrantes alterar os efeitos predeterminados nas regras que os disciplinam, nem acrescentar outros conforme suas próprias conveniências, e finalmente, tampouco admitem revogação depois de celebrados.

Na categoria de negócios jurídicos, *in concreto*, estão os fatos que consistem em declarações de vontade decorrentes de maior flexibilidade da lei, as quais são reconhecidas socialmente como desejadas pelo declarante à produção de efeitos jurídicos do ato, "respeitados os pressupostos de existência, validade e eficácia impostos pela norma jurídica que sobre ele incide" (Azevedo, 2000, p. 16).

5. ATOS NEGOCIAIS NO DIREITO DE FAMÍLIA

No âmbito do Direito de Família, há uma variada gama de atos negociais cuja celebração pode ocorrer em momentos e situações diversos, conforme a necessidade e a conveniência das partes, às quais é facultada a livre disposição de seus interesses na manifestação de vontade, em razão da *autonomia privada* - característica ínsita ao negócio jurídico - desde que respeitados os limites próprios decorrentes da natureza do ato.

Embora presente em maior amplitude a característica de *direito indisponível*, nos negócios jurídicos de Direito de Família, nem todos são insuscetíveis de transação, modificação ou extinção. Na esfera jurídica dos componentes do grupo familiar, há direitos patrimoniais e não-patrimoniais, compreendendo-se os primeiros como viáveis de estima pecuniária de seu objeto (v.g., a escolha do regime de bens no casamento), enquanto os outros, reconhecidamente em maior número, distinguem-se pela ausência de repercussão econômica imediata (v.g., a adoção).

Muitos negócios jurídicos de Direito de Família são dirigidos à aquisição de um *status* que, em sua principal acepção, se configura como o estado do homem relevante em si, vinculado a direitos e deveres fundamentais - *status personae* -, adquirido desde o momento de sua existência como ser humano.

A Constituição Federal reconhece e garante esses direitos fundamentais ao sujeito, quer como indivíduo, quer nas formações sociais onde ele desenvolve sua personalidade; assim sendo, "os direitos que cabem ao membro de uma família não têm natureza diversa daqueles que cabem ao indivíduo como pessoa" (Perlingieri, 1999, p. 137).

Nos direitos de família, para a realização do ato que conduz à aquisição do *status*, é possível o interessado nomear representante (v.g., outorga de procuração para propositura de ação de investigação de paternidade, ou para celebração de casamento).

Mas, ao sujeito já revestido do *status*, a lei confere um poder em razão da própria pessoa, e não em razão da capacidade jurídica, não sendo, nessa circunstância, admitida representação para o exercício desse poder. Por essa razão, é inadmissível que o pai outorgue procuração a outrem para que este exerça o pátrio poder em seu nome.

Em outras situações, há restrições decorrentes de lei expressa - limitações à autonomia privada - para realização de certos atos, celebrados em certas circunstâncias, por sujeitos que detêm *status familiae*.

A esse respeito, o Código Civil Brasileiro de 1916, ora vigente, contém as seguintes determinações: os cônjuges, na constância da sociedade conjugal, não podem realizar atos que importem em alienação ou gravame do próprio patrimônio (artigos 242 e 251); idêntica restrição é destinada aos pais, quanto aos bens dos filhos menores que estão sob sua administração (art. 386); também quanto ao tutor, não pode este adquirir nem dispor de bens do tutelado, nos casos previstos no art. 428, estendendo-se a mesma proibição ao curador, conforme o art. 453 e para os ascendentes, a proibição de venda aos descendentes sem consentimento dos demais descendentes (art. 1132).

Quanto aos atos negociais nos direitos familiares, reputa-se de utilidade prática a distinção entre *típicos* e *atípicos*.

Integram o elenco dos *negócios jurídicos típicos*, no Direito de Família, atos que estão disciplinados no Código Civil ou na legislação complementar, subordinados às respectivas restrições impostas

às partes na celebração e compreendidas como limites à autonomia privada na realização do negócio jurídico.
São eles:

O pacto antenupcial - facultado pelo art. 256 do Código Civil de 1916 - enseja a manifestação de vontade dos nubentes quanto ao regime de bens do futuro casamento.

Deve ser formalizado por escritura pública antecedente ao casamento, para a qual exige-se legitimação idêntica à exigida para a celebração deste último ato. Uma vez celebrado o casamento, o pacto escolhido entra em vigor e não pode mais ser modificado em nosso atual sistema vigente.

É negócio jurídico bilateral, de caráter patrimonial, subordinado à condição suspensiva, decorrente da autonomia privada das partes que, antecipadamente, estipulam, ou o regime de comunhão universal, ou o regime de separação total de bens, para o futuro matrimônio, conforme lhes aprouver nesse ato, podendo, ainda, convencionar doações recíprocas de bens de sua propriedade, respeitado o limite de 50% dos bens do doador (conforme o art. 312 do Código Civil de 1916).

Essas liberdades de manifestação de vontade no pacto antenupcial evidenciam sua natureza negocial, posto que os nubentes não ficam adstritos ao regime legal de comunhão parcial. Mas, há restrições pertinentes à elaboração do pacto, no art. 257, que prevê como ato inexistente a estipulação que venha a prejudicar direitos conjugais ou paternos (incolumidade das esferas jurídicas), ou a contrariar disposição absoluta da lei (*jus cogens*). Além disso, a eficácia do pacto está sujeita à formalidade da escritura pública e à posterior realização do casamento dos celebrantes (parágrafo único do art. 256).

A escritura pública produz plena eficácia do pacto entre os cônjuges, independentemente de registro, mas, para eficácia *erga omnes*, o art. 261 do mesmo Código Civil exige transcrição em livro especial no Ofício do Registro de Imóveis, com a finalidade de acautelar terceiros que porventura venham a contratar com o casal.

Embora a lei não estabeleça prazo para a posterior realização do casamento, entende-se que qualquer das partes pode pedir a declaração de ineficácia da escritura de pacto antenupcial e "da mesma forma caducará o pacto se escoar o prazo nela fixado, se algum dos contratantes vier a falecer ou se casar com pessoa diversa (Venosa, 2001, p. 155).

Na hipótese de não-realização posterior de casamento, frustra-se a condição pertinente ao pacto, e o negócio resta ineficaz.

A outorga de procuração ao representante do nubente - prevista no art. 201 do Código Civil de 1916 - permite expressamente a celebração do ato "mediante procuração , que outorgue poderes especiais ao mandatário para receber, em nome do outorgante, o outro contraente".

Os civilistas identificam o mandato como negócio jurídico que constitui, para o procurador, uma situação especial em virtude da qual ele detém a possibilidade de produzir, através de um ato, um efeito jurídico.

Na explicação da doutrina, "a procuração é o negócio jurídico que legitima o representante a agir em nome do representado" (GOMES, 1999, p. 441), identificando-se como *um negócio unilateral com função própria*.

Nesse ato de representação voluntária do nubente, sua vontade deve ser manifestada expressamente, e, embora a lei não exija, há entendimento de que a procuração deva ser conferida por instrumento público, já que se destina à realização de outro ato que exige forma solene, o casamento.

Trata-se, aqui, de negócio unilateral típico, não-patrimonial, revestido das seguintes características: o outorgante tem livre poder de escolha do seu representante, tem poder de escolha na indicação do nubente, na fixação do momento e do local da realização do casamento; além disso, é ato que admite *revogação* (de parte do representante), ou *renúncia* (de parte do representado) até o momento da celebração do casamento.

Em razão do caráter personalístico dos direitos da família, trata-se de uma procuração *com poderes especiais*, para fim específico (a teor do art. 194 do Código Civil de 1916), o que implica *limite à autonomia privada* do outorgante, sendo inadmissível, nesse caso, a representação com poderes que excedam o da manifestação de consentimento (v.g., não seria concebível uma procuração com poderes para casar com quem o mandatário bem entendesse).

Entretanto, admite-se que a outorga da procuração mencione o regime de bens do casamento,

O casamento - ato de natureza não-patrimonial, constitui para alguns doutrinadores um *ato complexo*, para outros, *um ato-condição* ou, um *contrato civil*.

Wald (1981, p. 34-35) refere o seguinte conceito: "O casamento é o vínculo jurídico estabelecido entre os nubentes e é também o ato jurídico criador deste vínculo".

No Brasil, a realização de casamento civil só se tornou possível a partir de 1861, para os não-católicos, enquanto para os católicos, era reconhecido como válido o casamento religioso. O casamento civil, para todos, foi introduzido após a separação Igreja-Estado, com o advento da República, em 1890.

O casamento religioso com efeito civil foi reconhecido através de lei especial, em 1937, seguida pelo Decreto-Lei nº 3.200/1941, que a modificou. Atualmente, o casamento tem como fonte de direito a Constituição Federal de 1988, art. 226, §§ 1º e 2º, consagrando a gratuidade do ato e o efeito civil do casamento religioso.

Os estudiosos do tema, analisando a evolução do casamento desde os primórdios de seu surgimento até nossos dias, apontam, dentre outras conclusões, uma *mudança ética radical das novas gerações* diante desse fato social.

Houve influência decisiva, especialmente, de fatores históricos, econômicos e culturais, que resultaram não apenas em uma nova ordem jurídica quanto ao casamento, com o reconhecimento de novas estruturas familiares, mas, também, em um novo modelo de vida do casal. Na estrutura moderna, "cada casal organiza sua vida de acordo com seus próprios interesses; divide suas tarefas conforme suas disponibilidades, fixa o número de filhos e divide os papéis na vida comum, independente de qualquer pressão exterior" (Leite, 1991, p. 359).

Face a essa realidade atual, remata o mesmo comentador, referindo-se à legislação civil vigente: "fica difícil conceber a aplicação de um Código Civil estruturado numa época caracterizada pela divisão sexual do trabalho e pelo primado da hierarquia masculina" (ob. cit., p. 359).

Contudo, nossos julgadores têm estado atentos a essa defasagem social entre a legislação e a realidade, buscando, através da jurisprudência contemporânea, atribuir efeitos jurídicos mais adequados às necessidades humanas atuais dos cônjuges e/ou dos filhos.

Embora não exista unanimidade na doutrina, quanto à natureza do ato, o casamento afigura-se como um autêntico negócio jurídico, de natureza intrínseca, não-patrimonial, do qual decorrem, em muitas circunstâncias, efeitos avaliáveis economicamente.

A manifestação de vontade dos celebrantes é emitida com autonomia privada, e, está sujeita à invalidade oriunda dos defeitos que a legislação civil contempla: erro, dolo e coação. Por isso, "o consentimento dos nubentes é válido unicamente, como em todo o negócio jurídico, se isento de vícios" (Gomes, 1999, p. 84).

Classifica-se o casamento na categoria de negócio jurídico bilateral típico, disciplinado no Código Civil brasileiro de 1916 a partir do art. 180, pelas seguintes características inquestionáveis em sua realização: há poder de escolha do destinatário da vontade, do regime de bens e da forma de sua realização, face ao art. 226, § 2º, da Constituição Federal que proclama os efeitos civis do casamento religioso (facultando às partes suprimir a cerimônia perante o Juiz de Paz, desde que procedam à habilitação junto ao Ofício do Registro Civil nos moldes dos artigos 71/15 da Lei nº 6.015/1973); e, finalmente, o ato é passível de desfazimento posterior, por consenso das partes, através de separação judicial ou de divórcio.

Portanto, a celebração do casamento não está vinculada a um esquema fixo, imutável, decorrente da lei.

Nenhuma das características acima enunciadas é inerente ao ato *stricto sensu*, onde, conforme já comentado, não há possibilidade de escolha do destinatário da vontade, nem dos efeitos do ato, que só pode ser realizado em relação ao sujeito predeterminado na regra jurídica, ficando os celebrantes adstritos somente aos efeitos prefixados na lei.

É inegável que a manifestação de vontade dos nubentes tem pouca amplitude no ato do casamento, em virtude de princípios inerentes ao Direito de Família, onde o ordenamento traça a disciplina das relações jurídicas através de princípios predominantemente impositivos; mas isso não implica ausência de autonomia privada das partes celebrantes do casamento, nem significa a descaracterização do ato como negócio jurídico.

Já foi observado, anteriormente, que os atos negociais, no Direito de Família, são mais sujeitos a *limitações* na manifestação de vontade das partes.

Tanto assim, que a escolha do destinatário da vontade é limitada pelo preceito do art. 183 do Código Civil de 1916, que arrola aqueles que não podem casar, destacando, inclusive, no inciso XIV, como efeito decorrente de casamento nulo (celebrado de boa ou de má-fé), o impedimento de a mulher casar-se novamente antes de passados dez meses da sentença que decretou essa nulidade.

A constituição de união estável - reúne características peculiares ao negócio jurídico bilateral, porque: as partes podem livremente escolher o destinatário de sua vontade; paralelamente, podem pactuar o regime de bens, a teor do art. 5º da Lei nº 9.278/1996 o qual determina que os bens adquiridos passam a pertencer a ambos, "em condomínio e em partes iguais" (comunhão parcial), "salvo estipulação contrária em contrato escrito", facultando, portanto, a opção por outra categoria de regime; podem escolher a forma verbal ou escrita para a constituição dessa convivência, podem desconstituí-la ou transformá-la em casamento a qualquer momento.

A doutrina define a união estável como sendo "o vínculo afetivo entre homem e mulher como se casados fossem, com as características inerentes ao casamento, e a intenção de permanência de vida em comum" (Cahali, 1996, p. 87-88).

Esse ato tem tipicidade legal na Constituição Federal de 1988, art. 226, § 3º, e na Lei nº 9.278/1996, que em seu art. 1º regula o preceito constitucional, e em seu art. 9º determina que "toda a matéria relativa à união estável é de competência do juízo da Vara de Família".

Há disposição legal expressa, limitando a autonomia de vontade das partes que desejam constituir união estável, no art. 1º da Lei nº 8.9971/1994, em cujo texto, para fins de percepção de alimentos decorrentes da união estável, refere a pessoa solteira, ou separada judicialmente, ou viúva ou divorciada. Depreende-se, assim, que só podem constituir união estável as pessoas desimpedidas para o casamento. Neste aspecto, observe-se que o texto do preceito constitucional do art. 226 enfatiza a conversão dessa união em casamento.

A união estável foi incorporada ao novo Código Civil brasileiro com inovações, e definida como "a que vivem os companheiros como se casados fossem, por mais de cinco anos consecutivos" (prazo que pode ser reduzido para três anos quando houver filho comum). Paralelamente, o novo Código Civil distingue a união estável das relações de concubinato, definindo estas como "relações não eventuais entre o homem e a mulher impedidos de casar".

O novo Código Civil restringe a autonomia privada das partes, sujeitando a constituição de união estável às mesmas causas impeditivas ou suspensivas do casamento, previstas no mesmo regramento de Direito de Família.

A medida cautelar consensual de separação de corpos - negócio jurídico bilateral com respaldo implícito no § 1º do art. 7º da Lei nº 6.515/1977 - faculta aos cônjuges que ainda não decidiram sobre a conveniência de uma separação judicial, afastarem-se do convívio comum por mútuo consenso, visando a preservar efeitos jurídicos futuros, decorrentes dessa situação presente.

O ato comporta autonomia de vontade dos cônjuges não só na estipulação de novo domicílio para um ou para ambos, mas também outras cláusulas pertinentes, tais como deliberação sobre guarda e manutenção dos filhos, regulamentação de visitas pelos genitores, ou outras que forem de interesse da família.

Depois de celebrada, essa medida cautelar consensual pode ser alterada pelo casal - característica peculiar aos negócios jurídicos - quando os cônjuges resolvem retornar ao convívio conjugal, ou quando tomam a providência de ajuizamento de separação judicial.

Conforme entendimento jurisprudencial, havendo motivos socialmente relevantes, a medida cautelar consensual de separação de corpos pode perdurar pelo tempo que os celebrantes reputarem conveniente. Trata-se de exceção ao prazo imposto pelo art. 30 do Código de Processo Civil para ajuizamento da ação principal (30 dias após a efetivação da medida cautelar).

A separação judicial consensual - um dos atos tipificados no art. 2º, III, da Lei nº 6.515/1977 - implica término da sociedade conjugal. É autêntico negócio jurídico bilateral, fundado na autonomia privada dos cônjuges que, de comum acordo, resolvem auto-regular seus interesses no sentido de cessação da convivência, desde que realizem o ato sob a forma especial solene estabelecida em lei para a sua realização.

Os celebrantes têm poder de dispor quanto ao conteúdo eficacial desse ato, nos moldes do art. 1121 do Código de Processo Civil, acordando livremente sobre a partilha de bens do casal, estabelecendo determinações sobre a guarda dos filhos menores e respectivas visitas, sobre a contribuição para a manutenção dos filhos, bem como, sobre o valor da pensão alimentícia de um ao outro cônjuge, quando entenderem necessária.

Além disso, podem estipular outras cláusulas de conveniência mútua (v.g., sobre a nova residência dos separandos, sobre o destino de certos bens de propriedade do casal), e, quando for o caso, a separanda pode optar pelo retorno ao nome de solteira, conforme faculta o § 2º do art. 17 da Lei nº 6.515/1977.

No entanto, há limitações à autonomia de vontade das partes, em razão da Lei nº 6.515/1977, art. 4º, que fixa prazo mínimo de 2 anos de decurso do casamento para que o pedido de separação consensual possa ser formulado judicialmente pelas partes, e art. 34, § 2º, que determina a possibilidade de o juiz recusar a homologação da separação judicial, se comprovar que a convenção não preserva suficientemente os interesses de um dos cônjuges.

Finalmente, observe-se que este ato, como os demais negócios jurídicos, também é passível de desconstituição, nos termos do art. 46 da Lei nº 6.515/1977, que permite aos separados judicialmente restabelecer a sociedade conjugal a qualquer tempo.

A partilha de bens por mútuo consenso - prevista no art. 1773 do Código Civil de 1916 - permite a realização de partilha amigável "por escrito particular homologado pelo juiz", e tem sua aplicação, neste caso alheio ao direito das sucessões, regulada pelos arts. 1031 e seguintes do Código de Processo Civil vigente, que tratam do *arrolamento*.

Pode ser realizada depois da separação judicial, no curso do processo de divórcio, ou por ocasião do rompimento da união estável, também é um negócio jurídico bilateral, típico, oriundo da autonomia de vontade das partes, que tem o poder de decidir, como melhor lhes aprouver, sobre o destino dos bens de sua propriedade.

Há limites à liberdade e autonomia dos sujeitos celebrantes, nesse ato, pois, também aqui, o juiz pode recusar a homologação, se comprovar que a convenção não preserva suficientemente os interesses de um deles, obedecendo, por analogia, ao critério fixado pelo art. 34, § 2º, da Lei nº 6.015/1977, antes mencionado.

A jurisprudência decide pela nulidade da partilha em que um dos celebrantes abre mão de todos os bens em favor do outro (ou de terceiro), "sem reserva de parte ou renda suficiente para a subsistência do doador" (art. 1175 do Código Civil de 1916).

A alegação de nulidade pelo interessado, neste caso, não prescreve, posto que é invocada em uma ação declaratória, cuja sentença se limita a confirmar a invalidade do negócio celebrado nos moldes do inciso V do art. 145 do Código Civil de 1916 (*ato nulo* porque a lei, taxativamente, assim o declarou).

O divórcio consensual - ato solene, realizado perante a autoridade judicial - implica a dissolução do vínculo do casamento. Foi consagrado na Contituição Federal de 1988, e seu art. 226, § 6º, expressa duas possibilidades: pode ser celebrado após prévia separação judicial, ou após comprovada separação de fato.

Na doutrina, "Divórcio é a dissolução de um casamento válido, pronunciada em vida dos cônjuges mediante decisão judicial, em virtude de um acordo de vontades, conversão de separação judicial, ou causa taxativamente enunciada na lei" (Gomes, 1999, p. 287).

Trata-se de negócio jurídico bilateral, tipificado, com regulamentação na Lei do Divórcio (Lei nº 6.515/1977) que impõe procedimento especial para o ato, no § 2º do art. 40, combinado com os artigos 1120 a 1124 do Código de Processo Civil, dos quais se afere o conteúdo eficacial que pode ser estruturado pelas partes, conforme suas conveniências.

Assim sendo, os celebrantes têm liberdade para dispor sobre a guarda dos filhos menores, ou para modificá-la; para dispor sobre a contribuição para manutenção dos filhos ou para alterar cláusula anteriormente estabelecida; para dispensar pensão alimentícia ao cônjuge ou para alterar ou fixar o valor desta ao favorecido; bem como, para celebrar, nesse ato, concomitantemente, a partilha de bens que não tenha sido elaborada anteriormente, a qual, neste caso, será homologada judicialmente na mesma sentença que decretar o divórcio.

As limitações, que restringem a vontade das partes nesse negócio jurídico, constam da Lei nº 6.515/1977: o art. 25 fixa prazo de 1 ano para a propositura da respectiva ação, contado da data da decisão que decretou ou que homologou a separação judicial dos celebrantes, ou (conforme art. 44 da mesma lei), contado da data em que foi proferida decisão judicial em qualquer processo (v.g., medida cautelar de separação de corpos) onde restou determinada ou presumida a separação desses cônjuges; e o art. 34, § 2º (*jus cogens*) - determina que o juiz não poderá homologar o pedido se restar comprovado que o acordo não preserva suficientemente os interesses dos filhos, ou de um dos celebrantes.

A adoção - ato que deriva da manifestação de vontade, destinada a estabelecer vínculo jurídico de filiação - permite a constituição de laço de parentesco legal entre duas pessoas. É negócio jurídico bilateral tipificado no sistema jurídico brasileiro.

Tanto quanto nos demais negócios jurídicos, também na adoção há subordinação da vontade do celebrante a requisitos esquematizados em lei, restringindo sua liberdade na estruturação do ato.

No Direito brasileiro vigente, distinguem-se duas modalidades de adoção: a *adoção tradicional*, regida pelo Código Civil de 1916, a partir do art. 368, que se aplica a adotados maiores de 18 anos, realizada por escritura pública, e a *adoção plena*, disciplinada pelo Estatuto da Criança e do Adolescente (Lei nº 8.069/1990), que se destina a adotados menores de 18 anos, é de caráter definitivo, subordinada a pressupostos, formalidades e efeitos determinados na referida lei, cujo art. 47 determina expressamente que o vínculo da adoção se constitui somente por sentença.

Em ambas as modalidades de adoção é reconhecida aos celebrantes a possibilidade de livre escolha do destinatário da vontade. Além disso, enquanto na adoção regida pelo Código Civil de 1916 os celebrantes podem optar pelos apelidos de família que passará a usar o adotado, na adoção regida pela Lei nº 8.069/1990 o celebrante pode escolher o nome completo do adotado, inclusive com alteração do pré-nome, conforme faculta o art. 47, § 5º, da referida lei.

A Constituição Federal, art. 227, § 5º, determina que o ato seja assistido pelo Poder Público. Além disso, há restrições impostas por lei à autonomia de vontade das partes, na celebração das duas modalidades de adoção:

Para a *adoção tradicional*, o Código Civil vigente (art. 368) estabelece limite mínimo de idade, 30 anos para o adotante, e o decurso de 5 anos após o casamento para os cônjuges adotantes; o art. 369 do mesmo diploma legal exige seja o adotante, pelo menos, 16 anos mais velho que o adotando, e o art. 375 proíbe que as partes estipulem cláusula de condição ou termo no ato da adoção.

No texto do novo Código Civil, a idade mínima fixada para o adotante é de 25 anos.

Para a *adoção plena*, a Lei nº 8.069/1990 fixa limite mínimo de 21 anos de idade para o adotante e determina que este seja pelo menos 16 anos mais velho que o adotando (art. 42); além disso, é exigido, para o ato, o consentimento do adotando, se este for maior de 12 anos (art. 44), estabelecendo que a adoção será sempre precedida de estágio de convivência do(s) adotante(s) com a criança, por prazo que a autoridade judiciária fixar (art. 46).

Finalmente, a lei condiciona o deferimento da adoção plena pela autoridade judiciária, à aferição de *reais vantagens do ato para o adotando*, bem como à existência de *motivos relevantes* (art. 43).

Quanto à dissolução do vínculo da filiação adotiva, a hipótese é contemplada no regramento da *adoção tradicional* do Código Civil de 1916, a qual se dá por vontade do adotado (art. 373), por mútuo consentimento ou pelas mesmas causas que acarretam a deserdação (art. 374). No último caso, pode haver a ruptura unilateral da doação por revogação do celebrante, quando este, de parte do adotado, for alvo de injúria grave, ofensas físicas ou desamparo em caso de doença, bem como quando ocorrerem as demais causas arroladas no art. 1744 do Código Civil vigente.

Tratando-se de *adoção plena*, disciplinada no Estatuto da Criança e do Adolescente, não pode ser revogada, conforme expressa determinação do art. 48 do mesmo diploma legal, posto que essa modalidade de adoção atribui ao adotado os mesmos direitos e deveres do filho natural, "inclusive sucessórios, desligando-o de qualquer vínculo com os pais e parentes, salvo os impedimentos matrimoniais" (art. 41 da Lei 8.069/1990).

Essa revogação deve ser processada em juízo, cessando os efeitos da adoção após o trânsito em julgado da sentença que, a critério do juiz que apreciou a causa invocada, acolheu o pedido.

Além dos negócios típicos comentados, identificam-se, nas relações pertinentes ao Direito de Família, *negócios jurídicos atípicos*, oriundos de diversas áreas de interesse humano e, embora não padronizados na lei, são constituídos pelos particulares que estruturam suas vontades do modo que entenderem mais adequado, aproveitando regras dispositivas do sistema jurídico para obtenção de fins tutelados pelo Direito.

A doutrina desdobra-os em duas categorias: os negócios *atípicos em sentido estrito*, e os negócios *atípicos mistos*. Os primeiros não apresentam qualquer semelhança com os tipos estabelecidos no estatuto civil ou na legislação extravagante, enquanto os segundos derivam da combinação de diversas figuras disciplinadas pelo ordenamento jurídico (Abreu Filho, 1995, p. 82).

É possível identificarmos como autênticos *negócios jurídicos atípicos*, inerentes ao Direito de Família, a promessa de casamento, o rompimento consensual da união estável e a inseminação artificial.

A promessa de casamento - compromisso matrimonial entendido como "noivado", também denominada "esponsais" - não regulada pela legislação civil brasileira - é considerada por alguns civilistas tão-somente como um *ato da vida social*, e por outros, como *contrato preliminar* pertinente ao Direito das Obrigações.

As características desse ato socialmente reconhecido, no entanto, permitem inseri-lo entre os negócios jurídicos bilaterais, não tipificados no ordenamento jurídico, de natureza não-patrimonial, porque fundado em relacionamento afetivo, embora passível de gerar efeitos de valor econômico.

No Direito Romano, era um contrato verbal - *sponsio* - celebrado nos moldes do tradicional "noivado" brasileiro, constituindo-se num compromisso assumido com o assentimento dos pais, simbolizado no anel que o noivo ofertava à noiva. O rompimento desse compromisso dava margem a pagamento de perdas e danos.

Nas Ordenações Portuguesas, os "esponsais" revestiam-se de formalidade através de escritura pública, originando alternativamente a obrigação de casar, ou de pagar indenização.

Segundo Venosa (2001, p. 41-42): "Evidentemente, a promessa de casamento não pertence ao campo obrigacional, não tem cunho patrimonial. Em se tratando de ato pessoal de direito de família, não é possível a execução específica da promessa de emissão de vontade e adesão à instituição do matrimônio, porque essa idéia conflita com a liberdade individual".

Vislumbra-se na promessa de casamento, o poder de escolha do destinatário da vontade, do futuro regime de bens do casal, da realização futura de doação de bens de um ao outro, bem como a possibilidade de romperem o acordo por livre disposição de um ou de ambos.

Trata-se de negócio atípico misto, constituído da combinação de figuras disciplinadas no Direito Obrigacional e no Direito de Família, que pode gerar efeitos jurídicos consubstanciados em fatos sucessivos decorrentes desse negócio, tais como a constituição de pacto antenupcial, ou o prejuízo decorrente de ato da parte que dolosamente frustrou a promessa e a expectativa de casamento, acarretando danos morais e patrimoniais à outra.

Os tribunais pátrios não apreciam com freqüência questões pertinentes a essa relação jurídica, mas, tanto a doutrina como a jurisprudência entendem cabível o pedido de indenização de prejuízos oriundos de ruptura injustificada de um noivado, no que tange às "despesas feitas com a compra de móveis para o casal e o prejuízo decorrente do abandono do emprego pela noiva a pedido do noivo, a fim de melhor atender aos seus encargos na família" (Wald, 1991, p. 38).

Já no que diz respeito ao ressarcimento de eventuais lucros cessantes, ou de dano moral resultante dessa ruptura, não há unanimidade na doutrina nem na jurisprudência.

O rompimento consensual da união estável por acordo dos companheiros - negócio jurídico não disciplinado no ordenamento pátrio - reveste-se das características comuns a todos os negócios jurídicos.

Trata-se, inquestionavelmente, de um negócio jurídico bilateral, atípico, em que os conviventes, sob a tutela do Direito que reconhece essa relação que pretendem extinguir, podem estabelecer, por manifestação de vontade mútua, cláusulas similares às que são permitidas aos cônjuges que pretendem celebrar separação judicial consensual.

A relevância social do fato vincula a ordem jurídica ao exame da matéria e à possibilidade de acolher e reconhecer os efeitos lícitos pretendidos pelos companheiros nesse ato, em cláusulas que convencionam quanto à guarda dos filhos e visitas a estes; quanto à pensão alimentícia de um ao outro companheiro, ou desses aos filhos; quanto ao futuro domicílio dos celebrantes; quanto ao destino dos bens, e, também, quanto à partilha destes.

As partes podem ter interesse na homologação judicial do acordo firmado nesse negócio, caso que, por força do princípio do art.4º da Lei de Introdução ao Código Civil, a jurisprudência tem acolhido esse pedido, aplicando-lhe, analogicamente, as disposições legais pertinentes à separação judicial consensual (inclusive a que consta do § 2º do art. 34 da Lei do Divórcio, determinando a recusa da homologação, quando se verificar que a convenção não preserva suficientemente os interesses de um dos conviventes ou dos filhos destes).

Para fins de prova da união estável, nessa circunstância e em outras decorrentes desse fato jurídico, têm sido utilizados os seguintes documentos: escritura de pacto anteconcubinário de regime de bens (Lei nº 9.278/1996, art. 5), contrato de constituição de seguro de vida, certidão de celebração de casamento religioso puro e simples dos companheiros, sem efeitos civis, fornecida pelo respectivo ministro religioso, além de documento particular ou público reconhecendo a união estável.

A inseminação artificial - técnica de procriação medicamente assistida - é ato de opção dos celebrantes, configurando um negócio jurídico bilateral atípico, que objetiva alcançar o efeito jurídico da paternidade ou da maternidade. Surgiu em conseqüência do progresso nas áreas da Medicina e Biologia, como uma das descobertas de novas técnicas de reprodução humana, ao lado da fecundação *in vitro*, e do advento da prova genética no estabelecimento da filiação.

Trata-se de ato constituído pela manifestação de vontade dos interessados na geração de um filho, conjugada à participação dos profissionais da área da saúde, especializados na respectiva técnica. Identifica-se, nesse procedimento, um autêntico negócio jurídico constituído a partir da auto-regulação dos interesses do casal em direção ao fim visado.

Não há disciplina jurídica, na legislação brasileira, para essa prática, que veio revolucionar os conceitos tradicionais de paternidade e maternidade, extrapolando o plano da causalidade física que justificava o fato natural biológico e as frágeis presunções legais destinadas a atribuir o efeito jurídico da filiação.

Por enquanto, a Lei nº 9.263/1996, que regula o § 7º do art. 226 da Constituição Federal, trata do planejamento familiar no art. 1º - "conjunto de ações de regulação da fecundidade que garanta direitos iguais de constituição, limitação ou aumento da prole pela mulher, pelo homem ou pelo casal" - sem responder as questões oriundas do procedimento de inseminação artificial.

O tema vem sendo abordado na literatura, em regulamentos de orientação médica e em congressos que tratam da bioética, a partir de seu conteúdo ético, moral e religioso, por profissionais pertinentes a diversas áreas. Contudo, até o momento, não houve a edição de normas de ordem pública necessárias à determinação dos critérios de licitude e ilicitude na realização dos procedimentos cabíveis.

Trata-se, portanto, de negócio atípico em sentido estrito, espécie de ato definida pela doutrina como "aquele que na sua estruturação não se amolde ou adapte a qualquer tipo previsto no ordenamento jurídico" (Abreu Filho, 1995, p. 82).

No procedimento da inseminação artificial, a autonomia de vontade tem significativo destaque como poder que enseja aos celebrantes promoverem a reprodução independente de atividade sexual. Mas, é imprescindível, sobretudo, não perder de vista que paternidade e maternidade, mais do que um liame biológico que une os genitores ao filho, significam uma expressão da família contemporânea fundada na dimensão socioafetiva.

Casais que objetivam procriar, mas enfrentam problemas de fecundidade, com freqüência crescente, têm optado pela realização desse ato negocial para a aplicação da técnica de inseminação artificial, com a finalidade de obtenção dos efeitos jurídicos inerentes à paternidade, à maternidade e à filiação.

CONCLUSÕES

Na observação dos atos do quotidiano, emanados da vontade dos sujeitos que origina efeitos de direito, é possível distingui-los, a partir de duas categorias identificadas na doutrina: atos previstos em regras que impõem aos celebrantes determinações fixas e imutáveis, quanto à estruturação e aos efeitos jurídicos produzidos, e atos socialmente relevantes, previstos ou não pelo ordenamento jurídico, em cuja celebração é facultada a escolha do destinatário da vontade, a estrutura e o conteúdo eficacial tutelados pelo Direito, bem como, a possibilidade de ulterior desconstituição do ato conforme as próprias conveniências.

São estes últimos, os *negócios jurídicos*, constituídos a partir da manifestação de vontade fundada na *autonomia privada* - poder de auto-regulamentação dos sujeitos dirigido à escolha da categoria de ato, de seus correspondentes efeitos, da intensidade de tais efeitos, bem como, de sua ulterior cessação através da desconstituição do respectivo ato.

A autonomia privada é sujeita a limites no seu exercício, os quais resultam de regras jurídicas cogentes, ou da moral e dos bons costumes, do princípio da incolumidade das esferas jurídicas alheias, bem como, da função social dos contratos. Essa autonomia pode ser mais ampla, em certas categorias de negócios (direitos obrigacionais) ou menos ampla (direitos de família).

A autonomia privada está sempre presente no negócio jurídico, ato que se realiza em diversos campos do Direito, sendo alvo de teorias e comentários da doutrina, que não obedecem a uma uniformização.

A despeito dos que entendem o negócio jurídico tão-somente como ato de disposição de interesses patrimoniais, acredita-se que, em muitas situações, está ele vinculado diretamente a fins e interesses não-econômicos, reconhecendo-se, simultaneamente, a presença de ambos os interesses, os patrimoniais e os não-patrimoniais, nos direitos familiares.

A importância da utilidade prática da classificação dos negócios jurídicos em *típicos* e *atípicos*, aparece em destaque na órbita do Direito de Família.

Um esboço da evolução do desenho da família, caracterizada como unidade econômica, política e religiosa sob a chefia do *pater*, no Direito Romano, até os nossos dias, evidencia a convivência dos membros componentes vinculados mais por laços afetivos do que por laços de sangue ou parentesco legal, na atualidade.

A nova realidade social foi assimilada nos princípios constitucionais que reconhecem multiplicidade de modelos de família: as originadas do casamento, as constituídas através da união estável e as monoparentais. Em decorrência, os direitos da família ampliaram-se, na atualidade, incidindo sobre novas relações antes não contempladas no ordenamento jurídico brasileiro.

A noção de "interesse superior da família", apregoada em décadas passadas como referência central para a aplicação do Direito na solução das questões jurídicas pertinentes ao grupo familiar, foi substituída pela preocupação de promover o desenvolvimento dos valores inerentes à personalidade de cada um, e pela atenção à dignidade da pessoa humana

Em conseqüência, a tutela dos direitos da família passa a ser voltada prioritariamente para o reconhecimento dos direitos fundamentais da pessoa em seu papel familiar, e o interesse próprio do sujeito é, simultaneamente, interesse comum aos outros sujeitos do grupo.

Os direitos incidentes sobre a família são produzidos por fatos jurídicos diversificados, dentre os quais ressalta-se o *negócio jurídico* como ato oriundo da vontade dos celebrantes dirigido à obtenção de um fim vinculado às relações jurídicas familiares.

Distinguem-se, no âmbito da família, *negócios jurídicos típicos* (a outorga de procuração ao representante do nubente, o pacto antenupcial, o casamento, a constituição de união estável, a medida cautelar consensual de separação de corpos, a separação judicial consensual, a partilha de bens por mútuo consenso, o divórcio consensual, a adoção), e *negócios jurídicos atípicos* (a promessa de casamento, o rompimento consensual da união estável por acordo dos companheiros, a inseminação artificial).

Em todos eles está presente, com maior ou menor amplitude, a autonomia privada das partes, para estruturação do ato em direção ao fim e aos efeitos pretendidos.

Bibliografia

ABREU FILHO, José. *O Negócio Jurídico e Sua Teoria Geral*. São Paulo: Saraiva, 1995.

AMARAL, Francisco. *Direito Civil, Introdução*. Rio de janeiro: Renovar, 2000.

AZEVEDO, Antonio Junqueira de. *Negócio Jurídico: existência, validade, eficácia*. São Paulo: Saraiva, 2000.

BETTI, Emilio. *Teoria Geral do Negócio Jurídico*. Coimbra: Coimbra Editora, 1969.

CAHALI, Francisco José. *União estável e alimentos entre companheiros*. São Paulo: Saraiva, 1996.

CHAVES, Antonio. *Adoção*. Belo Horizonte: Del Rey, 1995.

DANTAS, Santiago. Direito de família e das sucessões. Rio de Janeiro: Forense, 1991.

FACHIN, Luiz Edson. *Repensando Fundamentos do Direito Civil Brasileiro Contemporâneo*. Rio de Janeiro: Renovar, 2000.

GOMES, Orlando.*Direito de Família*. Rio de Janeiro: Forense, 1999.

LEITE, Eduardo de Oliveira. *Tratado de Direito de Família*, vol. I, Curitiba: Juruá, 1991.

——. "A família monoparental", in *Repertório de Jurisprudência e Doutrina sobre Direito de Família*, vol. 2, São Paulo: Revista dos Tribunais, 1995.

MELLO, Marcos Bernardes de. *Teoria do Fato Jurídico: plano da existência*. São Paulo: Saraiva, 1995.

PERLINGIERI, Pietro. *Perfis do Direito Civil: introdução ao Direito Civil Constitucional*. Rio de Janeiro: Renovar, 1999.

PONTES DE MIRANDA, F. C. *Tratado de Direito Privado*, v.1/6. Rio de Janeiro: Borsoi, 1970.

RUGGIERO e MAROI. *Istituzioni di Diritto Privatto*. Ed. Milano, 1955.

VENOSA, Sílvio de Salvo. *Direito Civil: direito de família*. São Paulo: Atlas, 2001.

WALD, Arnoldo. *Direito de Família*. São Paulo: Revista dos Tribunais, 1981.

4

A família, a sociedade e o direito

ADRIANA MENDES OLIVEIRA DE CASTRO

A família é o elemento natural e fundamental da sociedade e deve ser protegida pela sociedade e pelo Estado.[1]

Sumário: Introdução; 1. A família e o casamento no Direito Romano; 2. A família e o casamento sob o ponto de vista do Cristianismo; 3. A família e o matrimônio no contexto atual; 4. A família e o matrimônio na concepção jurídica brasileira; 5. Família como instituição e matrimônio como contrato; Conclusão; Referências bibliográficas e bibliografia complementar.

INTRODUÇÃO

Desde os tempos mais remotos da humanidade, a família – na concepção jurídica – vem sendo tida como a base da sociedade, pressupondo quer um núcleo de poder, fosse ele religioso, político, econômico; quer o líder centrado em uma pessoa, o chefe da família, a quem era concedido o poder sobre aqueles que estavam inseridos na estrutura familiar.

O conceito de família tem sofrido variações, e a configuração da estrutura familiar tem se modificado, acompanhando a evolução da realidade social.

Geralmente associamos a idéia de família a um vínculo matrimonial. Família e casamento são instituições simbioticamente ligadas. Notamos que a sociedade ora enfatiza a família formada pelos laços sangüíneos, ora enfatiza a família como o conjunto de pessoas com relações de afinidade diversas das de consangüinidade.

Eduardo Zannoni entende que a família "compreende uma determinada categoria de relações sociais reconhecidas e, portanto,

---

[1] *Convenção Americana sobre Direitos Humanos* – art. 17, 1969, assinada em São José da Costa Rica.

institucionais, ultrapassando uma definição estritamente jurídica."[2] Clóvis Beviláqua define a família como "Um conjunto de pessoas ligadas pelo vínculo da consangüinidade, cuja eficácia se estende ora mais larga, ora mais restritamente, segundo as várias legislações. Outras vezes, porém, designam-se, por família, somente os cônjuges e a respectiva progênie."[3]

O Prof. Rodrigo da Cunha Pereira escreve: "É interessante observar que o estudo da família, em Direito, esteve sempre estritamente ligado ao casamento, que a tornava legítima ou ilegítima, segundo os vínculos da oficialidade dado pelo Estado, ou mesmo pela religião. Grande parte dos juristas confunde o conceito de família com o de casamento. E por incrível que isto possa parecer, em nossa sociedade, mesmo no limiar deste terceiro milênio, quando se fala em formar uma família, pensa-se que ela só pode constituir-se através do casamento. Mas como a realidade aponta outra direção, nos vemos obrigados a vê-la, sob o ponto de vista da ciência, como algo mais abrangente."[4]

Nosso mestre civilista, Caio Mário da Silva Pereira, na introdução da obra *Direito de Família Contemporâneo*, refere que "[...] não se pode pensar a família na realidade material de um simples agrupamento biológico, desprendida de sua realidade social que predomina em a família moderna."[5]

Vemos, assim, que modernamente outras estruturas sociais organizadas também recebem o nome de família, ainda que o início do agrupamento não se tenha dado pelo vínculo matrimonial.

Matrimônio, no contexto deste trabalho, corresponde ao casamento civil regulado pelo art. 180 do Código Civil brasileiro, casamento religioso com efeitos de civil ou, ainda, à união estável prevista no § 3º do art. 226 da Constituição Federal Brasileira de 1988.

Mister se faz, portanto, um repensar sobre espécies de família, estruturas familiares, o que motiva, por sua vez, um ajustamento do ordenamento jurídico.

1. A FAMÍLIA E O CASAMENTO NO DIREITO ROMANO

A família romana – família *proprio iure* – no período clássico, encontrava-se estruturada ao redor de um chefe de família, o *pater*

---

[2] ZANNONI, Eduardo. *Derecho civil, derecho de familia*. Buenos Aires: Astrea, 1993. p. 5.

[3] BEVILÁQUA, Clóvis. *Direito de Família*. Rio de Janeiro: Rio, 1976. p. 16.

[4] PEREIRA, Rodrigo da Cunha. *Direito de Família Contemporâneo*. Belo Horizonte: Del Rey, 1997. p. 14.

[5] PEREIRA, Caio Mário da Silva – Notas Introdutórias *Apud*. *Direito de Família Contemporâneo*. PEREIRA, Rodrigo da Cunha (Coord.). Belo Horizonte: Del Rey, 1997, p. 8.

familias, pessoa plena de direitos, completamente capaz juridicamente. A ele eram conferidos amplos poderes (religiosos, políticos) sobre todos os membros que compunham sua família, ou seja, sobre seus filhos e filhas (legítimos ou legitimados), sobre as mulheres casadas com seus filhos, bem como, sobre os escravos e semi-escravos, que estavam sob o seu poder.

A estrutura familiar romana independia, portanto, de vínculos sangüíneos. Pelo Direito Civil Romano, os escravos eram considerados *res* (coisas) e integravam a família romana como parte do patrimônio. Já os semi-escravos eram pessoas livres que, por determinadas razões a exemplo do colonato, submetiam-se ao poder e à proteção de um chefe de família em troca de parcela da sua liberdade. Estes eram considerados pessoas, e não coisas, e também integravam a família romana.

O casamento não significava constituição de família, pois filhos casados, bem como suas mulheres e filhos, faziam parte da *família proprio iure*, subordinados ao poder de um mesmo *pater familias*. Então a palavra *pater* estava ligada, nesse caso, a *caput*, e não ao conceito de pai ou de genitor. O *pater familias* podia ser inclusive um celibatário.

O casamento romano considerava a grande distinção entre a união de pessoas que detinham o *status civitatis* e a união daquelas que não possuíam essa condição de cidadão romano. Aos cidadãos romanos, era dado o direito *ius connubbi*, isto é, o direito a um casamento legítimo – *justas nupcias* -, que era protegido pelas leis romanas, e aos não-detentores da condição de cidadão não lhes era assegurado tal direito, celebrando-se *injustas nupcias*, cujo vínculo não interessava ao ordenamento jurídico romano.

Além do *ius connubbi*, havia exigências para realizar-se o casamento romano: os nubentes deveriam ser púberes (aos homens era estipulada a idade mínima de 14 anos e às mulheres, 12 anos); deveria haver o consentimento por parte do chefe da família; e, sobretudo, a *affectio maritalis* e a coabitação.

Almiro do Couto e Silva, em seu artigo intitulado "Casamento e a posição jurídica da mulher no direito de família romano do período clássico", escreve: "[...] a vontade de ser marido e mulher ou, em duas palavras, a *affectio maritalis*, há de ser um elemento permanente em toda a relação matrimonial. Enquanto ela durar, dura o casamento; quando ela desaparecer, desaparece o casamento, sem necessidade de qualquer ato específico [...]"[6]

---
[6] COUTO E SILVA, Almiro do. "Casamento e a posição jurídica da mulher no direito de família romano do período clássico", *in Revista Direito & Justiça*, v. 15, anos XIII e XIV (1991-1992), p. 103.

Coabitar é um quesito que perdura até hoje. Basta morarem sob o mesmo teto, na mesma casa, para configurar-se a coabitação dos cônjuges.

A *affectio maritalis* constitui, entretanto, o pressuposto mais marcante para a união entre duas pessoas, embora tenha sofrido alteração em seu significado. Nos tempos mais remotos, a *affectio maritalis* era aquela que o homem deveria ter pela mulher com quem fosse se casar, hoje é exigida por ambos, tanto o homem quanto a mulher devem manifestar essa vontade com o intuito de viverem como marido e mulher.

Uma vez encontradas a *affectio maritalis* e a coabitação, tinha-se um casamento romano. Ao findar qualquer um desses dois pressupostos, a mantença do vínculo não subsistia, ocorria a dissolução do casamento. Assim sendo, o casamento romano durava enquanto marido e mulher coabitavam e possuíam afeto um pelo outro. Acabados o afeto ou a coabitação, terminava o casamento.

2. A FAMÍLIA E O CASAMENTO SOB O PONTO DE VISTA DO CRISTIANISMO

A idéia romana de que havendo coabitação e *affectio maritalis* havia casamento e deixando de existir um destes pressupostos deixava de existir o casamento não encontrou guarida no Cristianismo.

A família cristã inicia-se com o casamento religioso. E este é um ato formal que deve ocorrer, obrigatoriamente, frente a uma autoridade religiosa. A estrutura familiar cristã, constituída pelo marido, a esposa e os filhos gerados dessa união, encontra similitude com a família natural já existente no período pós-clássico romano, sendo, porém, imprescindível a formalização do ato frente ao poder religioso cristão.

Foi o Cristianismo que ressaltou o papel do casamento na formação da família. "Homem e mulher selam a sua união sob as bênçãos dos céus, transformando-se numa só entidade física e espiritual e de maneira indissolúvel."[7]

A partir das Constituições do imperador romano Justiniano encontra-se a indissolubilidade do vínculo formado pelo casamento. O divórcio ainda é visto, pela Igreja, como situação preocupante, considerando a conseqüência desagregadora de famílias que ele enseja.

Em setembro de 1977, quando do 2º Encontro Mundial do Papa com as Famílias, no Rio de Janeiro, foi enfocado o distanciamento da

---
[7] PEREIRA, Caio Mário da Silva. *Instituições de direito civil*. v. V 11. ed., Rio de Janeiro: Forense, 1997, p. 35.

nova família com o modelo ideal apregoado pelo Igreja Católica Apostólica Romana.

Em 1981, o Papa João Paulo II, ao redigir o documento chamado *Familiaris Consortio*, delineando como modelo cristão de família um clã bem estruturado com pai, mãe e filhos sob o mesmo teto, acrescenta que o casamento experimental, a união livre sem qualquer vínculo, o casamento civil de católicos que dispensam o altar e a segunda união de divorciados não se enquadram nas normas da Igreja.

"A Igreja Católica não se preocupa apenas, ao final do milênio, em abrir hospitais para atender às famílias que ela considera feridas. Disposto também a eliminar as causas da doença chamada divórcio, o Papa instruiu seus médicos da alma a prepararem melhor os pacientes. Em resumo, o Papa quer os fiéis melhor preparados para o casamento. O Vaticano, não se pode esquecer, admite apenas um modelo de união, estável e indissolúvel, mesmo que o dia-a-dia desafie a missão dos padres, muitas vezes obrigados a seguir em sua ação pastoral uma orientação distante da realidade."[8]

3. A FAMÍLIA E O MATRIMÔNIO NO CONTEXTO ATUAL

Durante muitos anos, a família foi um reflexo hialino do modelo cristão. Uma família composta por pais e filhos, frutos da união legítima entre os cônjuges, tendo como centro a figura patriarcal, responsável pelo sustento dos membros da família, sob sua chefia. A mulher – "rainha do lar" – responsabilizava-se pela organização da casa e educação dos filhos.

Independente de haver ou não *affectio maritalis* entre os cônjuges, uma vez instituído o casamento, deveria ele ser eterno, isto é, indissolúvel, segundo os princípios cristãos. Apenas a morte de um dos cônjuges punha fim ao vínculo e possibilitava ao sobrevivente formar novo lar. Era este o retrato da família clássica.

A realidade, entretanto, tem solicitado mudanças na moldura indissolúvel de família e casamento. Rodrigo da Cunha Pereira divisa tal transformação quando escreve "[...] o conceito de família se abriu, indo em direção a um conceito mais real, impulsionado pela própria realidade."[9] Não importa tanto a formação religiosa da so-

---

[8] GONZATTO, Marcelo; STEFANELLI, Ricardo. "Novo perfil familiar desafia catolicismo". *Zero Hora*, Porto Alegre, 21 set. 1997. Reportagem especial, p. 5.

[9] PEREIRA, Rodrigo da Cunha. Op. cit., p. 15.

ciedade e, sim, as transformações que esta, inclusive involuntariamente, emprega à ciência jurídica.

A estrutura familiar passa, inclusive, a ter outras conotações. Convive-se com várias formas de agrupamentos humanos que se embasam na liberdade, igualdade e solidariedade social. Cada uma delas com suas peculiaridades, hierarquia, divisões. Na década de setenta, por exemplo, visualizam-se pelo mundo afora as comunidades *hippies*, formando uma estrutura familiar. Ideais comuns e solidariedade formavam o elo de ligação entre essas pessoas que resolveram viver em comunidade.

Assim, bem atuais são as palavras de Philippe Ariès quando escreve que: "Quanto mais o homem vive na rua ou no meio de comunidades de trabalho, de festas, de orações, mais essas comunidades monopolizam não apenas seu tempo, mas também seu espírito, e menor é o lugar da família em sua sensibilidade."[10]

O grupo profissional, os cultos religiosos, as amizades, os vizinhos têm sido balaustre na vida das pessoas, substituindo, muitas vezes a família. Figuram como relações paralelas à relação familiar, mas, por mais capacitadas e qualificadas que sejam, dificilmente superam os laços familiares.

Com relação a essas novas estruturas, o psicanalista Alfredo Jerusalinski[11] refere que são seus fatores desencadeantes "[...] a modificação dos laços de parentesco, a ruptura do conceito de que um casal para se configurar como tal deve morar junto, a questão da solidão – um mal das megalópolis –, a decadência do patriarcado, a transformação da moral sexual e as mudanças dos critérios de ética com relação aos princípios que regem a reprodução humana."

Os valores sociais e a própria vida nas cidades repercutem, de forma articulada, na psique humana.

Com relação a este novo modelo de família, Antunes Varela escreve: "[...] a família converteu-se apenas, ao fim de cada semana, num lugar de *refúgio* da *intimidade* das pessoas contra a *massificação* da sociedade de consumo. Ela constitui hoje um centro de *restauração* semanal da personalidade do indivíduo contra o anonimato da rua." (grifo original)[12]

Do velho modelo calcado em bases políticas, econômicas, culturais e religiosas, passa-se para um modelo onde a família repre-

---

[10] ARIÈS, Philippe. *História social da criança e da família*. 2. ed. Rio de Janeiro: LTC, 1981. p. 238.

[11] BRACCIO, Silvia. "Transmissora dos valores sociais – o futuro da família". *Zero Hora*, Porto Alegre, 28 de nov. de 1999. Revista ZH, p. 4.

[12] VARELA, Antunes. *Direito de Família*. v. 1. Lisboa: Petrony, 1993, p. 48.

senta um centro de recuperação de energias, um lugar de companheirismo e afetividade.

Nesse contexto, o matrimônio deixa de caracterizar-se como forma única de constituição de família.

4. A FAMÍLIA E O MATRIMÔNIO NA CONCEPÇÃO JURÍDICA BRASILEIRA

Conforme o Prof. Rodrigo da Cunha Pereira "é mesmo nos romanos que está a referência de organização familiar, e é nele que o ordenamento jurídico brasileiro se pauta. Mesmo com todas as modificações e evoluções no sistema jurídico brasileiro, o referencial básico é, e será sempre, ao que tudo indica, o da família romana, ainda que, neste momento, aponte para uma outra direção com questionamento ao modelo patriarcal."[13]

O romanista Moreira Alves evidencia, clara e concisamente, o paralelismo entre a família natural romana e a família moderna em sentido estrito (que abrange os cônjuges e seus filhos): "[...] verifica-se que, entre a família natural romana e a família moderna em sentido estrito, não há diferenças substanciais: ambas se constituem pelo casamento e, em ambas, há relações pessoais e patrimoniais entre os cônjuges, e pais e filhos."[14]

Os teores dos textos constitucionais evidenciam conceitos de família relacionados com casamento – ainda na concepção cristã – indissolúvel:

Constituição Federal de 1937: "Art. 124 – A família, constituída pelo casamento indissolúvel, [...]"

Constituição Federal de 1946: "Art. 163 – A família é constituída pelo casamento de vínculo indissolúvel [...]"

Constituição Federal de 1967: "Art. 167 – A família é constituída pelo casamento [...]

§ 1º O casamento é indissolúvel."

Constituição Federal de 1969: "Art. 175 – A família é constituída pelo casamento [...]

§ 1º O casamento é indissolúvel."

Em 1977, apesar da grande polêmica e da resistência imposta à época, foi aprovada a Lei nº 6.515, conhecida como Lei do Divórcio, resultante da Emenda Constitucional nº 9/77, que alterava o § 1º do

---

[13] PEREIRA, Rodrigo da Cunha. Op. cit., p. 14.

[14] MOREIRA ALVES, José Carlos. *Direito Romano*. vol. II. 5.ª ed. Rio de Janeiro: Forense, 1992. p. 284-285.

art. 175 da Constituição Federal de 1969. A partir de então, o divórcio – assim como a morte de um dos cônjuges – põe fim ao vínculo matrimonial.

Em 1988, nova mudança foi introduzida com a Carta Magna que reconhece como entidade familiar aquela formada pela união estável. O princípio da igualdade entre homem e mulher altera o conceito social de casamento.

A sociedade impõe uma passagem do modelo de família na concepção tradicional, patriarcal para o de família numa concepção social. Esta mudança acarreta uma nova concepção jurídica da família, pois é sabido que o conceito jurídico deve estar intimamente ligado ao conceito social, sob pena de perder a eficácia da disciplina. Neste aspecto, ensina o professor Orlando Gomes: "Os fatores metajurídicos influentes na disciplina jurídica da família (éticos, religiosos, sociais) integrando e acomodando o seu regime legal, são ao mesmo tempo os alicerces de sua eficácia, sabido que nenhum tratamento legislativo da família se impõe e perdura se é orientado em oposição radical aos mores da época, e o repele, em outras palavras, a consciência social."[15]

Com a Constituição Federal Brasileira de 1988 a família, *stricto sensu*, é o conjunto de pessoas estruturadas, a partir de um vínculo entre homem e mulher, e composta de pai e/ou mãe e/ou filhos (de ambos ou de apenas um) que vivem sob o mesmo teto. Ressalta-se que o vínculo é formado pelo casamento civil (ou religioso com efeito de civil), pela união estável ou pela relação parental entre ascendentes e descendentes. Outrossim, no mesmo dispositivo legal, a família é tida como a base da sociedade.

Assim dispõe, o art. 226 e respectivos parágrafos da Constituição Federal Brasileira de 1988:

"Art. 226 – A família, base da sociedade, tem especial proteção do Estado.

§ 1º O casamento é civil e gratuita a celebração.

§ 2º O casamento religioso tem efeito civil nos termos da lei.

§ 3º Para efeito de proteção do Estado, é reconhecida a união estável entre o homem e a mulher como entidade familiar, devendo a lei facilitar sua conversão em casamento.

§ 4º Entende-se, também, como entidade familiar a comunidade formada por qualquer dos pais e seus descendentes."

Conclui-se que, pelo ordenamento jurídico pátrio, a família – base da sociedade – é formada mediante o casamento ou união está-

---
[15] GOMES, Orlando. *O novo direito de família*. Porto Alegre: Fabris, 1984. p. 21.

vel. Constitui-se de cônjuges e filhos, admitindo-se, ainda, a família mononuclear – formada pelos ascendentes e seus descendentes. Nota-se que em relação aos ordenamentos jurídicos anteriores a Constituição Federal de 1988 apresenta um avanço epistemológico fantástico. A família como transmissora dos valores sociais não comporta mais o velho conceito, a arcaica estrutura.

Os novos tempos e a sociedade que se vêm mostrando nas últimas décadas necessitam de novas perspectivas jurídicas. Muitas questões ligadas à estrutura familiar têm compelido o direito de família a mudar seus preceitos, suas premissas. A emancipação da mulher, a diminuição do número de filhos por casal, novos casamentos sugerem novas relações, pois constituem realidades vigentes que se distanciam da estrutura tradicional.

Conforme o Prof. Rodrigo da Cunha Pereira "[...] o atual texto Constitucional é a tradução da família atual, que não é mais singular, mas cada vez mais plural."[16]

Hodiernamente, no direito contemporâneo, os direitos e deveres de família já prevêem uma visão de igualdade entre seus membros e uma posição diárquica de seu comando, em contrapartida à visão hierarquizada e patriarcal vista no período do direito clássico. Antes os interesses da instituição família estavam acima dos interesses daqueles que a compunham, hoje com a erupção de novos conceitos e estruturas familiares a família deve servir aos seus membros.

O mérito da Constituição Federal de 1988 foi, segundo Silvana Maria Carbonera, "[...] ter definitivamente apresentado os novos contornos, que servirão como sugestão de modelos para a formação de novas famílias."[17]

5. FAMÍLIA COMO INSTITUIÇÃO E O MATRIMÔNIO COMO CONTRATO

Tema inserido na regra maior do ordenamento jurídico pátrio, a família tem sido regulamentada e protegida pelas respectivas constituições. Assim, está instituída a família brasileira como base da sociedade com vistas à organização social e protegida legalmente em seus fins específicos. Seja qual for a estrutura familiar, é vista sempre como base da sociedade.

Apesar das mudanças verificadas na nova regra constitucional, nota-se que o modelo de família nela codificado ainda permanece o tradicional, ou seja, constituída pelo casamento (civil, religioso e

---

[16] PEREIRA, Rodrigo da Cunha. Op. cit., p. 18.

[17] CARBONERA, Silvana Maria. *Repensando fundamentos do direito civil contemporâneo* (coord. Luiz Edson Fachin). Rio de Janeiro: Renovar, 1998. p. 288.

união estável). Constituída, portanto, como uma instituição[18] da sociedade e do Direito.

A família – matrimonializada ou não, monoparental ou, ainda, a comunidade formada por qualquer dos pais e seus descendentes – e não o matrimônio, é vista, considerada e confirmada como instituição, no ordenamento jurídico brasileiro.

O matrimônio deve ser tratado em sua concepção contratualista, apesar de, segundo Viana,[19] "[...] A doutrina institucional, anticontratualista, sustenta que o casamento é uma instituição, porque o estado matrimonial encontra-se definido, preorganizado, a ele aderindo os que se casam."

Orlando Gomes, ao tratar do novo direito de família, preconiza: "Uma das mais interessantes manifestações dessas mudanças é o recrudescimento da idéia de contrato na constituição do vínculo."[20]

Importante salientar que alguns autores – José Lamartine Corrêa de Oliveira, Francisco José Ferreira Muniz – entendem o casamento como negócio jurídico bilateral, e não como contrato. Ponderam que, no ordenamento jurídico brasileiro, a expressão contrato tem aplicação restrita aos negócios patrimoniais, em específico, aos negócios jurídicos bilaterais de Direito das Obrigações.[21] Conforme preconiza Caio Mário da Silva Pereira "[...] o que se deve entender, ao assegurar a natureza do matrimônio, é que se trata de um contrato especial dotado de conseqüências peculiares, mais profundas e extensas do que as convenções de efeitos puramente econômicos, ou contrato de Direito de Família, em razão das relações específicas por ele criadas."[22]

Ainda quanto à natureza jurídica do casamento, além da concepção contratualista e da concepção institucionalista, alguns o consideram um ato complexo, ou seja, de uma natureza mista.

Para haver contrato, fazem-se necessários os seguintes elementos: livre manifestação de vontade em formar o vínculo, forma prescrita – ou não defesa – em lei e capacidade das partes para o ato.

A livre manifestação de vontade das partes é, na verdade, o elemento constitutivo subjetivo básico do casamento/união estável. A maneira de manifestá-la poderá se dar expressamente quer no

---

[18] Instituição, no sentido jurídico, é algo estabelecido pelas leis fundamentais de uma nação ou sociedade política.

[19] VIANA, Marco Aurélio S. *Curso de direito civil – Direito de família*. Belo Horizonte: Del Rey, 1993, v.2, p. 43.

[20] GOMES, Orlando. Op. cit., p. 26.

[21] OLIVEIRA, José Lamartine Corrêa de e MUNIZ, Francisco José Ferreira. *Direito de Família – Direito Matrimonial*. Porto Alegre: Fabris, 1990. p. 125.

[22] PEREIRA, Caio Mário da Silva. Op. cit., p. 36.

casamento civil,[23] quer no religioso, e tacitamente na maioria dos casos de união estável.

O próprio Código Civil brasileiro, em seu art. 194, determina que a vontade de casar seja declarada no ato ou cerimônia de celebração de casamento. Em todas as formas de instituição do matrimônio – casamento civil, religioso ou união estável – verifica-se a existência de vários pontos em comum. A principal semelhança é que, em todas, há uma base única, qual seja, o acordo de vontade dos nubentes para a formação do vínculo matrimonial. E é este acordo que o caracteriza em sua concepção contratualista, originada no Direito Canônico, em contraposição à concepção que o define como uma instituição.[24]

Da mesma forma que ocorre em qualquer contrato, o acordo de vontades é elemento indispensável para o ato. Esta manifestação – como qualquer contrato – não pode apresentar qualquer tipo de vício. Não valerá, portanto, o casamento instituído mediante erro, dolo ou coação.

O casamento e também a união estável pressupõem uma forma própria para acontecer. O casamento deve ser processado frente à autoridade (juiz de paz ou ministro do culto religioso). A união estável requer um reconhecimento pelos demais membros da sociedade, ou vir a ser demonstrada por um instrumento escrito. Verifica-se tal formalidade no conceito de casamento referido por Lafayette: "Casamento é um ato solene pelo qual duas pessoas de sexo diferente se unem para sempre, sob promessa recíproca da fidelidade no amor e da mais estreita comunhão de vida."[25]

Outra exigência constitutiva do contrato e do casamento/união estável é a capacidade das partes para o ato. Em todo contrato a ser celebrado exigir-se-á – segundo o objeto em questão – maior ou menor capacidade dos contratantes. E no casamento/união estável não é diferente. Os noivos, futuros companheiros, precisam possuir maioridade ou autorização dos pais para o ato, bem como, não podem apresentar nenhum impedimento. São impedidos de contratar casamento ou união estável pessoas que já se encontram casadas, ou ainda, pessoas do mesmo sexo.[26]

---

[23] O art. 194 do Código Civil Brasileiro determina que a vontade de casar seja declarada no ato ou cerimônia de celebração do casamento.

[24] O Código Português, em seu art. 1577, define o casamento como sendo "o contrato celebrado entre duas pessoas de sexo diferente que pretendem constituir família mediante uma plena comunhão de vida, nos termos das disposições deste Código."

[25] LAFAYETTE. *Direito de família*. Rio de Janeiro: Livreiro Editor, 1869, p. 12.

[26] Apesar de no Brasil ser vedada a união entre pessoas do mesmo sexo, esta já é uma realidade presente na Dinamarca e na Suíça. No Brasil tramita um projeto de lei, de autoria da deputada

O prazo contratual do matrimônio era permanente até 1977; com a promulgação da Lei do Divórcio, o acordo passa a ter um prazo indeterminado. Partindo do princípio de que a relação se forma pela vontade das partes e que esta vontade se encontra pautada no amor, no companheirismo, uma vez cessada a *affectio maritalis*, acaba o contrato, o casamento, a união estável.

Clóvis Beviláqua manifesta-se da seguinte maneira: "Casamento é um contrato bilateral e solene, pelo qual um homem e uma mulher se unem indissoluvelmente, legitimando por ele suas relações sexuais; estabelecendo a mais estreita comunhão de vida e de interesses, e comprometendo-se a criar e educar a prole que de ambos nascer."[27]

Para Marco Aurélio S. Viana, o casamento é "o contrato celebrado entre o homem e mulher visando a uma integração fisiopsíquica."[28] Na visão de João Batista de Oliveira Cândido, o casamento é "um contrato de família, solene e especial, entre duas pessoas, que visam a uma comunhão de vidas [...]. É contrato de família, porque nasce com a vontade das partes de constituírem uma família, exigindo tal consentimento. Porém, não basta o consentimento, é necessário a sua conformação, que sejam observadas as normas e os procedimentos próprios, traçados pela lei, de molde a se aperfeiçoar; por isto mesmo, solene e especial, já que existe forma específica para celebração, além do que, o conteúdo fica preso a normas de ordem pública, as quais não são alteráveis. Veja-se que o elemento acidental, de sexo diverso, não importa à definição, posto que a natureza especial do contrato vinculada a relação nos termos da lei, a qual pode exigir ou não a diversidade de sexos. Quanto ao elemento da permanência da relação, não é essencial, posto tratar de um contrato e os contratos podem ser por prazo determinado ou indeterminado, estando pois vinculados a uma característica contratual, muito mais preso à indeterminação do que a idéia de permanência, aliás fosse permanente, não se admitiria a sua dissolução."[29]

Martha Suplicy, apresentado ao Congresso Nacional. Por isso a questão do sexo dos envolvidos na relação é, hoje, um mero elemento acidental na conceituação de matrimônio, haja vista a possibilidade de reversão desta proibição e da inadequação deste preceito para a universalidade.

[27] BEVILÁQUA, Clóvis. Op. cit., p. 34. Apesar da disparidade com a atual visão quanto à dissolução do vínculo matrimonial encontrada no conceito, haja vista ser uma idéia escrita antes da Lei do Divórcio, este conceito serve para demonstrar o matrimônio, em especial o casamento, na sua *concepção contratualista*.

[28] VIANA, Op. cit., p. 42.

[29] CÂNDIDO, João Batista de Oliveira *Apud. Direito de Família Contemporâneo*. PEREIRA, Rodrigo da Cunha (Coord.). Belo Horizonte: Del Rey. 1997. p. 36.

Assim como qualquer contrato, o vínculo matrimonial, apesar de existente no plano jurídico, nem sempre necessita estar instrumentalizado no plano fático. Desta maneira é que, no contrato tácito – formador da união estável – feito, muitas vezes, entre as partes somente se materializa quando de sua dissolução, quando os companheiros resolvem separar-se e, para tanto, precisam comprovar o vínculo existente, caso em que os efeitos do respectivo vínculo são processados *ab initio*.

CONCLUSÃO

O conceito de família vem-se alterando ao longo do tempo, o que, conseqüentemente, tem repercutido na legislação que contempla os Direitos de Família. San Tiago Dantas leciona: "O estudo do Direito de Família deve começar por algumas noções, mais de caráter sociológico que jurídico, pois neste ramo do Direito Civil, mais do que em qualquer outro, sente-se o quanto as normas jurídicas são moldadas e determinadas pelos seus conteúdos sociais."[30]

O Direito de Família é o ramo do Direito mais influenciado pela sociedade. Pode-se afirmar que o Direito de Família somente é legítimo, quando advém da sociedade e reflete os anseios do povo. Nessa constante onda cíclica entre Sociedade e Estado, aquela remete suas premissas a este que, regulamentando-as, sob forma de regras jurídicas, as restitui à sociedade.

Invariavelmente as Constituições Federais, como obras-primas do ordenamento jurídico, têm-se posicionado com relação à formação familiar. Verifica-se, entretanto, que nem sempre a relação foi concomitante, pois a estrutura familiar vigente na sociedade vincula-se mais rapidamente às mudanças sociais do que aos preceitos jurídicos. Rodrigo da Cunha Pereira refere: "[...] É certo que a família hoje está muito diferente daquela do início do século passado. [...] As mudanças são mesmo muito difíceis. Admiti-las significa repensar modelos, paradigmas e abrir mão de determinados poderes instituídos."[31]

No interregno entre a Lei do Divórcio de 1977 e a Constituição Federal de 1988, ou seja, durante o período de 11 anos no Direito Brasileiro, vários preceitos constitucionais à época não correspondiam ao contexto social em vigência. Assim, de nada adiantava dizer que o casamento era indissolúvel. Observava-se que vários casais, à

---

[30] DANTAS, San Tiago. *Direitos de Família e das Sucessões*. Rio de Janeiro: Forense, 1991. p. 3.

[31] PEREIRA, Rodrigo da Cunha. Direito de família do século XXI *in Revista Literária de Direito*. Ano VI, n º 35, p. 26-28.

mercê da falta de *affectio maritalis*, no plano fático, viviam com outros companheiros, ainda que à margem da lei.

Silvana Maria Carbonera muito bem percebe este descompasso entre a esfera jurídica e a esfera social, ao referir: "Ademais, se a formação de famílias já se dava à margem da esfera jurídica, a preocupação com os sujeitos sobrepunha-se àquela relativa à adequação ao modelo legal. Ganhou dimensões significativas um elemento que anteriormente estava à sombra: o sentimento. E, com ele, a noção de afeto, tomada como um elemento propulsor da relação familiar, revelador do desejo de estar junto a outra pessoa ou pessoas, se fez presente. Diante disto, o Direito paulatinamente curvou-se e demonstrou, através da legislação e da jurisprudência, a preocupação com este 'novo' elemento, mesmo que inicialmente de forma indireta."[32]

João Batista de Oliveira Cândido enfatiza: "[...] Neste aspecto é curioso observar que no passado, caso o matrimônio não desse certo, as pessoas se viam obrigadas a se suportarem para toda a vida, já que a sociedade não aceitava pessoas descasadas. Isto talvez contribuísse para perenização das relações matrimoniais, ainda que em detrimento da felicidade individual."[33]

Conforme Carbonera: "As uniões estáveis, por muitos denominadas de concubinatos puros, que foram ignoradas pelo Código Civil, passaram a receber proteção legal indireta, através da tutela de determinadas situações. Novamente revela-se o reconhecimento do descompasso entre o modelo de família legislado e a pluralidade social existente que, impondo-se frente ao Direito, passou a exigir proteção."[34] A dissociação entre a lei e os fatos sociais, no ramo do Direito de Família, não perdura por muito tempo. Breve ocorre uma revolução social, ainda que de forma homeopática, sem contudo deixar de ser transformadora.

A tal ponto chegaram as dissonâncias entre a lei e a realidade que, apesar da enorme resistência, foi promulgada a Lei do Divórcio e, posteriormente, aceita, no mundo jurídico, a união estável.

Precisas são as palavras de Silvana Maria Carbonera: "[...] pode-se observar que o engessamento do ordenamento jurídico, inicialmente com o objetivo de proteger a família legítima, paradoxalmente acabou abrindo espaço para a diversidade. Diante do fato de, por exemplo, não ser possível a uma pessoa desquitada constituir nova família nos moldes legais face à impossibilidade de dissolução do

---

[32] CARBONERA, Silvana Maria. Op. cit., p. 285-286.
[33] CÂNDIDO, Op. cit., p. 36.
[34] CARBONERA, Silvana Maria. Op. cit., p. 285.

vínculo, os sujeitos ignoraram o modelo legal e deram origem a novas comunidades familiares. Buscando a realização pessoal, o ordenamento foi posto em segundo plano e os sujeitos se impuseram como prioridade. Formaram-se novas famílias, marginais e excluídas do mundo jurídico, mas ainda assim se formaram. A verdade social não se ateve à verdade jurídica e os fatos afrontaram e transformaram o Direito."[35]

O Direito deve caminhar lado a lado com a Sociedade e a Justiça. Para Rodrigo da Cunha Pereira: "Ordenar juridicamente as relações de afeto e as conseqüências patrimoniais daí decorrentes é nosso desafio para assegurar e viabilizar a organização social. É nesse imperativo categórico que está o 'convite ao pensar' as novas representações sociais da família e a compreendê-la no ordenamento jurídico nesta travessia do milênio."[36]

Muitas transformações ocorreram na seara do Direito de Família. Mudou a estrutura familiar, mudaram as razões para a formação do vínculo, bem como, algumas posições jurídicas frente aos ensinamentos e anseios da sociedade. Entretanto, muitas águas ainda deverão passar sob a ponte deste ramo do Direito que tem, na família, em sua formação, a base de sua estrutura.

Referências bibliográficas e Bibliografia complementar

ARIÈS, Philippe. *História social da criança e da família*. 2. ed. Rio de Janeiro: LTC, 1981.

——; DUBY, Georges. *História da vida privada – vol. I.- Do Império Romano ao ano mil*. 11. reimpressão. São Paulo: Companhia das Letras, 1995.

ARNAUD, André-Jean. *O direito traído pela filosofia*. Trad. Wanda de Lemos Capeller e Luciano Oliveira. Porto Alegre: Fabris, 1991.

AZEVEDO, Álvaro Villaça. *Do concubinato ao casamento de fato*. Belém: Cejup, 1986.

BADINTHER, Elisabeth. *Um amor conquistado – o mito do amor materno*. Trad. Waltensir Dutra. Rio de Janeiro: Nova Fronteira, 1985.

BEVILÁQUA, Clóvis. *Direito de Família*. Rio de Janeiro: Rio, 1976.

BRACCIO, Silvia. Transmissora dos valores sociais – o futuro da família. *Zero Hora*, Porto Alegre, 28 de nov. de 1999. Revista ZH.

CORREAS, Óscar. *Introdução à sociologia jurídica*. Trad. Carlos Souza Coelho. Porto Alegre: Crítica Jurídica, 1996.

COUTINHO, Tatiana Freitas. *A televisão pifou*. São Paulo: Loyola, 1980.

COUTO E SILVA, Almiro do. Casamento e a posição jurídica da mulher no direito de família romano do período clássico *in* Revista Direito & Justiça, v. 15, anos XIII e XIV (1991-1992).

CRETELLA JÚNIOR, J. *Direito romano moderno*. 6. ed. Rio de Janeiro: Forense, 1994.

DANTAS, San Tiago. *Direitos de Família e das Sucessões*. Rio de Janeiro: Forense, 1991.

FACHIN, Luiz Edson. *Direito de Família*. Rio de Janeiro: Renovar, 1998.

——. *Repensando fundamentos do direito civil brasileiro contemporâneo*. Rio de Janeiro: Renovar, 1998.

---

[35] CARBONERA, Silvana Maria. Op. cit., p. 289-290.

[36] PEREIRA, Rodrigo da Cunha. Op. cit., p. 26-28.

——. *Teoria Crítica do Direito Civil*. Rio de Janeiro: Renovar, 2000.

GAMA, Guilherme Calmon Nogueira da. *O Companheirismo: uma espécie de família*. São Paulo: Revista dos Tribunais, 1998.

GIORDANI, Mário Curtis. *Código Civil à Luz do Direito Romano*. Rio de Janeiro: Forense, 1992.

——. *Código Civil à Luz do Direito Romano* – Direito de Família. Rio de Janeiro: Lumen Juris, 1996.

GOMES, Orlando. *Direito de família*. 9. ed. Rio de Janeiro: Forense, 1997.

——. *O novo direito de família*. Porto Alegre: Fabris, 1984.

GONZATTO, Marcelo e STEFANELLI, Ricardo. Novo perfil familiar desafia catolicismo. *Zero Hora*, Porto Alegre, 21 set. 1997. Reportagem especial.

HAYNES, John M. e MARODIN, Marilene. *Fundamentos da mediação familiar*. Porto Alegre: Artes Médicas, 1996.

HERRMANN, Horst. *Igreja, matrimônio e divórcio*. Porto Alegre: Sulina, 1977.

ISSACS, Maria; MONTALVO, Braulio; ABELSOHN, David. *Divórcio difícil: terapia para los hijos y la familia*. Buenos Aires: Amorrortu, 1988.

LAFAYETTE. *Direito de família*. Rio de Janeiro: Livreiro Editor, 1869.

LEGRAIN, Michel. *Os cristãos diante do divórcio*. Aparecida: Santuário, 1995.

LOBÃO, Mário A. *O divórcio no direito romano*. Salvador: Universidade da Bahia, 1955.

MACIEL FILHO, Érico. *O divórcio: estudo biológico, sociológico e jurídico*. Curitiba: Guaíra, 1946.

MOREIRA ALVES, José Carlos. *Direito Romano*. Vol. II. 5. ed. Rio de Janeiro: Forense, 1992.

NUNES, Reginaldo et alli. *Divórcio para os não católicos*. Rio de Janeiro: Agir, 1958.

OLIVEIRA, José Lamartine Côrrea de e MUNIZ, Francisco José Ferreira. *Direito de família* (Direito matrimonial). Porto Alegre: Fabris, 1990.

PEREIRA, Áurea Pimentel. *Divórcio e Separação Judicial* – Comentários à Lei 6.515/1977 à Luz da CF/88. Rio de Janeiro: Renovar, 1988.

PEREIRA, Caio Mário da Silva. *Instituições de direito civil*. 11. ed., Rio de Janeiro: Forense, 1997, vol. V.

PEREIRA, M. F. Pinto. *Casamento e divórcio no direito civil internacional*. São Paulo: Monteiro Lobato, 1924.

PEREIRA, Rodrigo da Cunha. *Concubinato e união estável*. 3. ed. Belo Horizonte: Del Rey, 1996.

——. *Direito de Família Contemporâneo*. Belo Horizonte: Del Rey, 1997.

——. Direito de família do século XXI in *Revista Literária de Direito*. Ano VI, n° 35.

PIMENTEL, Silvia; DI GIORGI, Beatriz e PIOVESAN, Flávia. *A figura/personagem mulher em processos de família*. Porto Alegre: Fabris, 1993.

PIMENTEL, Sílvia e PANDJIARJIAN, Valéria. *Percepções das mulheres em relação ao direito e à justiça*. Porto Alegre: Fabris, 1996.

ROHDEN, Huberto. *O eden do lar: garantido pelo indissolubilidade, destruído pelo divórcio*. Porto Alegre: Globo, 1992.

SÁ, Paulo. *Divórcio ou casamento indissolúvel?* Rio de Janeiro: Agir, 1946.

SANTOS, Eduardo dos. *Do divórcio – suas causas*. Porto: Elcla, s/d.

TUCCI, Rogério Lauria. *Da ação de divórcio*. São Paulo: Saraiva, 1978.

VARELA, Antunes. *Direito de Família*, vol. 1. Lisboa: Petrony, 1993.

VAUGHAN, Diane. *A separação: momentos decisivos da vida em comum*. Rio de Janeiro: Paz e Terra, 1991.

VIANA, Marco Aurélio S. *Curso de direito civil* – Direito de Família, vol. 2. Belo Horizonte: Del Rey, 1998.

WIEACKER, Franz. *História do direito privado moderno*, 2. ed. Lisboa: Fund. Calouste Gulbenkian, 1967.

ZANNONI, Eduardo. *Derecho civil, derecho de familia*. Buenos Aires: Astrea, 1993.

5

A incidência do princípio da igualdade nas relações conjugais com o advento da Constituição Federal de 1988

AMÉLIA BALDOINO STÜRMER

Sumário: Introdução; 1. Breves considerações acerca da condição da mulher casada no Direito Brasileiro; 2. A auto-aplicabilidade do artigo 226, § 5º, da CF/88. 3. Questões polêmicas e aspectos jurisprudenciais; 3.1. Chefia da sociedade conjugal; 3.2. Pátrio poder; 3.3 Bens reservados; 3.4 Foro privilegiado da mulher; 4. A igualdade conjugal no novo Código Civil brasileiro; Considerações Finais; Referências bibliográficas.

INTRODUÇÃO

O presente estudo versa sobre a incidência da norma constitucional, prevista no artigo 226, § 5º, da Constituição Federal de 1988, sobre as relações entre marido e mulher em face da consagrada igualdade conjugal, no que diz respeito a direitos e deveres.

São propostos à discussão diversos argumentos sobre o tema e a posição - quando existente - dos Tribunais Pátrios, em especial dos Tribunais Superiores.

Selecionaram-se alguns pontos considerados fundamentais e polêmicos do Código Civil Brasileiro: a questão da chefia da sociedade conjugal; o pátrio poder, e os bens reservados, e a disposição do Código de Processo Civil, que garante o foro privilegiado para a mulher em ações de separação, divórcio e anulação de casamento.

A Constituição Federal de 1988, com a determinação expressa do artigo 226, § 5º, estabelecendo a igualdade de direitos e deveres na sociedade conjugal, transformou essencialmente as relações entre homem e mulher no casamento, e, conseqüentemente, o papel da mulher na sociedade. Rompeu tradições, deu nova feição ao modelo

tradicional de família – caracterizado, até então, pela unidade da direção - originando uma nova estrutura familiar, com direção diárquica, onde o homem não é mais o "cabeça do casal".
Modificar valores e conceitos não é tarefa fácil. Com efeito, mister fazer uma análise do princípio da igualdade à luz do artigo 5º, § 1º, da Constituição Federal, que estabelece que as normas definiforas dos direito e garantias fundamentais têm aplicação imediata.
Importante é salientar que, na verdade, o intento do legislador constituinte muitas vezes não vem produzindo os frutos pretendidos, ora por falta de legislação ordinária compatível com o novo paradigma constitucional, ora pela visão conservadora do Poder Judiciário.
O que se pretende neste trabalho é demonstrar que, em um país como o Brasil, apegado às tradições e refratário às mudanças, corre-se sério risco de restar comprometida uma grande conquista da sociedade brasileira, uma evolução, qual seja, o reconhecimento do princípio da igualdade nas relações conjugais.
Fundamental é o papel do jurista, do operador do Direito e da interpretação sistemática da legislação sempre à luz da Constituição Federal, no constante intento de transpor complexidades técnico-jurídicas e técnico-legislativas que, porventura, possam inviabilizar a aplicação do novo preceito constitucional.
É a que se propõe a presente reflexão.

1. BREVES CONSIDERAÇÕES ACERCA DA CONDIÇÃO DA MULHER CASADA NO DIREITO BRASILEIRO

O princípio da igualdade entre homem e mulher, em especial na sociedade conjugal, é hoje universalmente admitido. Está inscrito na Declaração Universal dos Direitos do Homem,[1] bem como, em inúmeras constituições.

No que diz respeito ao estatuto jurídico da mulher, distinguem-se três grandes sistemas, tanto no passado, quanto no presente, assim caracterizados:[2]

- a mulher, casada ou não, goza, pouco mais ou menos, dos mesmos direitos que o homem;
- a mulher, casada ou não, é incapaz, colocada sob a autoridade de um homem: o pai, *o marido* (grifo nosso) ou um parente qualquer;

---

[1] Art. XVI
1º Os homens e mulheres de maior idade, sem qualquer restrição de raça, nacionalidade ou religião, tem o direito de contrair matrimônio e fundar uma família. *Gozam de iguais direitos em relação ao casamento, sua duração e sua dissolução* (grifo nosso).

[2] John Gilissen. *Introdução Histórica ao Direito*, 1995, p. 600.

- a mulher não casada goza da generalidade dos direitos de que goza o homem, mas a mulher casada é incapaz, colocada sob a autoridade do marido.

Este último sistema, que era aplicado sob o império do Código Civil francês, o *Code Civile*, teve influência direta sobre o Código Civil brasileiro, ainda vigente. Foi apenas neste século que o primeiro sistema passou a predominar, inovando o tratamento jurídico da mulher.

O Código Civil brasileiro de 1916 estabelecia, como uma grande restrição à mulher casada, a sua incapacidade relativa. Evidenciava-se, assim, uma situação paradoxal. A mulher, enquanto solteira, tinha capacidade plena. Ao contrair casamento, adquiria a condição de relativamente incapaz, assemelhando-se aos pródigos e aos silvícolas. Passava a depender de autorização do marido para a prática de atos da vida civil, inclusive para exercer a profissão e litigar em juízo, pois a chefia da sociedade conjugal cabia exclusivamente ao homem. Outra situação humilhante: a mulher binúbia perdia para o marido o pátrio poder sobre os filhos do leito anterior.

Antes ainda da Constituição Federal de 1988, duas leis surgem no Direito Brasileiro no sentido de reduzir as diferenças entre o homem e a mulher: o Estatuto da Mulher Casada (Lei nº 4.121/62) e a Lei do Divórcio (Lei nº 6.515/77).

O Estatuto da Mulher Casada, afastando a imagem do autoritarismo marital, deu capacidade plena para a mulher casada e eliminou parte das desigualdades impostas pelo Código Civil Brasileiro. Por exemplo, estabeleceu que a mulher é *colaboradora do marido na chefia da sociedade conjugal* e nos encargos da família, cumprindo-lhe velar pela direção material e moral desta (artigos 233 e 240). Permitiu à mulher, sem a necessidade de autorização do marido, exercer profissão e litigar em juízo. Instituiu em favor da mulher o que convencionou chamar de *bem reservado*, patrimônio constituído a partir do produto de seu trabalho e que não se comunica com o patrimônio comum (artigo 246). Recuperou, ainda, a mulher a administração e o pátrio poder dos filhos havidos de leito anterior (artigo 393). E passou a considerá-la *colaboradora do marido* no exercício do pátrio poder (artigo 380).[3]

A Lei do Divórcio, rompendo com a tradição e a resistência do conservantismo, propicia aos cônjuges oportunidade - de modo igualitário - de finalizarem o casamento e constituírem nova família.

---

[3] Carlos Alberto Garbi. *Igualdade entre os cônjuges – As principais alterações após a Constituição Federal de 1988*, in RT- 746, 1997, p. 37.

Traz, também, o direito de a mulher acrescer, ou não, o apelido do marido com o casamento, o que até então era obrigatório (artigo 240).

É, entretanto, a Constituição Federal de 1988 que estabelece igualdade de direitos para a mulher no casamento. O artigo 226, § 5º, dispõe: "os direitos e deveres referentes à sociedade conjugal são exercidos igualmente pelo homem e pela mulher".

Interessante salientar o entendimento de Segismundo Gontijo,[4] que defende a desnecessidade de norma protetiva específica para a mulher, referente à sociedade conjugal, pois a Constituição já determina - em seu Título II, Dos Direitos e Garantias Individuais, artigo 5º, inciso I - norma geral, e, em assim sendo, segundo ele, deveria bastar: "os homens e mulheres são iguais em direitos e obrigações, nos termos desta Constituição". Partilha da mesma idéia Paulo Luiz Netto Lôbo, entendendo que tal dispositivo é suficiente, por sua generosa abrangência.[5]

De qualquer sorte, é a Constituição Federal de 1988, na história do constitucionalismo brasileiro, a primeira que faz referência expressa à igualdade entre homens e mulheres. As anteriores - 1824, 1891, 1934, 1937, 1946, 1967 e sua Emenda nº 1/69 – previam, tão-somente, de forma genérica o princípio constitucional da igualdade.

Com esta inovação, o Brasil veio a se alinhar com a maioria das constituições estrangeiras.[6]

2. A AUTO-APLICABILIDADE DO ARTIGO 226, § 5º, DA CF/88

O artigo 226, § 5º, da CF gera alentadas discussões a respeito de sua aplicação, em face de ter o princípio isonômico, previsto no artigo 5º, inciso I, a natureza de direito e garantia fundamental do homem e, cuja aplicação, nos termos do respectivo § 1º, aplicação imediata.[7]

As controvérsias surgem pelo fato de o arcabouço legal preexistente ser totalmente incompatível com a nova ótica constitucional. E,

---

[4] A *igualdade conjugal* in Direitos de Família e do Menor. Sálvio de Figueiredo Teixeira (coord.), 1993, p. 155.

[5] *Igualdade conjugal - Direitos e deveres* in Direito de Família Contemporâneo. Rodrigo da Cunha Pereira (coord.), 1997, p. 221.

[6] *Bens reservados e a Constituição de 88*. Alexandre Alves Lazzarini, artigo publicado in Repertório de Jurisprudência e Doutrina sobre Direito de Família - Aspectos constitucionais, civis e processuais, Teresa Arruda Alvim Pinto (coord.), 1993, p. 59.
Discrimina o autor constituições de outros países que adotam redação no mesmo sentido, entre outras: Albânia, Alemanha, China, Espanha, Itália, Japão, Portugal, Suíça.

[7] Artigo 5º, § 1º, da Constituição Federal de 1988: "As normas definidoras de direitos e garantias fundamentais têm aplicação imediata".

principalmente, por não ter o legislador constituinte brasileiro estabelecido prazo razoável para a necessária compatibilização entre o Direito vigente e o princípio constitucional.

Duas posições existem quanto à auto-aplicabilidade do referido dispositivo:[8]

a) entender que todas as disposições contrárias ao princípio da igualdade estão definitivamente revogadas e substituí-las pelos seus equivalentes igualitários;

b) aguardar a elaboração de nova codificação, a luz dos princípios constitucionais ora vigentes.

A solução natural para corrigir as desigualdades, segundo Eduardo de Oliveira Leite,[9] é "a de suprimir-se qualquer diferença na competência atribuída a cada um dos cônjuges, cumprindo o mandamento constitucional da igualdade a ambos deferida".

Segundo Sérgio Gischkow Pereira,[10] "a norma constitucional é claríssima e se apresenta de maneira que não deixa espaço para se sustentar a necessidade de regulamentação, ou de leis modificativas do Código Civil e outros diplomas legais (pode haver conveniência pelo surgimento de tais leis, o que é diferente de considerá-las imprescindíveis à aplicação da Carta Magna)." Trata-se de um problema puramente de interpretação de textos normativos. Entende o autor, que dificuldades vão existir, mas o Judiciário não se pode furtar de analisá-las.

Na mesma tendência, Silvio Rodrigues afirma que "as disposições que representavam restrição à atividade de um só dos cônjuges devem ser consideradas como não escritas".[11] Outrossim, Carlos Alberto Bittar,[12] Humberto Theodoro Júnior[13] e Caio Mário da Silva Pereira[14] seguem o mesmo posicionamento.

Não se pode, contudo, deixar de abordar a posição de João Baptista Villela,[15] que, embora minoritária, merece reflexão, pois muito bem fundamentada e cautelosa. Entende que "o princípio da

---

[8] Eduardo de Oliveira Leite. *A igualdade de direitos entre homem e a mulher face à nova Constituição*, in Revista *AJURIS* nº 61, p. 26.

[9] Ibidem, p. 26.

[10] *Algumas reflexões sobre a igualdade do cônjuges*, in Direito de Família e do Menor, Sálvio de Figueiredo Teixeira (coord.), 1993, p. 117.

[11] *Direito Civil (Direito de Família)*, 1994, p. 123.

[12] *O Direito Civil na Constituição de 1988*, 1991, p. 64.

[13] *Alguns impactos da nova ordem constitucional sobre o Direito Civil*, in Direitos de Família e do Menor, Sálvio de Figueiredo Teixeira (coord.), 1993, p. 197.

[14] *Instituições de Direito Civil*, 1991, p. 104.

[15] *Sobre a igualdade de direitos entre homem e mulher*, in Direito de Família e do Menor, Sálvio de Figueiredo Teixeira (coord.), 1993, p. 150-152.

igualdade é inepto, por si só, para instaurar ou mesmo reordenar uma rede de relações jurídicas complexas, como é, por exemplo, o Direito de Família. Reconhecê-lo e afirmá-lo não é fazer pouco da inovação constitucional. É vê-la na sua real dimensão: a de um comando endereçado ao legislador ordinário, para que proceda à respectiva implementação positiva. Enquanto ela não ocorrer, e ressalvado o emprego dos meios de constrangimento que a própria Constituição oferece, a igualdade será uma advertência. A juízes e legisladores: àqueles para que interpretem as leis, tanto quanto possível, no espírito do princípio, aplicando-o sempre ali onde não houver norma positiva em contrário e se configurar espaço para a discrição (*Ermessensspielraum*); aos legisladores para que se abstenham de contrariá-lo em suas novas leis".

De qualquer sorte, não é esse o entendimento dos Tribunais Pátrios, que consideram induvidosa a auto-aplicabilidade da norma constitucional prevista no artigo 226, § 5º, da Constituição Federal, possuindo eficácia revogadora de todos as leis infraconstitucionais que estabeleciam desequiparações, com base no critério homem ou mulher, no que tange à sociedade conjugal.

3. QUESTÕES POLÊMICAS E ASPECTOS JURISPRUDENCIAIS

Neste tópico, são enfocados aspectos concernentes à aplicação imediata do princípio constitucional da igualdade e sua repercussão nas relações entre o homem e a mulher no casamento. Serão examinados alguns institutos dentre os mais polêmicos e importantes na vida conjugal: chefia da sociedade, pátrio poder, bens reservados e foro privilegiado da mulher.

Procurou-se fazer um levantamento da doutrina e da jurisprudência a respeito dos temas escolhidos, com o cuidado de abordar os respectivos posicionamentos, mesmo que muitas vezes minoritários.

3.1 Chefia da sociedade conjugal

O Código Civil de 1916 ainda vigente, em seu artigo 233, estabelece que o marido é o chefe da sociedade conjugal. Em conseqüência, cabe a ele a representação legal da família; a administração dos bens do casal; o direito de fixar e mudar o domicílio e o dever de prover a manutenção da família.

Numa breve análise desse dispositivo, percebe-se que ele prevê verdadeira discriminação contra a mulher, incompatível com a nova realidade constitucional.

Justificava-se tal discriminação com os argumentos, dentre outros, de que a sociedade conjugal, como toda e qualquer sociedade, devia ter um chefe ou dirigente. E que a chefia do homem era mais segura e vantajosa à família e, indiretamente, à sociedade, por vários fatores de ordem social, física e psíquica, ou seja, tinha o homem melhores condições do que a mulher para exercer a direção.

Há, contudo, quem ainda sustente a necessidade da chefia conjugal. A Desembargadora do Tribunal de Justiça do Estado do Rio de Janeiro, Áurea Pimentel Pereira,[16] defende que a família brasileira se assentou, desde o início, em tradição eminentemente patriarcal, em que a chefia do grupo familiar se deferiu sempre ao homem, no próprio interesse da subsistência do equilíbrio e da harmonia da entidade familiar, só possíveis, no seu entendimento, quando submetida esta a uma autoridade diretiva unificada. O desdobramento de tal autoridade, para ela, propicia o exercício ao mesmo tempo pelo homem e pela mulher, podendo fazer nascer entre eles uma situação de verdadeiro confronto, sem condições de ser, no futuro, contornado. Nessa linha de pensamento, entende que, em respeito à formação patriarcal da família brasileira e ao interesse da sobrevivência nas relações do grupo familiar, a autoridade diretiva unificada deve sobreviver, mantendo-se nas mãos do homem a chefia da sociedade conjugal. No mesmo sentido, Carlos David S. Aarão Reis.[17]

Entretanto, hoje, não há dúvida de que tal dispositivo se encontra revogado pela Constituição Federal. Nos dias atuais, quase unanimidade da doutrina e da jurisprudência defende que a nova ordem familiar repousa sobre uma direção diárquica, desenvolvida pelo acordo entre os cônjuges nos assuntos referentes à vida familiar.

Com a nova ótica, surge, porém, uma questão interessante: os atos que o marido praticava isoladamente, como chefe da sociedade conjugal, devem agora ser praticados necessariamente em conjunto, ou poderão ser realizados por um ou por outro?

Posicionamentos existem no sentido de que, a partir da Constituição Federal de 1988, todos os atos relativos à sociedade conjugal devem ser exercidos *igualmente e simultaneamente* e firmados os respectivos documentos negociais por ambos os cônjuges. Assim, passa-se a exigir que a mulher deva, por exemplo, consentir expressamente para a contratação de uma simples locação, seja qual for o prazo do

---

[16] *A Nova Constituição e o Direito de Família*, 1989, p. 58.
[17] *Família e igualdade: A chefia da sociedade conjugal em face da nova Constituição*, 1992, p. 53.

contrato. Seguem este entendimento, dentre outros, Pedro Sampaio[18] e Humberto Theodoro Junior.[19]

Mais uma vez, significativos são os ensinamentos de Sérgio Gischokw Pereira, referindo-se que a interpretação supracitada não se afigura razoável, por ser capaz de produzir enorme e prejudicial dilação no desenvolvimento dos assuntos de interesses da família e dos cônjuges e no desenvolvimento dos negócios em geral, e de provocar, inclusive, insegurança nas relações jurídicas, fomentando os mais variados litígios. Segundo ele, "não poderia ter sido esta a intenção do legislador constituinte".[20]

Carlos Alberto Garbi salienta com muita propriedade que o que parece deva ser considerado é que "há relações internas na sociedade conjugal, ao lado de outras externas. Quando a lei não exige o consentimento do cônjuge para a prática do ato é porque ele está válido independentemente deste consentimento, obrigando o consorte. Aqui o marido ou a mulher que pratica o ato isoladamente o faz por representação da sociedade conjugal e legitimados pela lei que não lhes reclama o consentimento do outro. É o aspecto externo das relações do casal firmadas com terceiros, presumindo-se que o cônjuge tem o consentimento do outro para a prática de atos que a lei não exige o consentimento expresso. Internamente, no entanto, o cônjuge discordante poderá levar a juízo o problema, não para invalidar o ato, que tem suporte amplo na lei, mas para obter solução em relação ao outro cônjuge. Vale lembrar que o art. 3º da Lei nº 4.121/62 - Estatuto da Mulher Casada - assegura que: "Pelos títulos de qualquer natureza, firmados por um só dos cônjuges, ainda que casados no regime de comunhão universal, somente responderão os bens particulares do signatário e os comuns até o limite de sua meação".[21]

No mesmo sentido, argumenta Sérgio Gischokw Pereira "que não há obrigatoriedade, em regra, de ambos os cônjuges expressarem conjuntamente sua anuência para a prática dos atos de interesse da família, presumindo-se que a manifestação volitiva de um deles conta com a concordância do outro. Assim, o ato será válido de qualquer forma, com o que se preservam os direitos de terceiros que se envolvam nos ditos atos. Quando muito, pode o ato ser ineficaz no tocante ao cônjuge que na verdade não consentira com o ato, no

---

[18] *Alterações constitucionais nos Direitos de Família e Sucessões*, 1995, p. 19.

[19] *Alguns impactos da nova ordem constitucional sobre o Direito Civil* in Direitos de Família e do Menor, Sálvio Figueiredo Teixeira (coord.), 1993, p. 189.

[20] Op. cit., p.118.

[21] Carlos Alberto Garbi, op. cit., p. 48.

sentido de que pode ele reagir juridicamente contra os efeitos que lhe alcancem, sempre dentro da órbita das relações entre os cônjuges e não no respeitante a terceiros".[22]

O Autor salienta, ainda, que problemas entre os cônjuges devem ser problemas internos à família e devem dentro dela ser resolvidos, sem atingirem terceiros de boa-fé. E, com muita propriedade, coloca que os "cônjuges é que devem, como regra, enfrentar as dificuldades oriundas de seus desencontros e desavenças, sem querer transferi-las a terceiros".[23]

Nessa tendência, dispensa-se a participação conjunta nos atos de interesse do casal. Permanece, contudo, a necessidade de outorga marital, para a realização dos atos previstos no artigo 235 do Código Civil Brasileiro, a exemplo da alienação de imóvel, por serem de considerável relevância para a sociedade conjugal.

3.2. Pátrio poder

Pode-se definir o pátrio poder ou poder marital como um conjunto de direitos e obrigações, que a lei concede aos pais, sobre a pessoa e bens do filho não emancipado, visando a sua proteção.

O pátrio poder, exercido pelo marido, com a colaboração da mulher, nos termos do artigo 380 do Código Civil, também deve ser interpretado à luz do princípio isonômico. Em consonância com a Constituição, estabeleceu o artigo 21 da Lei nº 8.069/90 (Estatuto da Criança e do Adolescente) que o pátrio poder será exercido em igualdade de condições pelo pai e pela mãe, repelindo qualquer resquício de desigualdade.

Assim, concebe-se hoje o pátrio poder "como uma missão confiada a ambos os pais para a regência da pessoa e dos bens dos filhos, desde a concepção até a idade adulta".[24]

Dentre as relações que envolvem o pátrio poder, a igualdade, de regra, também não deve resultar na obrigatoriedade de realização conjunta de todos os atos pelos cônjuges, mas apenas daqueles que desembocam na conseqüência de sua perda, pois uma vez concretizados "pouco valeria ao pai discordante, recorrer à autoridade judiciária, pois poderia trazer o risco da invalidade dos atos jurídicos de relevância irrefutável em detrimento de terceiros e da própria segu-

---

[22] Op. cit., p. 125.
[23] Ibidem, p. 125.
[24] Carlos Alberto Bittar Filho. *Pátrio poder: regime jurídico atual*, in Revista dos Tribunais nº 676, v. 81, 1992, p. 80.

rança dos negócios jurídicos, que é valor sempre prestigiado pela lei".[25]

Assim, Sérgio Gischkow Pereira destaca a necessidade de manifestação conjunta para a emancipação convencional e o consentimento para o casamento dos filhos: "considero os artigos 9º e 186 do Código Civil como casos em que se deve saber distinguir, ponderando os fatores sociais e os valores referentes a determinados setores do mundo jurídico. Emancipar ou consentir no casamento do filho de maneira unilateral desemboca na gravíssima conseqüência de causar a perda do pátrio poder do outro cônjuge em relação ao mesmo filho".[26] [27] [28]

3.3. Bens reservados

A questão dos bens reservados merece uma reflexão apurada.

Os chamados bens reservados da mulher foram instituídos pela Lei nº 4.121/62 - Estatuto da Mulher Casada - que introduziu o artigo 246 ao Código Civil Brasileiro.[29]

Tais bens asseguram em favor da mulher direitos exclusivos sobre o patrimônio que formar com o produto de seu trabalho. Trata-se, sem dúvida, de norma protetiva à mulher.

Segundo Pedro Sampaio, o bem reservado, nos termos do Código Civil Brasileiro, visa a conferir à mulher, e somente a ela, uma compensação econômica pelo fato de a mesma encontrar-se socialmente em desvantagem, em relação ao marido, e também pelo fato de ser mulher.[30]

Com o advento da Constituição Federal de 1988 - em face da norma do artigo 226, § 5º - tanto a doutrina como a jurisprudência

---

[25] Carlos Alberto Garbi, op. cit., p. 51.

[26] Op. cit., p. 129.

[27] Art. 9º. Aos 21 (vinte e um) anos completos acaba a menoridade, ficando habilitado o indivíduo para todos os atos da vida civil.
§ 1º Cessará, para os menores, a incapacidade:
I - por concessão do pai, ou, se for morto, da mãe, e por sentença do juiz, ouvido o tutor, se o menor tiver 18 (dezoito) anos cumpridos.

[28] Art. 186. Discordando eles entre si, prevalecerá a vontade paterna, ou, sendo o casal separado, divorciado ou tiver sido o seu casamento anulado, a vontade do cônjuge, com quem estiverem os filhos.

[29] Art. 246. A mulher que exercer profissão lucrativa, distinta da do marido, terá direito de praticar todos os atos inerentes ao seu exercício e à sua defesa. O produto do seu trabalho assim auferido e os bens com ele adquiridos constituem, salvo estipulação diversa em pacto antenupcial, *bens reservados* (grifo nosso), dos quais poderá dispor livremente com observância, porém, do preceituado na parte final do art. 240 e nos ns. II e III do art. 242.
Parágrafo único. Não responde, o produto do trabalho da mulher, nem os bens a que se refere este artigo, pelas dívidas do marido, exceto as contraídas em benefício da família.

[30] Op. cit., p. 26.

dividem-se quanto à manutenção dos bens reservados à mulher, embora haja uma tendência pela sua não-subsistência.

Há os que sustentam ser o bem reservado um privilégio para a mulher casada, o que não se justifica mais nos dias atuais, por ter sido ele revogado pela CF. São partidários desta opinião, dentre outros, Sérgio Gischkow Pereira,[31] [32] Segismundo Gontijo,[33] Pedro Sampaio,[34] Paulo Luiz Netto Lôbo,[35] Carlos Alberto Bittar,[36] Zeno Veloso.[37] Neste sentido, posição jurisprudencial:

"DIVÓRCIO - BEM RESERVADO - ART. 246 DO CC - IMPOSSIBILIDADE - PRINCÍPIO DA IGUALDADE ENTRE OS CÔNJUGES - Após a promulgação da Carta de 88, não mais subsistem os bens reservados porque adquiridos exclusivamente pela mulher. Princípio da igualdade entre homem e mulher na sociedade conjugal. Inexistência de prova a ilidir a presunção de que no *regime da comunhão o bem é adquirido por ambos os consortes.*" (TJRS - AC 595.072.141 - 7ª C - Rel. Des. Paulo Heerdt - J. 20.12.1995).

Existem julgados no sentido de que ao homem também fica assegurado o direito ao bem reservado, vez que frente à norma constitucional tem referente à sociedade conjugal direitos iguais aos da mulher.

"BENS RESERVADOS - NORMAS CONSTITUCIONAIS - APLICAÇÃO EM FAVOR DO HOMEM E DA MULHER. - Em face da igualdade entre homem e mulher em direitos e obrigações referentes à sociedade conjugal, instituída pela Lei Maior, é inegável que o item XII do art. 263 do CC se aplica tanto em favor da mulher como do homem, permitindo que os bens por este adquiridos, exclusivamente, com seu esforço, sejam considerados reservados, excluídos da partilha no caso de separação ou divórcio." (TJ - MG - Ac. unân. da 1ª Câm. Civ., publ. em 07.02.1991 - Ap. 83.310/1 - Rel. Des. Lúcio Urbano).[38]

Analisando a orientação de que o bem reservado aplica-se também para o homem, Sérgio Gischkow Pereira argumenta que: "Pas-

---

[31] *O Bem reservado e a Constituição Federal de 1988*, in Revista AJURIS, v. 51, 1991, p. 39.

[32] Op. cit., p. 120-123.

[33] Op. cit., p. 169.

[34] Op. cit., p. 26.

[35] *Igualdade Conjugal - Direitos e deveres* in Direito de Família Contemporâneo, Rodrigo Pereira da Cunha (coord.), 1997, p. 224.

[36] O Direito de Família e a Constituição de 1988, 1990, p. 62.

[37] *Regimes matrimoniais de bens* in Direito de Família Contemporâneo. Rodrigo Pereira da Cunha (coord.), 1997, p. 154.

[38] In COAD Informativo Semanal ADV n. 10/91, item 53.204, p. 156.

sar o bem reservado para homem sob o argumento - no primeiro instante atraente - de que a igualdade não veio para retirar direitos de quem os tem, mas sim para dar para quem não os tem e que não cumpre igualar por baixo, é cair no resultado absolutamente inaceitável de utilizá-lo para prejudicar as mulheres de forma extraordinária, quando a única finalidade do bem reservado sempre foi, apenas e só, a de proteção à mulher, mediante a melhoria de sua condição patrimonial(...). Se os homens passarem a dispor do bem reservado, as seqüelas serão desastrosas e funestas para a maior parte das mulheres brasileiras, pois, em pouco, na maior parte das famílias todo o patrimônio ou quase todo ele estará nas mãos dos maridos! Por quê? Porque na maior parte das famílias ainda é o homem quem trabalha ou quem aufere remuneração maior pelo trabalho do que a esposa".[39]

Posição defendida pelo professor Caio Mário da Silva Pereira[40] considera que, mesmo com as inovações constitucionais, deverá prevalecer tal privilégio à mulher casada, tendo em vista o caráter social de sua instituição.

Constitui entendimento jurisprudencial pela manutenção dos bens reservados:

"BEM RESERVADO - Princípio da isonomia entre os cônjuges. CF. Vigência da segunda parte do art. 246 do CC. Concordância do cônjuge varão. Direitos e Deveres. Bem reservado. Subsiste vigente o dispositivo na segunda parte do art. 246 do CC, face ao princípio constitucional da igualdade dos cônjuges no exercício dos direitos e deveres inerentes à sociedade conjugal consagrado no § 5º do art. 226 da CF. Pode assim a mulher, com a concordância do cônjuge varão, ao adquirir imóvel com o produto de seu trabalho, instituí-lo bem reservado, excluído da comunhão. Apelo provido." (TJRJ - AC 1.110/92 - 2ª C - Rel. desig. Des. Nelson Pecegueiro do Amaral - J. 26.06.1992).

Fábio Bauab Boschi,[41] inobstante seja partidário da revogação do "caput" do artigo 246 do Código Civil, seguindo posição majoritária, faz uma ressalva no que se refere ao parágrafo único desse dispositivo legal.

Entende que, no referido parágrafo, a intenção do legislador não foi a de conferir um privilégio à mulher, mas sim, de proteger

---

[39] Op. cit., p. 121.

[40] Op. cit., p. 104.

[41] *A igualdade jurídica no relacionamento familiar em face da Constituição Federal* in Cadernos de Direito Constitucional e Ciência Política, Instituto Brasileiro de Direito Constitucional, ano 3, nº 10, jan-mar, 1995, p. 34-36.

a família, vez que, insuscetível de constrição judicial uma parte do patrimônio comum, evita-lhe uma redução à miséria total.

Defende que tal disposição encontra-se perfeitamente de acordo com o *caput* do artigo 226 da Carta Magna que confere especial proteção do Estado à Família e deve, por isso, permanecer.

A recíproca, em seu entender, não é verdadeira (o marido alegar em sua defesa o referido dispositivo), pois trata-se de norma restritiva, que jamais poderia ser interpretada extensivamente, abrangendo casos específicos não previstos pelo comando legal.

Diante do exposto, percebe-se que os chamados bens reservados estão predestinados a um vespeiro, como bem coloca Segismundo Gontijo.[42] Atualmente, ainda representam questão polêmica, dividindo opiniões frente à nova realidade constitucional.

3.4. Foro privilegiado da mulher

Outro aspecto que provoca divergências, tanto na doutrina como na jurisprudência, é o referente à manutenção do artigo 100, inciso I,[43] do Código de Processo Civil Brasileiro, frente à nova ótica constitucional, ao conferir à mulher foro privilegiado para as ações de separação, conversão em divórcio e anulação de casamento.[44]

Sérgio Gischkow Pereira[45] defende a idéia de que a regra de privilégio de foro não viola a Constituição Federal, porque não tem por objetivo desigualar homem e mulher, mas sim, reduzir a desigualdade socioeconômica, através da providência de dar à mulher alguma proteção. Busca compensar um pouco a superioridade socioeconômica do homem. Neste sentido, pensa também Humberto Theodoro Júnior.[46] Encontram esses autores respaldo em forte jurisprudência. Merece destaque a decisão proferida pelo Tribunal de Justiça de São Paulo:

> "SEPARAÇÃO JUDICIAL - Competência - Foro especial da mulher - Art. 100, I, do CPC - Norma que visa a atenuar possíveis desigualdades entre os cônjuges e não afronta o princípio da isonomia consagrado no art. 5º,I, da CF".[47]

---

[42] Op. cit., p. 169.

[43] Este inciso teve a redação dada pela Lei 6.515/1977.

[44] Art. 100. É competente o foro:
I - da residência da mulher, para a ação de separação dos cônjuges e a conversão desta em divórcio, e para a anulação de casamento.

[45] Op. cit., p. 122.

[46] Op. cit., p. 199.

[47] Na ação de separação judicial, a competência é determinada de acordo com o art. 100, I, do CPC, que estabelece o foro especial da mulher. Esta regra não afronta o princípio da isonomia, consagrado no art. 5º, I, da CF, pois visa a atenuar possíveis desigualdades entre os cônjuges,

João Baptista Villela entende que tal dispositivo permanece em pleno vigor, não porque seja incompatível com o princípio da igualdade inscrito na Constituição, senão pela simples continuidade de sua força normativa, que não sofreu qualquer interrupção,[48] exigindo, pois, força derrogatória expressa.

Em sentido contrário, Sálvio de Figueiredo Teixeira entende que, tendo a Constituição de 1988 adotado o princípio da igualdade jurídica entre os cônjuges, não mais se justifica o privilégio do inciso I.[49] São partidários de mesma opinião, dentre outros, Segismundo Gontijo,[50] Pedro Sampaio[51] e Athos Gusmão Carneiro.[52] Constitui jurisprudência neste sentido:

"DIVÓRCIO DIRETO - COMPETÊNCIA - CASAL ESTRANGEIRO - CASAMENTO CELEBRADO NA ARGENTINA - A norma do art. 100, I, do CPC, não é absoluta. Se a mulher não oferecer exceção de incompetência do juízo, em tempo hábil, a competência territorial estará prorrogada por vontade das partes. Consoante a doutrina e jurisprudência 'em se tratando de cônjuges estrangeiros, com um deles domiciliado no exterior, não tem prevalência o foro privilegiado da regra processual, eis que preponderam para serem observadas as normas de sobredireito em seu caráter geral'. *Tal privilégio assim estabelecido a benefício da mulher casada, já não mais prevalece, porquanto conflita com o princípio da igualdade entre cônjuges, proclamado no art.226, p.5º, da CF/88* (grifo nosso). Incidência da norma escrita no art. 94, do CPC." (STJ - Resp 27.483 - SP - 3ª T - Rel. Min. Waldemar Zveiter - DJU 07.04.1997).

Embora haja uma tendência do Superior Tribunal de Justiça, pela não prevalência da referida regra processual, verifica-se, em breve análise, não se tratar – também essa - de matéria pacífica.

---

já que a mulher é considerada parte mais fraca, tendo em vista situações domésticas que poderiam dificultar seu deslocamento. *AI 11. 380-0 (segredo de justiça) - C. Esp. - j. 21.2.91 - rel. Des. Marino Falcão. In Revista dos Tribunais*, v. 672, p. 95.

[48] Op. cit., p. 134-153.

[49] Sálvio de Figueiredo Teixeira, *Código de Processo Civil Anotado*, Saraiva, 1996, p. 78.

[50] Op. cit., p. 170.

[51] Op. cit., p. 61. "O foro especial de que desfrutava a mulher resultava da necessidade de compensar a esposa da desvantagem legal de que se ressentia, em relação ao marido. Como este desnível não mais existe, desde que as referidas disposições constitucionais colocaram os casados em posição igualitária, é irrecusável a conclusão de que o foro privilegiado da mulher, presentemente, inexiste".

[52] *Jurisdição e Competência*, Saraiva, 1991, p. 75.

4. A IGUALDADE CONJUGAL NO NOVO CÓDIGO CIVIL BRASILEIRO

O novo Código Civil brasileiro, a Lei nº 10.406/02, procura adequar-se à ótica constitucional.

Já no primeiro artigo que trata do casamento, nas disposições gerais, o artigo 1511 expressa: "O casamento estabelece comunhão de vida, com base na igualdade de direitos e deveres dos cônjuges."

Mais adiante, em capítulo específico intitulado *Da Eficácia do Casamento*, o artigo 1565 estabelece: "Pelo casamento, homem e mulher assumem mutuamente a condição de consortes, companheiros e responsáveis pelos encargos da família. Por sua vez, o § 2º prevê: "O planejamento familiar é de livre decisão do casal, competindo ao Estado propiciar recursos educacionais e financeiros para o exercício desse direito, vedado qualquer tipo de coerção por parte de instituições privadas ou públicas".

Já o artigo 1566 elenca deveres de ambos os cônjuges. Note-se que cotejando este dispositivo com o Código Civil de 1916, ainda vigente, verifica-se que neste há um capítulo para direitos e deveres do marido (artigos 233 e seguintes), e outro para direitos e deveres da mulher (artigo 240 e seguintes).

O artigo 1567 estabelece que "a direção da sociedade conjugal será exercida, em colaboração, pelo marido e pela mulher, sempre no interesse do casal e dos filhos".

No artigo 1630 o projeto lança uma expressão nova na legislação, que doutrina e jurisprudência já utilizam – *poder fmiliar* – em substituição ao pátrio poder previsto no artigo 380, do CCB.

O artigo 1631 determina que "durante o casamento, compete o poder familiar aos pais, na falta ou impedimento de um deles, o outro exercerá com exclusividade. Por fim, o § único esclarece: "Divergindo os progenitores quanto ao exercício do poder familiar, é assegurado a qualquer deles recorrer ao juiz para a solução do desacordo.

Estas as principais modificações do novo Código Civil quanto ao tema proposto neste trabalho.

CONSIDERAÇÕES FINAIS

A Constituição Federal de 1988 veio transformar essencialmente as relações entre homem e mulher no casamento. Calcada no princípio da igualdade, previsto no artigo 5º, inciso I, e, especificamente, na norma contida no artigo 226, § 5º, pertinente à igualdade de direitos e deveres na sociedade conjugal, trouxe uma "bilateralização", até então inexistente, principalmente no Código Civil vigente.

Apesar de o comando normativo prever a igualdade nas relações conjugais, sua efetividade, tanto no plano legal como no plano social, ainda não está concretizada.

As questões polêmicas abordadas neste trabalho (chefia da sociedade conjugal, pátrio poder, bens reservados e foro privilegiado) evidenciam as seguintes considerações:

O princípio da igualdade entre homem e mulher acarretou a transformação do modelo tradicional de família – até então patriarcal – para uma nova estrutura familiar – agora diárquica. Na chefia da sociedade conjugal, não há mais o "cabeça do casal".

Quanto ao do pátrio poder, figura ainda vigente e hoje confiado ao casal, pensa-se que o seu exercício não deve acarretar na obrigatoriedade de realização conjunta de todos os atos pelos cônjuges, mas apenas daqueles que importam na sua perda, a exemplo da emancipação e da autorização para o casamento dos filhos menores.

Em relação aos bens reservados, entende-se que foram revogados, pois incompatíveis com a nova ótica constitucional.

No que diz respeito ao foro privilegiado da mulher, defende-se que deve ser mantido, pois não representa violação ao princípio da igualdade. Trata-se, na verdade, de norma protetiva à mulher, mas com o intuito de compensar sua inferioridade socioeconômica, ainda sentida na sociedade brasileira, onde mulheres independentes econômica e culturalmente representam parcela quase imperceptível – dado estarrecedor para um início de século XXI, mas realidade, e disto não se pode olvidar.

A norma constitucional por si só não muda o estado das coisas. É necessária uma real consciência da sociedade, dos legisladores, do Poder Judiciário e dos operadores do Direito no sentido de, mediante uma releitura da legislação vigente à luz da Constituição Federal, e uma compatível elaboração de legislação infraconstitucional, para efetivar-se a nova ótica. Na verdade, não é tarefa fácil, mas perfeitamente atingível.

Entende-se ser o artigo 226, § 5º, da Constituição Federal, o verdadeiro caminho para a aplicação do princípio isonômico, prescindindo de regulamentação legal.

O novo Código Civil brasileiro – Lei nº 10.406/02 – não provoca nenhum impacto revolucionário na questão da igualdade homem/mulher no âmbito das relações conjugais, apenas reconhece as conquistas jurídicas alcançadas nesta seara após o advento de 1988.

Referências bibliográficas

BOSCHI, Fábio Bauab. *A Igualdade Jurídica no Relacionamento Familiar em Face da Constituição Federal.* Revista dos Tribunais. Cadernos de Direito Constitucional e Ciência Política. Instituto Brasileiro de Direito Constitucional, Ano 3 - n° 10 - Janeiro/Março, 1995.

BITTAR, Carlos Alberto. *Direito de Família.* Rio de Janeiro: Forense Universitária, 1991.

——. *O Direito Civil na Constituição de 1988.* São Paulo: Revista dos Tribunais, 1990.

——. *Pátrio Poder: Regime Jurídico Atual.* São Paulo: Revista dos Tribunais, vol. 81, 1992.

CARNEIRO, Athos Gusmão. *Jurisdição e Competência.* São Paulo: Saraiva, 1991, 4ª ed.

GARBI, Carlos Alberto. *Igualdade entre os Cônjuges – As principais alterações após a Constituição Federal de 1988:* Revista dos Tribunais, vol. 746, 1997.

GILISSEN, John. *Introdução Histórica ao Direito.* Trad. A.M. Espanha e L.M. Macaísta Malheiros. Lisboa: Fundação Calouste Gulbenkian, 1995, 2ª ed.

LEITE, Eduardo de Oliveira. *A Igualdade de Direitos entre Homem e Mulher Face à Nova Constituição.* Porto Alegre: AJURIS 61.

PEREIRA, Áurea Pimentel. *A Nova Constituição e o Direito de Família.* Rio de Janeiro: Renovar, 1989.

PEREIRA, Caio Mário da Silva. *Instituições de Direito Civil*, vol. 5. Direito de Família. Rio de Janeiro: Forense, 1991.

PEREIRA, Sérgio Gischkow. *O bem reservado e a Constituição Federal de 1988.* Porto Alegre: AJURIS 51, 1991.

PEREIRA, Rodrigo da Cunha. (coord). *Direito de Família Contemporâneo.* Belo Horizonte: Del Rey, 1997.

PINTO, Teresa Arruda Alvim. *Repertório de Jurisprudência e Doutrina sobre Direito de Família. Aspectos constitucionais, civis e processuais.* São Paulo: Revista dos Tribunais, 1993.

REIS, Carlos David S. Aarão. *Família e Igualdade: a chefia da sociedade conjugal em face da nova Constituição.* Rio de Janeiro: Renovar, 1992.

RODRIGUES, Sílvio. *Direito Civil (Direito de Família).* 20ª. Ed. V. 6. São Paulo : Saraiva, 1994.

SAMPAIO, Pedro. *Alterações Constitucionais nos Direitos de Família e Sucessões.* 5 ed. Rio de Janeiro: Forense, 1995.

TEIXEIRA, Sálvio de Figueiredo. *Código de Processo Civil Anotado.* 6ª ed. São Paulo: Saraiva, 1996.

——. (coord.). *Direitos da Família e do Menor. Inovações e Tendências.* Belo Horizonte: Del Rey, 1993.

6

A mulher e o abandono de recém-nascido: uma análise transdisciplinar

Telma Sirlei Ferreira Favaretto

> "... a reprodução humana em nenhuma sociedade foi deixada completamente ao acaso ou ao sabor, puro e simples, das vontades individuais, dada a sua óbvia importância para a própria reprodução dessa mesma sociedade ao longo do tempo e das gerações."
>
> Elizabete Doria Bilac

Sumário: Introdução ao tema; 1. Reflexões sobre pessoa e identidade; 2. Gênero e papéis sociais; 2.1. A família como fator fundamental na construção dos papéis sociais; 2.2. As conquistas da mulher e a legislação brasileira; 3. O abandono de recém-nascido no contexto sociojurídico; 3.1. A violência como força propulsora do abandono de recém-nascido; 3.2. O amor materno abandona o recém-nascido?; 3.3. O abandono de recém-nascido é um delito?; Comentários Finais; Bibliografia.

INTRODUÇÃO AO TEMA

O tema tem por objetivo trazer uma visão crítica da situação da mulher no início deste novo milênio, provocar discussões e debates no que se refere ao exercício da cidadania, da liberdade, rompendo barreiras, redesconstruindo dogmas. No século XXI, o mundo continua a enfrentar a crise em seus paradigmas ideológicos, não conseguindo encontrar a melhor maneira de composição social e, diante deste contexto, o sujeito moderno encontra-se maravilhado com a tecnologia, a eletrônica, o avanço da ciência e paradoxalmente, chocado com a fome, a miséria, o desemprego, o abandono.

O mundo mudou muito, novos costumes foram assimilados pela sociedade, as relações interpessoais foram ampliadas, mas fatos sociais como abandono de recém-nascido continuam ocorrendo, não como no início do século XX, quando as mães solteiras seduzidas e abandonadas ou à mãe casada e infiel para ocultar a desonra abandonavam os filho na antiga *roda dos expostos*, mas nas ruas, nas instituições, nos hospitais, dentro do próprio lar.

O tema em discussão tem enfoque transdisciplinar, uma vez que o objeto de estudo, *a mulher*, envolve a análise de aspectos antropológicos, econômicos, psicológicos e jurídicos, e o exame da problemática necessita das relações de reciprocidade e contribuições múltiplas das ciências envolvidas.

O assunto possibilita um questionamento sobre a categoria gênero, dando ênfase à construção simbólica, à estrutura social, à construção e reconstrução do que é *feminino e masculino*, trazendo à reflexão o ato do abandono de recém-nascido, a temática da mulher e a presença de normas admitidas no contexto social. As relações entre os gêneros são complexas e, muitas vezes, contraditórias, geradoras de violência dentro da família. O abandono de recém-nascido é a exteriorização da violência, é a agressão ao bem jurídico - *vida e saúde da pessoa*.

A compreensão da trajetória histórica na construção do gênero feminino, os reflexos na personalidade, na identidade e nos papéis sociais outorgados à mulher-mãe e cidadã, possibilitam o entendimento das contradições nas relações de poder existentes entre o masculino e o feminino. A posição da mulher na família e na sociedade faz parte de um sistema antigo de dominação que necessita de mudanças. Ainda hoje, organiza-se e distribui-se o poder na sociedade, preservando tarefas ou papéis como sendo masculinos ou femininos.

A partir da afirmativa de que a família é a célula de toda e qualquer sociedade, desde a mais primitiva, torna-se prudente revisar alguns conceitos, para melhor compreensão das relações jurídicas familiares e suas implicações na construção do papel da mulher na legislação brasileira.

A complexidade dos aspectos sociais, culturais e jurídicos que envolvem o ato de abandono de recém-nascido perpassam o fato de que a mulher que abandona o filho é também um sujeito abandonado pela família, pelo companheiro, pela própria sociedade. A falta de suportes afetivos, familiares, materiais, psicológicos e sociais são determinantes irrefutáveis do conflito do abandono.

A legislação brasileira considera ilícito penal o ato de abandonar qualquer pessoa a quem se deva cuidado, guarda e vigilância, por qualquer motivo, incapaz de defender-se dos riscos decorrentes do abandono, colocando assim, em perigo o bem jurídico protegido.

Tipifica o abandono como delito nos artigos 133 e 134 do Código Penal. Há, contudo, ausência quase total de processos tramitando no Foro referentes à prática de abandono de recém-nascido.

1. REFLEXÕES SOBRE PESSOA E IDENTIDADE

"qualquer pessoa é uma ilha, no sentido muito concreto do termo; a pessoa só pode construir uma ponte para comunicar com as outras ilhas se primeiramente se dispôs a ser ela mesma e se lhe é permitido ser ela mesma."

Carl R. Roger

Derivado do latim *persona*, no sentido técnico-jurídico, exprime ou designa todo o ser humano capaz ou suscetível de direitos e obrigações. É o ser a que se reconhece aptidão legal para o exercício dos atos da vida civil, é o sujeito de direitos das relações jurídicas.[1]

Esse sentido jurídico é outorgado à pessoa, no caráter de uma representação, em conseqüência da própria formação etimológica. *Persona*, de *per* (por, através de) e *sona* (som). Era máscara através da qual o ator emitia a sua voz, comunicava a mensagem. Com o decorrer dos tempos, passou a designar o próprio *ser humano*, em sua constante representação no cenário da vida. Pessoa social, aquela que vive em sociedade, em contato com os outros.

O Direito admitiu a palavra em sua linguagem técnica para designar o homem, sujeito de direitos e obrigações, no exercício do papel que o próprio Direito lhe outorga.

Identidade é o conjunto de caracteres próprios e exclusivos de uma pessoa, como nome, idade, estado, sexo, impressões digitais. Tudo que permite comprovar, reconhecer um indivíduo e distingui-lo dos demais face às características que lhe são próprias.

As pessoas sociais vivem em sociedade, e o conceito de sociedade está imbricado ao conceito de pessoa social; logo, pode-se dizer que sociedade é o corpo orgânico estruturado em todos os níveis da vida social, com base na reunião de indivíduos que vivem sob determinado sistema econômico, sob um dado regime político, obedientes a normas, leis e instituições necessárias à reprodução da sociedade como um todo, uma coletividade. Maffesoli afirma que "somos como a *persona* e suas máscaras, na teatralidade quotidiana, a sociedade é estruturalmente ardilosa, inapreensível".[2]

---

[1] PLÁCIDO E SILVA. *Vocabulário jurídico*. 4.ed. São Paulo: Forense, 1975.

[2] MAFFESOLI, Michel. *O tempo das tribos*. Trad. Maria Lurdes Menezes. Rio de Janeiro: ForenseUniversitária, 1987. p. 5.

A sociedade estabelece os meios de categorizar as pessoas e o total de atributos considerados como comuns e naturais para os membros de cada uma dessas categorias. Os ambientes sociais estabelecem as categorias de pessoas para cada um desses locais sociais. Os contatos com as pessoas proporcionam ao indivíduo o estabelecimento de relações que permitem identificar a que categoria pertence esta ou aquela pessoa e os seus atributos, isto é, a *identidade social*.[3]

A identidade social está ligada à observação de uma série de aspectos que formam o quadro de referência aplicável aos diversos segmentos sociais e é constituída de identificações, seja de prestígios ou de estigmas, que irão servir para a constituição da própria identidade pessoal. Os atributos depreciativos constituem-se nos chamados *estigmas* e colocam o homem estigmatizado numa situação de inferioridade em relação aos demais. O papel que um indivíduo desempenha dentro de um grupo social é elaborado em consonância com os papéis dos outros presentes, e as informações sobre o indivíduo servem para definir a situação e permitir que os outros conheçam antecipadamente o que ele espera deles.[4]

Desta forma, identidade social real[5] é a categoria e os atributos que o indivíduo prova possuir, e não aquilo que os outros esperavam dele ou lhe atribuíam como verdadeiros. É a forma de sentir-se e pensar-se dentro da sociedade como homem ou mulher. Segundo Goffman, o estigma é um tipo especial de relação entre atributo e estereótipo. No caso, as mulheres que constituem o objeto do presente estudo são estigmatizadas pela sociedade por não cumprirem um papel social determinado, ou seja, responsabilizar-se pela criação dos filhos, transmissão dos valores culturais de um determinado grupo social, através da educação. Abandonar o filho é rejeitar o papel social imposto a ela. É preciso que a mulher rompa com os paradigmas para que possa exercer sua individualidade, não se tornando instrumento de auto-satisfação sexual do homem.[6] Apesar de tudo, a mulher é a mãe dos homens e exerce influência sobre sua educação.

Identidade pessoal são as marcas positivas, a combinação de itens da história de vida de cada um e que são incorporados ao indivíduo. Stuart diz que "identidade é realmente algo formado, ao longo do tempo, através de processos inconscientes, e não algo inato, existente na consciência no momento do nascimento. Ela permanece

---

[3] GOFFMAN. Erving. *Estigma: notas sobre a manipulação da identidade deteriorada.* Rio de Janeiro: Zahar, 1963. p. 12.

[4] GOFFMAN, Erving. *A representação do eu na vida cotidiana.* 7.ed. Petrópolis: Vozes, 1996. p. 9.

[5] GOFFMAN, Erving. *Estigma.* Op. cit., p. 12.

[6] KOLONTAY, A. *A nova mulher e a moral sexual.* Rio de Janeiro: Laemment, 1968.

sempre incompleta, mas sempre em 'processo', sempre 'sendo formada'".[7] Psicanaliticamente, a identidade está ligada ao indivíduo na medida em que ele, indivíduo, a partir do mundo exterior, imagina ser visto pelo outro. Assim, identidade é o conjunto de fatos conhecidos sobre uma pessoa que não se encontra em mais ninguém, e isto a faz ser diferente de todas as outras no mundo.

A identidade pessoal desempenha um papel estruturado, rotineiro e padronizado na organização, da mesma forma que o papel social. A prática organizacional de hoje exige que se registre oficialmente todos os elementos que levem à identificação do indivíduo, diferenciando-o dos demais. O nome é o modo mais comum de identificação pessoal.

"O indivíduo é formado subjetivamente através de sua participação em relações sociais amplas e pelo desempenho de seus papéis. Assim a 'interiorização' do exterior no sujeito, e a 'exteriorização' do interior através da ação no mundo social, constituem a descrição sociológica primária do sujeito moderno"[8] O indivíduo é uma entidade sobre a qual se pode estruturar uma história, é o "eu" apresentado em diferentes situações sociais, evidenciando como os conflitos entre os diferentes papéis sociais são negociados. Assim, tudo que o homem fez e fará irá formar a sua história de vida.

É necessário, também, abranger os conceitos de gênero e poder, analisar a família como instituição social dentro do contexto histórico, obter a compreensão e validação das experiências das mulheres para entender a construção do feminino e seus reflexos na vida em sociedade.

2. GÊNERO E PAPÉIS SOCIAIS

"É mais certo que existe algo de masculino na mulher e algo de feminino no homem. Senão como poderia existir num dos sexos a idéia do outro e a emoção por aquilo que lhe falta? Falta-lhe porque existe nele, no mais íntimo do corpo e da mente, assim como um velador, na reserva, de lado, indirectamente, no horizonte. Inapreensívelmente."

Jean-François Lyotard

Foucault afirma que "o gênero é um conjunto de efeitos produzidos em corpos, comportamentos e relações sociais, numa tecnologia política".[9]

---

[7] STUART, Hall. *A identidade cultural na pós-modernidade*. Trad. Tomaz T. Silva e Guacira L. Louro. Rio de Janeiro: DP&A, 1997. p. 42.

[8] Idem p. 27-36.

[9] FOUCAULT, Michel. *História da sexualidade*. Rio de Janeiro: Graal, 1979. p. 127.

O verbete *gênero* denota em lógica, classe cuja extensão se divide em outras classes, as quais, em relação à primeira, são chamadas espécies. É o conjunto de espécies que apresentam certo número de caracteres comuns convencionalmente estabelecidos. É, também, a categoria gramatical que indica a divisão dos nomes baseada em critérios tais como sexo e associações psicológicas.[10] O gênero é a representação não apenas no sentido de cada palavra, mas cada signo representa seu referente, seja ele um objeto ou ser animado. É a representação de uma relação pertencente a uma classe ou grupo, mas pode também construir uma relação entre uma entidade e outras entidades. O gênero representa não um indivíduo, e sim, uma relação, uma relação social, representa o indivíduo por meio de uma classe.

A palavra *gênero* surgiu com conotação nova, para indicar uma rejeição ao determinismo biológico implícito no uso de termos como sexo ou diferença sexual. O gênero envolve uma dimensão social, cultural e simbólica que influencia as ações de homens e mulheres, marcando padrões de comportamentos definidos a cada papel. Simone de Beauvoir afirmava com muita clareza: "Não se nasce mulher. Torna-se mulher".[11]

O novo conceito de *gênero* foi produzido a partir dos anos 70, basicamente no campo das Ciências Sociais, com a idéia de discriminar; de separar aquilo que era o fato de alguém ser macho ou fêmea, com o trabalho de elaboração e de simbolização que a cultura realiza sobre essa diferença sexual. Assim, gênero serve para classificar o conjunto de elementos com uma série de características comuns, entre as quais a mais importante é a identificação dos membros de cada grupo a partir do sexo.[12] Tem a intenção de discriminar: o nível anátomo/fisiológico do social/cultural. Ser homem ou mulher constitui classificação conforme o contexto social no qual se está inserido.[13] O gênero diferencia o sexo social – construção social e cultural – bem como o sexo biológico, que se define pela anatomia humana.

Os comportamentos masculinos e femininos são definidos pela sociedade e estão sempre um em função do outro. Razão por que se pode afirmar que as mudanças sociais que envolvem as questões de

---

[10] FERREIRA, Aurélio Buarque de Holanda. Op. cit., p. 844.

[11] BEAUVOIR, Simone de. (Org.). *Segundo sexo: a experiência vivida*. Trad. de Sérgio Milliet. Rio de Janeiro: Nova Fronteira, 1980. p. 9.

[12] LOCHE, Adriana *et al*. *Sociologia jurídica – estudos de sociologia*. Porto Alegre: Síntese, 1999. p. 129.

[13] HEILBORN, Maria Luiza. *Corpo, sexualidade e gênero*. In: DORA, Denise Dourado (Org.). *Feminino masculino: igualdade e diferença na justiça*. Porto Alegre: Sulina, 1997. p. 51.

gênero carecem de análise envolvendo as relações de papéis de ambos os sexos.

É importante considerar também que a categoria gênero - construída dentro da sociedade – envolve as relações de poder, embora presente em ambos os sexos, seu exercício ocorre de modo desigual. Saffioti afirma que

"em todas sociedades conhecidas as mulheres detêm parcelas de poder que lhes permitem meter cunhas na supremacia masculina e, assim, cavar/gerar espaços nos interstícios da falocracia. As mulheres, portanto, não sobrevivem graças exclusivamente aos poderes reconhecidamente femininos, mas também mercê da luta que travam com os homens pela ampliação-modificação da estrutura do campo de poder."[14]

Em palestra proferida recentemente, o jurista Warat diz que nos tempos de hoje [...]

"os estudos de gênero passaram a dar ênfase às conseqüências e significados que tem, para uma dada sociedade, devido aos efeitos sociais desta pertinência, longe de serem naturais, são frutos do imaginário social instituído. São expressões de gênero: os sentidos socialmente atribuídos ao fato de ser homem ou mulher numa determinada formação social."[15]

Lauretis afirma que

"as concepções culturais de masculino e feminino como duas categorias complementares, mas que se excluem mutuamente, nas quais todos os seres humanos são classificados formam, dentro de cada cultura, um sistema de gênero, um sistema simbólico ou um sistema de significações que relaciona o sexo a conteúdos culturais de acordo com valores e hierarquias sociais."[16]

Cada indivíduo carrega em si mesmo uma imagem, feminina ou masculina. "Tanto a sociedade como os indivíduos não têm plena consciência da maneira como se transformam de macho e fêmea, em homem e mulher respectivamente. Vêem sua masculinidade e feminilidade como parte de sua natureza humana."[17] Esta imagem ele a

---

[14] SAFFIOTI, Heleieth Iara Bongiovani. *A mulher na sociedade de classe: mito e realidade*. São Paulo: Livraria Quatro Artes, 1969. p. 183-184.

[15] WARAT, Luis Alberto. *A questão do gênero no Direito*. In: DORA, Denise Dourado (Org.). Op. cit., p. 59.

[16] LAURETIS, Teresa de. *A tecnologia do gênero*. In: HOLLANDA, Heloisa Buarque de (Org.). *Tendências e Impasses – o feminismo como crítica da cultura*. Rio de Janeiro: Rocco, 1994. p. 211.

[17] STREY, Marlene Neves. *Mulher e trabalho*. In: ROSO, Adriane; MATTOS, Flora Bojunga; WERBA, Graziela (Orgs.); STREY, Marlene Neves (Coord.). *Gênero por escrito: saúde, identidade e trabalho*. Porto Alegre: EDIPUCRS, 1999. p. 46.

constrói a partir das relações de gênero que recebe dentro da sociedade, da família, da escola, desde o nascimento, infância, adolescência, vida adulta, ou seja, durante toda a sua existência.

Em todas as sociedades, a imagem feminina vincula-se ao papel da maternidade; pode-se dizer que a primeira profissão da mulher foi ser mãe e, em decorrência desse fato, foram também definidas as suas atividades. Pode-se dizer que essa é uma questão que sofre releituras diferentes conforme cada cultura, sem, entretanto, eliminar seu papel estrutural.

Conforme assevera Matthaei, as mulheres foram construídas como seres naturais, condicionadas à criação dos filhos, já que elas são as criadoras biológicas dos mesmos. Esta é a grande razão de a mulher ter ficado mais ligada ao mundo familiar, particular, adquirindo um *status* de subordinação e dependência. A hierarquia formada a partir dessa divisão de papéis pode ser entendida como fazendo a mulher mais natural que o homem e o homem mais social que a mulher e, conseqüentemente, a dominação de um sobre o outro.[18]

O gênero é uma categoria onde cada cultura prescreve uma divisão artificial do mundo em masculino e feminino. A construção do gênero e a diferença de gênero é um princípio universal da vida cultural que se manifesta no psíquico do indivíduo, na estrutura da sociedade e na própria ideologia social.

Questões decorrentes dos diversos papéis de gênero[19] que têm envolvido a mulher motivam o estudo e a compreensão de aspectos psicológicos, sociais e culturais, dentre eles o abandono de recém-nascido.

2.1. A família como fator fundamental na construção dos papéis sociais

"A família é o local onde homens e mulheres refletem a respeito do seu papel num mundo que se reconhece hoje, mais do que nunca, como aldeia global."

Paulo Roney A. Fagúndez

A organização social é que estabelece os papéis que cada um dos sexos deve desempenhar de acordo com a época, cultura, segmento social. As atribuições ou deveres são transmitidas de geração

---

[18] *Apud* STREY, Marlene Neves. Mulher e trabalho. In: ROSO, Adriane; MATTOS, Flora Bojunga; WERBA, Graziela (Orgs.); STREY, Marlene Neves (Coord.). *Op. cit.*, p. 48.

[19] Entendido papel de gênero ao elenco de "expectativas em relação aos comportamentos sociais que se espera das pessoas de determinado sexo".
STREY, Marlene Neves (Org.) *Mulher: estudos de gênero*, São Leopoldo: Unisinos, 1997, p. 10.

a geração via família. A construção da família como unidade de sexos diferenciados tem importante função social porque é o lugar natural onde um homem e uma mulher mantêm - de acordo com as características biológicas e culturais - relações sexuais e das quais, nasce uma criança. É a família, portanto, a principal responsável pela transmissão de normas e valores culturais, e isto leva à solidificação do papel da mulher como responsável pela conservação e manutenção desses valores sociais, vez que as relações no interior de uma família são articuladas pelo papel da mulher-mãe. Essas relações são determinadas por princípios oriundos da sociedade que são incorporados e colocados em prática em diversas situações específicas, na vida das mulheres. A quebra dessa socialização pela ausência da mãe implica descontinuidade socializatória que se reflete na identidade da família.

Cada família é uma entidade com estruturas próprias, suas regras, ideologias, objetivos, papéis, dando origem à chamada identidade familiar que se assemelha à identidade do indivíduo. Logo, há uma troca, *indivíduo versus família* influenciam-se mutuamente em relação aos comportamento. A família é um sistema vivo, aberto, em constante evolução. Assim, abandonar um filho recém-nascido provoca uma descontinuidade no processo de reprodução do padrão cultural, frustra o desenvolvimento do papel social de mulher-mãe, interrompe a propagação dos valores da família.

Os papéis contrastam-se, dentro da família; todo ser humano foi, em sua família, fisiologicamente incapaz, vulnerável e dependente de outros seres humanos e, mais tarde, passa a proporcionar segurança a seus dependentes. A aquisição dos papéis sexuais masculino e feminino é estabelecida desde o nascimento da criança, dentro da família, a partir da identificação com os pais ou adultos por ela responsável. É um processo inicialmente inconsciente, que ocorre de forma espontânea e automática. Ao representar um papel, o indivíduo deseja que seus observadores acreditem no que ele está demonstrando, que acreditem em sua personagem e nos atributos que aparenta possuir.

Lacan, em 1938, afirma que a família não é um grupo natural, mas cultural. Ela é uma estrutura psíquica, onde cada um dos seus membros ocupa um lugar, uma função. Lugar do pai, da mãe, lugar dos filhos, sem estarem biologicamente ligados, ou seja, um indivíduo pode ocupar o lugar do pai, sem ser o pai biológico, é uma questão de lugar, de função.[20]

---
[20] LACAN, Jacques. *Os complexos familiares*. Trad. Marco Antônio Coutinho e Potiguara da Silveira Júnior. Rio de Janeiro: Zahar, 1990. p. 13.

"Família é o grupo composto pelo marido, mulher e filhos, fundado no casamento, e sobre o qual se coordenam as regras de Direito de Família".[21] O conceito usado pelo autor é reafirmado também por Naufel quando afirma que:

"Família é um grupo cerrado de pessoas, composto de pais e filhos, apresentando certa unidade de relações jurídicas, tendo comunidade de nome, economia, domicílio e nacionalidade, fortemente unido por identidade de interesse e fins morais e materiais, monarquicamente organizado sob a autoridade de um chefe, que é o pai."[22]

Para melhor entender as referidas modificações conceituais que vêm acontecendo na sociedade atual, é preciso fazer um retrospecto, em busca da compreensão da suposta superioridade do homem, bem como, das novas tendências da família. A base da família é o patriarcado, com a superioridade masculina, assentado no Direito Romano.

A situação da mulher ao longo da História sofreu grande mutação - avanços e retrocessos. Na Babilônia e na Assíria, a situação da mulher e a estrutura familiar foram legisladas através do Código de Hamurábi (2000 a.C.), colocando a mulher em uma situação de inferioridade em relação ao homem. O matrimônio se efetuava pela compra da mulher.

Na Grécia, a família estava estreitamente ligada à organização política da cidade, em *fratrias e tribus*. Cada *fratrias* tinha um chefe, cuja função era presidir os sacrifícios, sua assembléia, suas deliberações, seus deuses, seus decretos, suas leis. Era uma pequena sociedade. O alargamento das atribuições do sistema deu origem às tribos. As tribos eram formadas de várias *fratrias*. A autoridade da mulher era quase nula, ela estava destinada à inércia e à ignorância, privada de capacidade jurídica. O chefe da família era o marido, que também era o chefe da religião doméstica e, como tal, gozava de um poder absoluto, podendo vender o filho e, até mesmo, matá-lo.

Na Índia, a família estava organizada sob o regime patriarcal, de acordo com os livros sagrados dos Vedas (1500 a 1000 a.C.). O Código de Manu (livro sagrado dos Sutras (600 a 400 a.C.) colocava a mulher sob o domínio total do marido, privando-a de qualquer independência. O matrimônio para os hindus era ato religioso e o meio de procriação de filhos e a perpetuação do culto aos antepassados. A mulher, além de incapaz, era considerada impura.

---

[21] GOMES, Orlando. *Direito de família*. 7.ed. Rio de Janeiro: Forense, 1990. p. 32.

[22] NAUFEL, José. *Novo dicionário jurídico brasileiro*. 9. ed. Rio de Janeiro: Forense, 1997. p. 468.

Em Roma, a família era uma unidade econômica, religiosa, política e jurisdicional fundada na autoridade soberana do *pater familias*. A mulher romana era propriedade do pai, que tinha o poder de casá-la, conservando sobre ela todo seu poder. O *pater familias* era o senhor e proprietário de todos os membros da família, do patrimônio, era o soberano absoluto.

O antigo Direito Romano teve origem na família, nasceu das crenças religiosas e exerceu domínio sobre as inteligências e vontades.[23]

As leis gregas e romanas reconheciam o pai como o detentor do poder, da autoridade que emanava da própria religião, ele era o sacerdote, o chefe da família, proprietário ou juiz. O poder do pai na antiguidade era tão grande que podia reconhecer o filho ao nascer, ou rejeitá-lo. A Lei das XII Tábuas[24] concedia ao *pater familias* o direito de vida ou morte sobre a pessoa dos filhos, podia expor o recém-nascido nos depósitos públicos, à fome ou ao frio. Este procedimento foi abandonado somente com advento do Cristianismo, no ano 370 d.C.

Foi na religião do lar e dos antepassados que a família romana se estruturou e deu ao pai o fundamento do poder paterno. Cada família possuía sua religião e seus deuses pelos quais devia olhar. Todos tinham enorme interesse em ter um filho homem porque, assim, estaria garantida a perpetuação da família e de seus deuses. A não-existência de filhos significava a interrupção da sua linhagem e, em conseqüência, o desaparecimento da sua religião, do lar e o esquecimento dos seus mortos.[25]

O filho que perpetuaria a religião doméstica deveria ser fruto de casamento religioso. O filho nascido de mulher não associada ao culto do esposo, pela cerimônia do casamento, dele não podia tomar parte. Deste modo, o casamento era obrigatório, fazendo nascer, da união de dois seres no mesmo culto doméstico, um terceiro capaz de dar continuidade ao ritual religioso.

O nascimento de uma filha não atendia às necessidades do casamento, porque as filhas não eram habilitadas às práticas religiosas independentes e também porque, quando casavam, renunciavam aos deuses de sua família e assumiam os deuses e a religião da família do marido. A mulher não representava os antepassados, pois não descendia deles, estava na família pelo casamento. Na morte, como na vida, a mulher era considerada como parte integrante do marido.

---

[23] COULANGES, Fustel de. *A cidade antiga*. 2.ed. São Paulo: Martins Fontes, 1987. p. 89.

[24] *Apud* HUNGRIA. *Comentários ao Código Penal*, p. 378.

[25] Ibid., p. 53.

A família só tinha continuidade através dos filhos varões, portanto era sempre um filho por quem a família, os antepassados e o lar proclamavam.

A condição social da mulher era, então, de igualdade à dos filhos: não era livre, nem dona de si, precisando de um chefe para a prática de todos os atos religiosos, porque ela estava sempre no lar de outrem e carecia de um tutor para a prática dos atos da vida civil.

Com as invasões dos bárbaros e a decadência do Império Romano, a família recebeu grande influência germânica. "Recolheu, sobretudo, a espiritualidade cristã, reduzindo-se o grupo familiar aos pais e filhos, e assumindo cunho sacramental."[26]

A evolução jurídica da família patriarcal que influenciou sobremaneira a cultura ocidental foi, sem dúvida, a romana. Foi com o Cristianismo que esta situação começou a modificar-se, e a concepção de mulher como ser humano passou a ser resgatada. Ela começa a ser vista como filha de Deus, mas sua participação na vida pública continua proibida. O casamento como sacramento veio modificar a concepção de autoridade do homem sobre a mulher e os filhos. A autoridade do pai deixa de ser um poder absoluto e assume obrigações morais e jurídicas.

Na Idade Moderna e depois na Contemporânea, sob a influência da Revolução Industrial, a família continua sua transformação, mas permanecem os princípios do patriarcalismo. Foram proporcionados à mulher avanços, no mundo público, apesar da sujeição ao poder masculino.

O poder masculino restringe-se, com a participação da mulher no mundo do trabalho, dividindo rendas e compromissos com o homem. Entretanto, no setor privado, a mulher continua sob a submissão masculina, sofrendo opressões e violências. É na família que se manifestam tais comportamentos, visto que, na esfera doméstica, ela desempenha atividade não-remunerada, enfrenta a dupla jornada de trabalho, é discriminada, sofre pressões psicológicas e físicas.

O trabalho doméstico e a maternidade são funções atribuídas à mulher desde a criação do mundo, sendo-lhe, ainda hoje, atribuída a identificação de procriadora. Não há barreiras legais, mas estas existem na forma de pensar e construir o mundo que marginalizam a mulher.[27]

É indiscutível que na socialização primária, a mulher desempenha um papel fundamental. É nessa etapa que a criança internaliza

---

[26] PEREIRA, Caio Mário da Silva. *Instituições de direito civil*, v. 5, 3. ed. Rio de Janeiro: Forense, 1995, p. 24.

[27] BICALHO, Elizabete. A mulher no pensamento moderno. *In: Universidade Católica de Goiás*. Estudos de gênero. Goiânia: Ed. UCG, 1998. (Cadernos de Área; 7). p. 26.

as características fundamentais da cultura em que está inserida, inicia a construção da sua identidade e vivência a divisão dos papéis sexuais.

"A revolução industrial introduziu a primeira ruptura no paradigma da diferenciação de mundos, na medida em que separa a casa do lugar de trabalho e confronta homens e mulheres às mesmas máquinas, ritmos e exigências da produção fabril."[28]

No início do século XX, o desenvolvimento industrial e o envolvimento da mulher no mundo do labor provocaram uma rediscussão na divisão social do trabalho. Homens e mulheres juntos nas fábricas fizeram com que os papéis sociais passassem a circular nas atividades de acordo com as necessidades de cada realidade e as possibilidades do ser humano em particular, independente do sexo. Isto influenciou a divisão social do trabalho, mas não afastou a força que persiste até hoje quanto às questões de gênero e a divisão sexual do trabalho. A mulher passou, na sociedade de classes, a ocupar espaços no processo de produção, promovendo mudanças na tradicional imagem de procriadora e de dona-de-casa.

As descobertas científicas, tais como os modernos métodos anticonceptivos, ocasionaram profundas mudanças no comportamento da mulher, alterando padrões morais dentro da família. A mulher adquiriu liberdade sexual, começou a manejar a sua sexualidade desvinculada da gravidez, a usufruir do prazer pelo prazer.

No final do século XX, os papéis de gênero feminino sofreram significativas mudanças no contexto sociocultural, legal, científico, econômico. A mulher começou a ter participação ativa na vida política e econômica, contribuindo na produção da riqueza através do seu trabalho. Com o advento da Lei n. 6515, de 26 de dezembro de 1977, a chamada Lei do Divórcio, passou a sentir-se mais segura na escolha do companheiro para o casamento, assim como para tomar decisões de ruptura do vínculo matrimonial e estabelecer nova união. Houve uma maior valorização da pessoa como ser diferenciado que pode e deve buscar a sua felicidade e realização pessoal, sexual e profissional.

Então, amparada por princípios de justiça, igualdade e autonomia, a mulher começa a lograr mais espaço no mundo público, conseqüentemente, na vida social, e a ter diferenciados papéis, exigindo-se novo perfil do homem em relação aos compromissos para com a família, num processo mais participativo.

---
[28] OLIVEIRA, Rosiska D. de. *Elogio da diferença: feminismo emergente*. São Paulo: Brasiliense, 1992. p. 43.

Mudanças introduzidas pela Constituição Brasileira de 1988, arts. 5º e 6º e outros, que preconizam a igualdade de direitos e deveres entre os cônjuges, eliminam a hierarquia no interior da família; não alteram entretanto, de imediato, aspectos concernentes a práticas e aos valores sociais.

2.2. As conquistas da mulher e a legislação brasileira

> "A família como instituição, entrelaça pessoas através de recíprocos direitos e obrigações, cuja obediência interessa ao Estado. Entre essas relações sobressai o status de família, ou seja o liame jurídico decorrente da patria potestas."
>
> Luiz Vicente Cernicchiaro

O elemento histórico é fundamental para compreensão das conquistas da mulher que tem o hoje alicerce no ontem. A história da família brasileira está ligada à evolução da legislação a partir da 1ª Constituição do Brasil, outorgada em 1824 pelo Imperador D. Pedro I, cujo diploma legal não faz referência à família ou ao casamento. A segunda Constituição do Brasil e primeira da República, que data de 1891, também não apresenta nenhum capítulo dedicado à família, mas salienta, no artigo 72, § 4º, o instituto do casamento com a referência: "A República só reconhece o casamento civil, cuja celebração será gratuita". Até essa época o casamento era religioso com efeitos civis, não havia a separação dos poderes da Igreja e do Estado.

O Código Civil brasileiro, que data de 1916, veio substituir as leis esparsas existentes. O homem manteve a sua posição de patriarca e chefe de família, em oposição à mulher casada considerada relativamente incapaz, dependendo do marido para exercer uma profissão. A posição de inferioridade da mulher é decorrência do próprio modelo de família que dá ao homem, face à condição de chefe da sociedade conjugal, total autoridade sobre a pessoa da esposa. Entretanto, ela possuía - como ainda hoje possui - papel fundamental na organização da sociedade. Era incapaz, mas responsável pela organização da mística da procriação. Nesse contexto, o conceito *maternidade* tem peso significativo na construção de ideais e valores da sociedade, representando o que é ser mulher. A mulher cumpre um papel não somente de reprodutora biológica mas, também de reprodutora ideológica, pois, através do atendimento, da educação e formação dos filhos, passa o elenco de valores pertencentes a essa sociedade, preparando as novas gerações à sua maneira.

Sob o governo de Getúlio Vargas, em 1932, é instituído o Código Eleitoral para o Brasil, incorporando as aspirações de ordem política das mulheres, através do Decreto n. 21.076. Mas, somente em 1934, com a nova Constituição Federal, foi incorporado o princípio do sufrágio realmente universal. Em seu artigo 108, contempla o direito de participação da mulher nas decisões políticas e reconhece sua cidadania

A segunda Constituição da República, de 1934, dedicando um capítulo à família, à educação e à cultura, estabelece, em quatro artigos, as regras do casamento indissolúvel. A partir daí, todas as demais Constituições, seguindo as tendências internacionais, passaram a dar um espaço especial ao tema Família. A Carta Magna de 34 definiu os direitos políticos, admitindo o voto da mulher nos arts. 108 e seguintes.

As subseqüentes Constituições brasileiras trazem ratificados os preceitos da indissolubilidade do casamento, sendo essa a forma de constituição da família.

CF 1937: Art. 124. "A família, constituída pelo casamento indissolúvel, está sob a proteção especial do Estado. Às famílias numerosas serão atribuídas compensações na proporção dos seus encargos;"

CF 1946: Art. 163. "A família é constituída pelo casamento de vínculo indissolúvel e terá direito à proteção especial do Estado;"

CF 1967: Art. 167. "A família é constituída pelo casamento e terá direito à proteção dos Poderes Públicos. § 1º O casamento é indissolúvel;"

CF 1969: Art. 175. "A família é constituída pelo casamento e terá direito à proteção dos Poderes Públicos. § 1º O casamento é indissolúvel;"

A Emenda Constitucional n. 9/77, Art. 175, § 1º, passa a ter a seguinte redação: "O casamento somente poderá ser dissolvido, nos casos expressos em Lei, desde que haja prévia separação judicial por mais de três anos".

Significativo ato legislativo referente ao direito de família é o da Lei n. 4.121 de 1962,[29] que dispõe sobre a situação jurídica da mulher casada, reconhecendo-lhe, na família, direitos iguais aos do marido. Restaurou o pátrio poder da mulher casada em segundas

---

[29] Lei nº 4.121, de agosto de 1962. Dispõe sobre a situação jurídica da mulher casada. Art. 1º altera a redação dos artigos 6º, 233, 240, 242, 246, 248, 263, 269, 273, 326, 380, 393, 1.579, 1.611 do Código Civil e 469 do Código do Processo Civil passam a vigorar com nova redação.

núpcias, sobre os filhos oriundos do primeiro casamento (art. 393), limitado no Código Civil. Deu à mulher o direito, face ao casamento, do uso dos apelidos do marido e a condição de consorte e companheira (art. 240), além de conferir a ela o direito de dispor do produto do seu trabalho (art. 246).

A Lei nº 6.515, de 1977, é talvez a mais importante, no sentido de dar legitimidade às novas práticas sociais, no campo do Direito de Família, porque possibilita a dissolução do vínculo matrimonial, permitindo um novo casamento. Causa grandes modificações no Código Civil Brasileiro no tocante ao Direito de Família. Deste diploma legal, sem dúvida, emergem novos valores sociais referentes à dignidade da mulher e sua autonomia, liberdade e privacidade na área da sexualidade. Novos modelos familiares surgem com respaldo legal.

A Constituição Federal brasileira, promulgada em 5 de outubro de 1988, seguindo a tendência contemporânea, afirma que "homens e mulheres são iguais em direitos e obrigações "[...] (art. 5º, I) e ratifica tal preceito no art. 226, § 5º: Os direitos e deveres referentes à sociedade conjugal são exercidos igualmente pelo homem e pela mulher". Ao estabelecer a plena igualdade entre homens e mulheres, revoga a primazia do homem na sociedade conjugal, alarga o conceito de família.

As novas disposições constitucionais trazem alterações profundas ao disposto no Código Civil de 1916 no que se refere à sociedade conjugal, chefia da sociedade, pátrio poder, filiação. Aparecem definições novas sobre a família antes dividida em legítima e ilegítima e, a partir de agora, derivada do casamento civil ou da união estável. O art. 226, § 3º, CF de 1988, estabelece: "Para efeito de proteção do Estado, é reconhecida a união estável entre o homem e a mulher como entidade familiar, devendo a lei facilitar sua conversão em casamento".[30]

Assim, novos conceitos são introduzidos à família. Ao reconhecer a união estável, ampliaram-se os conceitos de filiação, cessando-se as diferenças entre filhos legítimos e legitimados.

O Estatuto da Criança e do Adolescente, Lei nº 8.069, de 13 de julho de 1990, no art 20, consagra definitivamente a igualdade entre

---

[30] Regulamentação recente do § 3º do art. 226 da Constituição Federal, Lei nº 9.278, de 10/05/96, que dispõe o seguinte: Art. 1º. "É reconhecida como entidade familiar a convivência duradoura, pública e contínua, de um homem e uma mulher, estabelecida com o objetivo de constituição de família." Art. 2º. "São direitos e deveres iguais dos conviventes: I. respeito e consideração mútuos; II. assistência moral e material recíproca; III. guarda, sustento e educação dos filhos comuns."

os filhos havidos ou não da relação do casamento e os adotados, concedendo-lhes os mesmos direitos.

Cabe ressaltar, ainda, a Lei nº 8.560, de 29 de dezembro de 1992, que trata da investigação de paternidade dos filhos havidos fora do casamento. Com isto, a lei reconhece a importância do pai como elemento da estrutura da família e do sujeito, impondo a paternidade com mais responsabilidade, independente da natureza da filiação.

A nova ordem constitucional instalada em 1988 dá outra importante dimensão jurídica à família: concede a igualdade jurídica aos cônjuges, ambos passam a ter os mesmos direitos e deveres em relação à família. A Constituição Federal de 1988 reconhece a imprescindibilidade da família para a formação e subsistência da própria sociedade. O marido não é mais o *cabeça do casal*, havendo um redirecionamento dos papéis dos cônjuges na construção família diárquica.

Tais movimentos permitem compreender que as relações entre os sexos e a posição da mulher na família e na sociedade ainda fazem parte de um sistema antigo de dominação mais ampla, pois são preservadas determinadas tarefas ou papéis como sendo masculinos ou femininos.

A História registra - e a evolução dos povos confirma - que a lei sempre colocou os dois sexos em condições de desigualdade, desfavoráveis à mulher, deixando-a na dependência e subordinação do homem, não só no âmbito doméstico como também no social, devido ao papel por ela desempenhado, sem expressão econômica. A naturalização dos processos socioculturais referentes a papéis sempre assumidos por mulheres serve para legitimar a subordinação e a dependência da condição de mulher ao ser homem.

Por todas essas razões, ressalta-se a necessidade de uma maior conscientização da mulher, na busca de espaços, de poder, de participação nas discussões de temas políticos e de novas políticas públicas que dêem um tratamento prioritário às questões de gênero, alicerçadas no princípio da igualdade.

3. O ABANDONO DE RECÉM-NASCIDO NO CONTEXTO SOCIOJURÍDICO

"Todos os homens vêm ao mundo pelo nascimento, mas nascem de diferentes maneiras. É um acontecimento, às vezes violento considerado de importância para a formação da personalidade."

Ira S. Wile e Rose Davis

O discurso sobre a mulher ganhou no século XIX novos conhecimentos científicos, tendo sido o feminino enriquecido pela Teoria da Psicanálise.[31] Freud, durante toda a sua obra, tentou produzir uma resposta, necessária ao discurso da ciência, sobre a sexualidade feminina, desejoso de que a mulher, em estudo, lhe revelasse, através da fala, algo mais sobre si mesma.[32]

O discurso de Freud emprestou um caráter científico à delimitação dos papéis sociais, tendo sido reconhecido por sua originalidade ao colocar em evidência a sexualidade na construção da personalidade feminina. A estrutura edipiana do inconsciente, que constitui a matriz da teoria psicanalítica, estrutura os papéis do pai, da mãe e dos filhos. A sexualidade é o elemento central da teoria freudiana. A noção de formação do sujeito e a produção de identidades têm suas raízes formativas nessa nova teoria, nas primeiras etapas do desenvolvimento do ser humano. O pensamento freudiano enfatiza a dissimetria entre os sexos: inexistência de libido nas mulheres, ocorrendo somente nos homens. Freud insistiu na premissa de que a presença do *falo*, isto é, *pênis*, que marca a distinção entre sexos, é o elemento definidor da identidade tanto feminina como masculina. O Mestre da Psicanálise[33] afirma que o menino e a menina têm inicialmente a mesma história sexual, pois começam desejando o mesmo objeto – a mãe – que ele denomina de *"masculina"*. Na fantasia, esse objeto de desejo significa ter *falo*, que é o objeto do desejo da mãe (fase fálica). O complexo de castração é decorrência da proibição desse desejo, despertando o complexo de Édipo do menino (amor pela mãe); por sua vez, a menina vai transferir o seu amor-objeto para a figura do pai, que possui o *falo*, e vai identificar-se com a mãe, com insatisfação por saber que ela não possui o *falo*.

O discurso sobre o sujeito moderno implica a compreensão de sua definição - o sujeito é uma entidade aberta, contraditória, inacabada, fragmentada e estruturada nas diferenças sexuais e de gênero, mas que vivencia a sua própria identidade como se estivesse reunida e unificada.[34]

---

[31] CABRAL, Álvaro *et al*. *Dicionário técnico de psicologia*. São Paulo: Cultrix, 1997. O termo psicanálise foi criado por Freud para designar o seu método altamente especializado de psicoterapia intensa e extensa e o seu sistema dinâmico de psicologia, baseado no estudo teórico das observações decorrentes da análise e investigação empírica das desordens de comportamento e de estrutura do caráter (sobretudo das neuroses).

[32] ASSOUN, Paul-Laurent. *Freud e a mulher*. Trad. Vera Ribeiro. Rio de Janeiro: Jorge Zahar Ed., 1993. p. 9.

[33] *Apud* MICHELL, Juliet. *Psicanálise da sexualidade feminina*. Rio de Janeiro: Campus, 1988.

[34] STUART, Hall. Op. cit.

3.1. A violência como força propulsora do abandono do recém-nascido

"A violência é um elemento estrutural, intrínseco ao fato social e não o resto anacrônico de uma ordem bárbara em via de extinção. A palavra violência significa constrangimento físico ou moral, uso da força, coação, torcer o sentido do que foi dito, estabelecer o contrário do direito à justiça, negar a livre manifestação que o outro expressa de si mesmo a partir de suas convicções."[35]

O abandono de uma criança é a concretização da violência social, familiar e afetiva, e reproduz as relações de opressão de uma sociedade, seja esse abandono produzido por uma decisão individual ou oriundo de pressões externas. É uma violência resultante do acúmulo de "pequenas" violências sofridas pela mulher no seu cotidiano, que impulsionam a prática de tal ato como que justificando o próprio abandono pelo Estado, sociedade e família. Cabe salientar que essa violência provoca uma descontinuidade entre os sistemas simbólicos, gerando uma série de crises sociais subseqüentes.

A marginalização da pessoa produz rompimento dos vínculos familiares, obriga-a a enfrentar uma luta constante pela sobrevivência e torna-a insensível frente às questões de desagregação familiar. A violência do abandono de uma criança mostra a natureza afetiva, cultural, social e psicológica emergente nos diversos segmentos sociais. Esses complexos fatos revelam, tanto a atual problemática social, quanto as especificidades dessa problemática. O ato de violência não é uma deliberação de improviso, mas está ligado à história de vida de cada um e, quando acontece, traz à tona todo um feixe de questões que estão vinculadas ao universo simbólico da vida em sociedade.

Quando se fala em abandono de recém-nascido, imediatamente vem à mente uma imagem, retirada da experiência social, de uma mulher pobre, de baixo nível de escolaridade, ignorante, muito jovem, que não deseja cuidar do filho recém-nascido porque não tem coragem de enfrentar o mundo, de sacrificar-se com resignação, uma vez que não evitou a gravidez.

Todavia, a verdade é que esse fato social perpassa diversos segmentos sociais, grupos religiosos, étnicos, culturais, etários, sendo possível, por isso, tais comportamentos femininos serem observados, porque estão presentes em todas as camadas da sociedade contemporânea. A mulher, ainda hoje, porta o hábito de ser assistida e isso dificulta sobremaneira a tomada de decisão, a busca de

---
[35] GAUER, Ruth M. Chittó. *Alguns aspectos da fenomenologia da violência*. In: GAUER, Gabriel J. Chittó; GAUER, Ruth M. Chittó (Orgs.). *A fenomenologia da violência*. Curitiba: Juruá, 1999. p. 13.

solução, principalmente quando esta solução exige o repensar sobre os parâmetros que norteiam a sua vida cotidiana.

A violência, visível ou invisível, contra a mulher apresenta-se das mais variadas formas na sociedade, desde o plano simbólico, onde se estabelecem os papéis sociais impostos a ela ou de sua escolha, até a violência física. Submetida às relações hierárquicas e desiguais entre o feminino e o masculino, a mulher sofre a imposição de determinados padrões de comportamentos que são impulsionadores de violência para com sua prole, levando-a a atos de extrema violência.

A violência invisível é aquela encontrada dissimuladamente nas relações sociais, que não apresenta um agente da violência, mas exterioriza-se através da submissão, dependência psicológica, social e econômica, da miséria, do desemprego e de tantos outros meios. Para suprir essa violência, é necessário superar determinados condicionamentos, questionar os fundamentos da relação hierárquica que se estabelece entre o homem e a mulher. Ao criar para a mulher um papel submisso e passivo, a sociedade a deixa vulnerável ao sadismo e à arbitrariedade do sexo oposto, em todas as camadas sociais. Os processos de desigualdade, discriminação e violência não são invisíveis, mas estão escondidos na sociedade, através da naturalização dos papéis sociais.[36]

Esse tipo de violência torna-se difícil de ser identificado, porque está legitimada nos discursos políticos e religiosos de maneira dominante. Isto provoca no sujeito uma aceitação, uma ausência da consciência da violência a que está se submetendo; esta violência construída no cotidiano naturaliza-se nas relações sociais hierarquizadas, manifestando-se através da violência emocional e do trabalho doméstico.

A violência visível, entretanto, é facilmente identificável, porque se manifesta diversificadamente. A violência física é uma forma visível que se caracteriza pelo uso de qualquer força ou ameaça de força física contra a pessoa, ofendendo a sua integridade corporal ou a sua saúde. A violência física é tipificada como delito no Código Penal brasileiro de 1916, na parte especial, título I, que trata *dos crimes contra a pessoa*, e no título VI, *dos crimes contra os costumes*. Os delitos sexuais, que consistem na utilização de formas coercitivas, constrangendo a mulher a manter relações sexuais ou praticar atos libidinosos mediante violência ou grave ameaça, comportamentos são tipificados na legislação penal brasileira como crimes contra os costumes, com penas privativas de liberdade, podendo variar a pena entre 1 a 12 anos e/ou multa.

---

[36] GILBERTI, E.; FERNANDEZ, A.M. *La mujer y la violencia invisible*. Buenos Aires: Sudamericana, 1989.

A violência sexual é o uso extremo do poder do homem sobre a mulher, sendo uma das mais terríveis forma de dominação masculina. O exemplo mais comum é o estupro, crime previsto no artigo 213 CP, que muitas vezes, dá origem a gravidez, constitui-se uma das causas do abandono do recém-nascido.

A violência sexual é um dos fatores geradores do abandono do filho, é o modo selecionado pela mãe, que agredida, devassada em sua intimidade, rejeita o filho oriundo dessa relação, porque *ele* será sempre a presença, a lembrança triste e deprimente do fato. O abandono do recém-nascido oriundo dessa relação é o modo de chamar a atenção do Estado, da sociedade, de clamar por medidas de proteção à pessoa e a sua liberdade. Ocorre, porque muitas mulheres, em vez de optarem pelo aborto, chamado *aborto legal*,[37] conduzidas pelo medo, preceitos religiosos, pela falta de coragem, ou falta de informações, de condições econômicas para enfrentar uma clinica - preferem então dar à luz e depois abandonar o filho numa instituição, transferindo a outrem a responsabilidade, exigindo de forma indireta do Estado, a tutela dos Direitos Fundamentais. O número de casos de violência sexual é maior do que os índices oficiais divulgados porque, ainda hoje, as mulheres não denunciam a violência por medo e ou por vergonha.

A violência emocional que consiste em ações, pronunciamentos e gestos que ferindo a auto-estima e a auto-imagem da pessoa, levando-a à prática também do abandono de recém-nascido, é uma maneira de – atingindo os sonhos femininos – de inferiorizar a mulher. É um fator a ser considerado no estudo do abandono de bebês, a violência emocional sofrida pela mulher em sua família de origem. A mulher que abandona o filho, de alguma maneira foi rejeitada pela família e, sentindo-se desamparada, com medo, insegura com relação ao futuro, encontra como solução o abandono do filho. Segundo Uriarte, as situações e formas de como a personalidade do sujeito é afetada pela família podem levá-lo a um maior ou um menor estado de adequação, complexidade, interação e auto-realização. A inadequação às expectativas familiares pode levar o indivíduo a sofrer sanções familiares, desde as mais simples até a do extremo da expulsão de casa, do meio familiar.[38]

O sujeito abandonado repete o ato do abandono, conforme podemos verificar no registro da fala de uma mulher que deixou o filho no hospital e fugiu: "fui abandonada quando era bebê e criada por

---

[37] PRADO e BITENCOURT. *Código Penal anotado*, p. 502.

[38] URIARTE, Maria Atilano *et al. La família y la comunidad latino-americana.* Serviço Social e Sociedade, Separata, São Paulo: Cortez, p. 3764, 1986.

uma tia, no interior do Estado. Vim pra Porto Alegre, e depois disso não sei mais notícias da minha tia. Tenho 24 anos, sou solteira, mas tenho um filho de três anos que sustento sozinha e que deixo na creche enquanto trabalho. O meu companheiro, pai desse outro filho, quando sobe da gravidez me deixou sozinha. Não posso criar mais um filho sozinha, não tenho ninguém da minha família aqui".[39]

Algumas camadas sociais têm resistência em aceitar a gravidez fora do casamento, impondo à mulher rígidas sanções, quando infringida esta regra social. Ou a mulher aceita as regras do jogo, ou se vê obrigada a seguir sozinha o seu caminho, rompendo os laços afetivos com a família. Esconde a gravidez porque é conhecedora dessa exigência social, nega a gestação numa tentativa de fuga da realidade, mas sabe que, se permanecer com o fruto da transgressão social, terá que pagar um preço alto. A sociedade não lhe oferece apoio, a família a rejeita, ela encontra solução no abandono do filho.

Ao que tudo indica, há por parte dessas mulheres, num dado momento da sua socialização, um questionamento, que se concentra em torno de alguns aspectos, como: segregação de papéis, código moral assimétrico, casamento, gravidez, responsáveis por sistemas de conflitos que se situam ao nível de representações, quando essas mesmas mulheres ingressam na ordem familiar, na vida adulta e são colocadas frente aos novos papéis sociais, que deveriam reproduzir a ordem social.

A gravidez parece caracterizar-se por uma redefinição do papel da mulher, elaborada em um período anterior ao da maternidade propriamente dita. A ética da responsabilidade para com o recém-nascido, o compromisso moral definidor do papel feminino da mãe, os conflitos decorrentes da nova experiência, sofrem uma ruptura nos padrões sociais predeterminados e aceitos como verdadeiros e indiscutíveis.

3.2. O amor materno abandona o recém-nascido?

"O amor é a única possibilidade que o homem tem para poder produzir sonhos sem covardia: uma fantasia que consegue conservar-se inigmática, escondendo uma condição de utopia passante."

Luis Alberto Warat

Por que estão representados os diversos segmentos da sociedade na prática do ato de abandono do recém-nascido? Por que mulheres instruídas rejeitam seus filhos? Numa sociedade, dita

---

[39] Afirmações retiradas dos processos de destituição do pátrio poder do 1º Juizado da Infância e da Juventude de Porto Alegre, nos anos de 1997-99.

democrática, fundada no direito à vida, à liberdade, à segurança e à igualdade acontecem tantos casos de abandono de incapaz por parte de seus responsáveis, em especial pela mãe? Quais seriam as razões? As origens dessa decisão? E o amor materno, não existe? E o Estado, que deve proteção aos seus cidadãos, o que faz?

Algumas dessas indagações encontram respostas no próprio tecido social, na cultura reinante num determinado tempo; entretanto, outras permanecem sem razão convincente.

Buscando informações em documentos históricos, pode-se verificar que abandonar o filho recém-nascido não é um .privilégio do século XXI. Nas legislações antigas, o ato de abandonar recém-nascido não era incriminado. Em Esparta, era permitido o abandono de crianças débeis ou aleijadas, que não possuíssem condições de participar das atividades bélicas. Em Roma, ao tempo da Lei das XII Tábuas, era vedada ao *pater familias* a exposição do filho recém-nascido quando se tratasse de filhos varões e filhas primogênitas, mas se estes sofressem de alguma enfermidade grave, fossem débeis ou disformes, poderia o genitor praticar o abandono sem ficar sujeito a sanções.[40] No Direito Romano, Justiniano faz cominar ao ato de abandono de criança a pena correspondente à de homicídio.

Mas, foi com o Direito Canônico que a exposição de menor incapaz passou a ser considerado crime autônomo. No código francês, de 1810, embora fosse reconhecida a gravidade do crime, a repressão não era exercida com severidade, salvo quando praticado por parteiras. Na Itália, o código toscano, de 1853, adotou a mesma conduta, afirmando que aquele que tendo a obrigação de cuidar de uma criança, ou de um adulto incapaz de defender-se, o expõe ou o abandona, não com a intenção de causar prejuízo à saúde, não para fazê-lo morrer, mas desejando livrar-se da obrigação, fica sujeito de três meses a três anos de prisão. - tradução livre.[41]

No Brasil, existia o chamado sistema da *roda dos expostos*, criado como salvação para os casos de honra comprometida, preservando assim a criança da ameaça de aborto, infanticídio, mortalidade. Foi por longo tempo usada, à semelhança de outros países, como Inglaterra, França escondendo segredos, a vergonha da mãe solteira seduzida ou da mãe casada infiel. Abandonar o filho na *roda dos expostos* foi, também, um recurso utilizado por pais, parentes para

---

[40] *Apud* HUNGRIA, Nelson. *Comentários ao código penal*. 3.ed. Rio de Janeiro: Forense, 1955. v.5. p. 379.

[41] Ibid., p. 380. "Chiunque, obbligato ad aver cura d'un infante, o d'un adulto impotente ad aiutarsi, lo espone o lo abbandona, non per farlo perire, o dannegiarlo nella salute, ma per liberarsi di quel carico, posto che da questo fatto non derivi la morte nè alcuna lesione personale dell'esposto, od abbandonato, incorre nel carcere da tre mesi a tre anni".

eximirem-se das despesas de manutenção e sustento da criança. Com a aprovação do Código de Menores, através do Decreto nº 5.083, de 1º de dezembro de 1926, no artigo n.15, foi extinta *a roda dos expostos*.

A maternidade é culturalmente definida como ato de amor, abnegação, fidelidade, cuidados para com as futuras gerações, o modo de naturalizar o papel da mulher na sociedade, exigindo-lhe que assuma unilateralmente as tarefas do setor familiar. O fato de ela poder gerar um ser humano foi determinante para que também assumisse a responsabilidade na manutenção e nos cuidados com a prole. As atividades consideradas como femininas foram, sem dúvida, limitadoras e impulsionaram a subordinação da mulher ao homem que, livre dos encargos para com os filhos, podia exercer qualquer atividade. Essa relação desigual de poder entre os sexos gerou a desvalorização do trabalho feminino e o significado econômico do trabalho doméstico inferiorizado.

Nem o homem, nem a mulher nascem *pai ou mãe*, este é um dos projetos de vida - ser pai ou mãe, ter filhos ou não – mas é também um *status* de realização desejado pelo ser humano. Tanto homens como mulheres poderão ser felizes sem provarem do prazer da paternidade ou maternidade.

Não se questiona, ou se questiona muito pouco, a responsabilidade do homem na concepção, no abandono do recém-nascido, mas impõe-se à mulher mais uma violência: levar a termo uma gravidez solitária e depois, diante do recém-nascido, com a ausência de perspectivas futuras, com seu desamparo emocional, afetivo, econômico, abandonar o filho. A família, o companheiro, a sociedade desencadeiam as condições para essa decisão, quando abandonam a mulher grávida. Condenar a ação feminina por abandonar seu filho, quando ela própria é uma abandonada, é exigir que ela se submeta duplamente ao abandono. O sentimento de desvalia, desesperança e de revolta reafirmam a sua história de vida e não lhe oferecem outra alternativa.

Em fala registrada em depoimentos prestados quando da destituição do pátrio poder, perante o juiz do 1º Juizado da Infância e da Juventude de Porto Alegre, entre os anos de 1997-99, uma mãe afirmou: *Vou dar minha filha porque não quero pra ela a mesma vida minha. Em outra família ela tá melhor.* Em outro registro: *Isto eu tou fazendo por amor. Eu não tenho nada pra oferecer pra ela.*[42] São situações que evidenciam a desesperança de uma vida melhor, porque esse aban-

---

[42] Afirmativas retiradas de processos que tramitaram no 1º Juizado da Infância e da Juventude de Porto Alegre entre 1997-99.

dono vem sendo construído ao longo da vida, sem deixar perspectivas de mudança. Não encontrando apoio suficiente para, sozinha, manter um filho, e também não existindo um número suficiente de creches para atender o bebê enquanto trabalha, a mulher opta por abandoná-lo; esta, talvez, seja a forma encontrada para protestar e clamar por novas providências. A mulher abandona o filho no hospital, numa instituição, em frente a casas de famílias, em lugares que ele possa ser visto e acolhido com certa presteza, raramente, o abandona à própria sorte, em lugar ermo.

Os motivos que levam uma mãe a abandonar o filho recém-nascido são muitos, mas é sabido que o fator econômico é um dos que mais influi na tomada de decisão. A ausência de condições financeiras para manter sozinha um filho, a certeza do próprio desamparo, e o abandono por parte do pai da criança impulsionam a prática da violência a este pequeno ser.

Constata-se que os bebês que são abandonados pelas mães foram abandonados primeiro pelos pais (homens), que se negaram a prestar solidariedade e afeto à mulher grávida. Esta forma de abandono, material e emocional, influi, com certeza, na decisão posterior da mãe, que, sentindo-se impotente para manter sozinha o filho, o abandona depois de lhe dar a vida. Consta nos registros de fichas nas maternidades,[43] que mães que abandonaram o bebê se recusaram também a vê-lo logo após o nascimento, de amamentá-lo – que demonstram absoluta rejeição à criança, rejeição à maternidade, constituem um indicador de que instinto materno não existe no mesmo grau em todo ser mulher.

O amor de mãe não é universal, não existe na mesma intensidade e da mesma forma em todas as mulheres. Ele sempre existiu, mas de formas e em graus diferentes. Shorter cita o testemunho do fundador de um asilo para crianças abandonadas na Inglaterra, que recolhia bebês agonizantes, abandonados pelas mães, nos regatos ou sobre os montes de lixo de Londres, onde ficavam apodrecendo.[44] O hábito de entregar o recém-nascido às amas mercenárias que prestavam assistência aos bebês durante longos períodos foi uma prática aceita pela sociedade francesa durante os séculos XVI e XVII. Ao dar à luz, a mãe, sem sentimento de culpa, via seu filho ser levado da sua companhia para o campo, sob o pretexto de oferecer-lhe melhores condições de vida. Essa era uma forma de abandono aceita

---

[43] Esses dados foram colhidos nos processos que tramitaram durante os anos de 1997-99, referentes à destituição do pátrio poder, no 1º e no 2º Juizados da Infância e da Juventude de Porto Alegre.

[44] Ibid., p. 89.

pelos franceses, nesse período histórico. Muitas crianças morriam sem nunca terem visto o rosto da própria mãe. Essa prática ocorria também na Índia, na China e em outros países do Oriente.

O contexto sociopolítico-econômico atual brasileiro aponta para mudanças importantes relativas à estrutura familiar e aos papéis de gênero que têm reflexos nas relações interpessoais mãe/filho, mas permanece ainda o ato abandono de recém-nascido acontecendo. Há um aumento de mulheres que, sozinhas, desempenham todos os encargos de administração da família, buscando a manutenção econômica sua e da prole, e isto ocasiona um desequilíbrio, a destruição de determinados padrões sociais. Conforme Badinter "Seria uma constante transitória".[45]

São os valores éticos que estão mudando; a mulher, que sempre teve o chamado "instinto" maternal, amor maternal inato, está abandonando esta característica - ou esse amor materno não existe em toda a mulher? A mãe, figura "santa", capaz de aceitar tudo para dar ao filho felicidade, proteção e amor, entrega-o ao mundo, ao Estado, abdicando do seu dever de mãe e transferindo, assim, a tutela desse cidadão absolutamente incapaz. Badinter, nos seus estudos, desmitifica a idéia de instinto materno, mostrando que a construção deste vínculo se deu através de uma série de políticas de saúde, de higienistas ao longo da história; para ela, o amor materno não é inato, é construído ao longo do tempo que a mãe passa com o filho. Afirma que o amor materno não é um sentimento inato que faz parte do intrínseco da natureza feminina, mas que é um sentimento resultante de construções e variações socioeconômicas da história, e que pode existir ou não, dependendo da época e das circunstâncias materiais em que vive a mulher. Parte de uma pesquisa histórica, concluindo que o instinto materno é um mito, não uma conduta materna universal e necessária. Logo, se não for cultivado, esse amor não prospera, não cria laços e tende a desaparecer.

Adotando o raciocínio de Badinter, a mãe que abandona o recém-nascido antes que se criem ou se desenvolvam os laços de afetividade não estruturou o amor materno. Mas, a moderna psicologia afirma que o vínculo de amor entre a mãe e o bebê ocorre antes mesmo do nascimento, durante a gestação, quando as relações de trocas afetivas estão presentes entre o homem e a mulher, apontando para um futuro. Afirma o psiquiatra canadense Thomas Verny que a criança "antes do nascimento, é um ser humano consciente e capaz

---

[45] Cf. *Um amor conquistado: o mito do amor materno*. Trad. Waltensir Dutra. Rio de Janeiro: Nova Fronteira, 1985. p. 86.

de reações,[...] tem uma vida afetiva. O feto pode ver, entender, tocar [...] capaz de sentimentos."⁴⁶

Porque, então a mulher abandona o filho recém-nascido, recusando-se a amamentá-lo e até mesmo a vê-lo?

3.3. O abandono de recém-nascido é um delito?

Os costumes, as tradições, os sentimentos e a cultura de um povo espelham os fatos sociais, e as normas sociais constituem características peculiares à sociedade humana, estabelecendo a chamada ordem social. Elas influenciam o comportamento do homem, seu modo de pensar e, sobretudo, é por meio delas que a sua conduta é regrada. A norma compreende uma valoração, a formulação de um juízo de valor sobre um fato. Cada povo tem a sua história e seus fatos sociais. As normas jurídicas são comandos a serem obedecidos por todos os homens, pois demarcam o que é e o que não é lícito fazer, o permitido e o proibido, o certo e o errado, devendo estar em consonância com os costumes, cultura, sentimentos; mas não só isso; devem também promover o bem comum, que implica justiça, segurança, bem-estar e progresso. O Direito é criado pela sociedade para reger a própria vida social, o estabelecimento de normas de comportamento é exigência da vida em sociedade. O homem não é completamente livre para fazer o que bem quiser, pois vive sob a proteção das normas de conduta criadas por ele próprio.

As relações e os vínculos que se estabelecem entre as pessoas têm seus reflexos no Direito: casamento, filhos, pátrio poder, adoção, partilha de bens. Assim, todos os valores importantes para a sociedade estão sob a tutela do Direito, através das regras jurídicas. Afirma Conde que o processo de interação que se estabelece entre o sujeito e a sociedade não pode ser determinado unilateralmente, uma vez que estão ambos obrigados à troca e à comunicação, ao convívio com seus semelhantes.⁴⁷ As normas sociais são resultado de uma relação mútua de forças que retratam os problemas sociais. Quando o comportamento humano fere um bem juridicamente protegido, há um desequilíbrio social, há a violação de uma norma, e o resultado é a prática de um ato ilícito. A conseqüência jurídica do ato ilícito corresponde a uma sanção que visa ao restabelecimento do equilíbrio social. O Direito Penal protege determinados bens jurídicos, descreve os comportamentos antijurídicos que ameaçam le-

---

⁴⁶ VERNY, Thomas. *A vida secreta da criança antes de nascer.* 3. ed., São Paulo: C.J. Salmi Editora, 1993. p. 2.

⁴⁷ *Apud* CERVINI, Raúl. *Os processos de descriminalização.* Trad. da 2.ed. espanhola de Eliana Granja *et al.* São Paulo: Revista dos Tribunais, 1995. p. 34.

sar esses bens protegidos, com penas. A lei define o crime, apresentando uma descrição do comportamento proibido, ou seja, tipifica determinadas condutas como antijurídicas, culpáveis.

A modalidade mais grave de um ato ilícito constitui no chamado ilícito penal que lesa os bens de maior valor para o indivíduo. Não existe diferença de natureza ontológica entre ilícito penal e ilícito civil, pois ambas ferem o ordenamento jurídico. O comportamento ilícito pode constituir infração de preceito jurídico *penal* ou *civil*. A infração penal é *crime*. O delito civil é *ato ilícito* punido com sanção adstrita à esfera patrimonial e consiste na obrigação de ressarcimento do dano causado ao bem jurídico. Determinados fatos antijurídicos não atingem bens jurídicos tão relevantes que devam ser protegidos pela lei penal, não sendo assim selecionados pelo legislador como ilícito penal; entretanto, são protegidos por outras áreas do direito através de sanções civis, administrativas e/ou tributárias.

O delito implica custos diretos e indiretos para a sociedade. Dá origem a perdas materiais da coletividade e gera instabilidade e insegurança à população, como também desequilíbrio nas estruturas sociais. Produz o temor, que é um efeito negativo, responsável pela redução da produtividade social do indivíduo.

Quando as infrações aos direitos e interesses do indivíduo assumem determinadas proporções, e os demais meios de controle social mostram-se insuficientes ou ineficazes para harmonizar o convívio social, surge o Direito Penal, na tentativa de resolver os conflitos. Dessa forma, o Direito Penal elenca o conjunto de normas e de princípios de direito sistematizados, que propiciam a convivência do indivíduo e garantem a justiça que se encontra tipificado como delito no Código Penal brasileiro. O ato de abandonar o recém-nascido, expondo-o a perigo real e concreto, configura uma agressão ao bem jurídico protegido pelo Direito, gera desequilíbrio social, há a prática de um ilícito penal e em conseqüência, a violação de uma norma jurídica.

A Constituição Federal, em relação à criança e às obrigações dos pais ou responsáveis, expressa:

Art. 227, "É dever da família, da sociedade e do Estado assegurar à criança e ao adolescente, com absoluta prioridade, o direito à vida, à saúde, à alimentação, à educação, ao lazer, à profissionalização, à cultura, à dignidade, ao respeito, à liberdade e à convivência familiar e comunitária, além de colocá-los a salvo de toda forma de negligência, discriminação, exploração, violência, crueldade e opressão."

§ 4º. "A lei punirá severamente o abuso, a violência e a exploração sexual da criança e do adolescente."

Art. 229. "Os pais têm o dever de assistir, criar e educar os filhos menores, e os filhos maiores têm o dever de ajudar e amparar os pais na velhice, carência ou enfermidade."

O Código Civil brasileiro não conceitua o abandono, embora faça menção quando trata da destituição - por ato judicial - do pátrio poder do pai ou da mãe que deixa o filho em abandono, como evidencia a norma jurídica dos artigos seguintes:

"Art. 384. Compete aos pais, quanto à pessoa dos filhos menores: I – dirigir-lhes a criação e educação; II – tê-los em sua companhia e guarda.

Art. 395, II, III. "Perderá por ato judicial o pátrio poder o pai, ou a mãe: II – que deixar em abandono; III – que praticar atos contrários à moral e aos bons costumes."

De igual maneira procede o Estatuto da Criança e do Adolescente não apresentando uma definição, mas somente procedimentos a serem adotados com relação à criança e aos pais que não cumprem o dever constitucional. O ECA, no art. 22, repete a regra do art. 384 do Código Civil, dando aos pais a incumbência de guarda, sustento e educação dos filhos menores. Obrigação de ambos, sem exclusão ou prioridade, obrigação solidária, proporcional às possibilidades materiais de cada um dos genitores, sob as penas do art. 249 do mesmo diploma legal.

Art. 249, ECA. "Descumprir, dolosa ou culposamente, os deveres inerentes ao pátrio poder ou decorrente da tutela ou guarda, bem assim determinação da autoridade judiciária ou Conselho Tutelar: - Pena: multa de três a vinte salários de referência, aplicando-se o dobro em caso de reincidência"

O Código Penal Brasileiro trata do tema do abandono de menor no capítulo "Da periclitação da vida e da saúde," artigos 133 e 134. Adota, no art.133, a forma mais ampla para incriminar o ato do abandono, estendendo a tutela a toda a pessoa incapaz de defender-se por si só dos riscos do próprio abandono.

Art. 133 CP "Abandonar pessoa que está sob seu cuidado, guarda, vigilância ou autoridade, e, por qualquer motivo, incapaz de defender-se dos riscos resultantes do abandono: Pena – detenção, de 6 (seis) meses a 3 (três) anos.

§ 1º Se do abandono resulta lesão corporal de natureza grave: Pena- reclusão, de 1 (um) a 5 (cinco) anos.

§ 2º Se resulta a morte: Pena – reclusão, de 4 (quatro) a 12 (doze) anos.

§ 3º As penas cominadas neste artigo aumentam-se de um terço: I- se o abandono ocorre em lugar ermo; II – se o agente é ascendente ou descendente, cônjuge, irmão, tutor ou curador da vítima."

Tipifica, no art.134, a forma privilegiada do delito do abandono do recém-nascido por *honoris causa*.

Art.134 CP " Expor ou abandonar recém-nascido, para ocultar desonra própria: Pena – detenção, de 6 (seis) meses a 2 (dois) anos.

§ 1º Se do fato resulta lesão corporal de natureza grave: Pena – detenção, de 1 (um) a 3 (três) anos.

§ 2º Se resulta a morte: Pena – detenção, de 2 (dois) a 6 (seis) anos."

A legislação pátria apresenta o ilícito penal - abandono físico - de dois modos: abandono de incapaz e abandono de recém-nascido.

3.3.1. Abandono de incapaz

O delito como obra humana sempre tem um autor, aquele que realiza a ação proibida, que pratica o fato típico, realizando a conduta descrita na lei penal incriminadora. O sujeito ativo do crime de abandono, tipificado no artigo 133 CP, é a pessoa que tem relação especial de assistência com a vítima. "É a pessoa que abandona a vítima, presa a esta com uma das relações indicadas no artigo: cuidado, guarda, vigilância ou autoridade."[48] É toda a pessoa que está obrigada a prestar assistência ao sujeito passivo, seja em virtude de parentesco, seja em razão de contrato ou dever funcional.

O tipo exige que a pessoa abandonada esteja sob a guarda, vigilância ou autoridade do agente. Noronha, com muita clareza, elucida a relação de dependência quando diz que

"*Cuidado* é atenção, é assistência que se deve ter, em determinadas situações, para com pessoas que, no momento, não se podem valer a si mesmas. *Guarda* implica proteção, defesa e amparo, referindo-se a pessoas que dela não prescindem. Emprega a lei a expressão *vigilância*, que se confunde com guarda, mas da qual não tem o rigor. *Autoridade* é ter poder sobre certa pessoa."[49]

O sujeito ativo pode ser um ascendente, descendente, tutor, curador, médico, enfermeira, ama, qualquer um dos que deve pres-

---

[48] Cf. NORONHA, E. Magalhães. Op. cit., p. 87.

[49] Ibid., p. 88.

tar ao incapaz cuidado, guarda ou vigilância. O crime de abandono é previsto no art. 133 do CPB: "Trata-se de crime próprio ou seja, aquele que se exige determinada qualidade ou condição pessoal do agente, tenha especial relação de assistência com o sujeito passivo, ou tenha a posição de garantidor, ou, ainda, haja dado causa ao abandono, por anterior comportamento."[50] Portanto, "é sujeito ativo do delito aquele que guarda com a vítima uma relação de dependência."[51]

Damásio de Jesus diz que nos crimes próprios o sujeito ativo pode determinar a outrem a execução do delito, embora possa ser cometido apenas por um número limitado de pessoas.[52] Cesar Bitencourt e Regis Prado denominam de delito unissubsistente, porque consuma-se com a prática de um só ato.[53]

O sujeito passivo do abandono é a pessoa incapaz de defender-se dos riscos do abandono, no caso em apreço, é o recém-nascido que está sob a guarda, cuidado, vigilância ou autoridade do sujeito ativo, a mãe. O tipo penal protege o menor e também o adulto incapaz de defender-se por si próprio. São, em regra, os que estão sob o pátrio poder, tutela, curatela, enfermos etc.

A incapacidade destacada na norma não é aquela de Direito Privado, mas a incapacidade de defender-se dos riscos criados pelo abandono e que colocam em perigo a sua vida e a sua integridade física. Para tanto, a incapacidade deverá ser verificada e apreciada no caso concreto.

A incapacidade pode ser absoluta como no caso do recém-nascido que está sob a dependência e a vigilância dos pais, responsáveis; ou relativa quando a vítima está num determinado momento sob a guarda ou autoridade do sujeito ativo. Não sendo possível a comprovação de tais requisitos, não se configura o delito. "Exige-se que a vítima seja incapaz de defender-se dos riscos resultantes do abandono. Tal incapacidade é matéria de fato, a ser constatada pelo juiz diante das circunstâncias de cada caso concreto."[54]

A conduta típica é expressa pelo verbo abandonar, que significa deixar, desamparar, largar. Há abandono quando se coloca o sujeito passivo do crime em situação que acarreta a privação, ainda que momentânea, dos cuidados que lhe são devidos e dos quais tem necessidade. Nesse sentido é o entendimento de Noronha: "Expõe-se

---

[50] DELMANTO, Celso et al. Código penal comentado. 4.ed. Rio de Janeiro: Renovar, 1998. p. 251.
[51] NORONHA, E. Magalhães. Lições de direito penal. Parte especial. São Paulo: Saraiva, 1991. p. 87.
[52] Código Penal anotado. p.166.
[53] Código penal anotado e legislação complementar. São Paulo: Revista dos Tribunais, 1997. p. 177.
[54] FRAGOSO, Heleno. Lições de direito penal. Parte especial. Op. cit., p. 109-110.

uma criança, quando ela é depositada em lugar distinto daquele em que se encontram as pessoas encarregadas de sua guarda ou custódia."[55]

O crime é de perigo concreto, identificável pelo verbo *abandonar* que reivindica o risco real e efetivo. O crime é próprio, só podendo ser praticado por determinadas pessoas, aquelas que têm a vítima sob seus cuidados, guarda ou vigilância. Essa relação com o sujeito passivo pode derivar de preceitos de lei, como é o caso da relação jurídica de dependência que se estabelece entre a mãe e o filho, os pais e o menor, de contratos estabelecidos para guarda e vigilância, e outros.

Constitui crime de perigo aquele que se consuma com a simples criação do perigo para o bem jurídico protegido, sem produzir um dano efetivo. Existe dano quando a relação de disponibilidade entre o sujeito e o ente foi realmente afetada, sendo o crime de dano aquele em que para ocorrer a consumação é necessária a superveniência da lesão efetiva do bem jurídico. Hungria afirma que "nos crimes de perigo, o elemento subjetivo é o dolo de perigo, cuja vontade se limita à criação da situação de perigo, não querendo o dano, nem mesmo eventualmente".[56] Segundo Bitencourt, o perigo pode ser concreto ou abstrato. Perigo concreto é aquele que precisa ser provado, deve ser demonstrada a situação de risco ocorrida ao bem jurídico protegido. O perigo abstrato é presumido *juris et de jure*. Não precisa ser provado, basta a prática da ação que pressupõe perigosa.[57] Discorda dessa posição Zaffaroni, dizendo: "Não há tipos de perigo concreto e de perigo abstrato – ao menos em sentido estrito –, mas apenas tipos em que se exige a prova efetiva do perigo submetido ao bem jurídico, enquanto noutros há uma inversão do ônus da prova, pois o perigo é presumido com a realização da conduta, até que o contrário não seja provado".[58]

O abandono pode ser temporário ou definitivo. Sua duração é indiferente, desde que seja por espaço de tempo juridicamente relevante e que ponha em risco o bem jurídico protegido.

O tipo subjetivo é o dolo, que consiste na vontade livre e consciente de abandonar o incapaz, e na criação de perigo para a vida da vítima. Dolo é "saber e querer a realização do tipo objetivo do delito"[59] de abandono.

---

[55] NORONHA, E. Magalhães. *Lições de direito penal*. Parte especial. Op. cit., p. 88.
[56] HUNGRIA, Nelson. Op. cit.
[57] BITENCOURT, Cezar Roberto. Op. cit., p. 175.
[58] ZAFFARONI, Eugenio Raúl; PIERANGELI, José Henrique. Op. cit., p. 564.
[59] WELZEL, Hans. Op. cit., p. 95.

Do ponto de vista subjetivo, o tipo descrito no artigo 133, CP, exige que o agente tenha como propósito furtar-se aos *cuidados e à assistência* que deve obrigatoriamente prestar à vítima. Se, entretanto, a sua vontade, ao *abandonar*, tem como finalidade provocar lesões ou morte do sujeito passivo, está-se diante de outro tipo penal que não o abandono.

Consuma-se o crime quando se coloca o sujeito passivo em situação de perigo, ainda que por instantes. O perigo deve ser concreto, e não apenas presumido. Haverá abandono sempre que estiver presente a *situação de perigo* para o sujeito passivo. *A contrario sensu*, quando o sujeito ativo deixa o ofendido em lugar onde, sem qualquer risco para sua vida ou saúde, terá assistência de pessoa certa ou mesmo indeterminada, não se caracteriza o abandono como um delito. A criança deixada no hospital, numa igreja, num edifício, numa casa de família, sofre o abandono emocional, o afastamento da mãe – objeto de sua satisfação, mas a ruptura do vínculo materno com o bebê não põe em risco o bem jurídico protegido pelo Direito Penal, não existe a tipificação prevista no art. 133, não há, portanto, delito de abandono. Logo, abandonar significa deixar a vítima perigosamente à sua própria sorte, impossibilitada de defesa.

A ação do sujeito ativo envolve, em regra, um deslocamento no espaço, podendo o crime ser praticado por ação – *deslocando a vítima para um determinado local e dela se afastando* – ou por omissão – *abandonar a vítima no lugar onde se encontra*.

Atua o agente por omissão quando se abstém de agir, quer violando o dever de vigilância, autoridade, guarda, quer não afastando a vítima do perigo a que está exposta.

Fragoso, em suas lições assevera, que:

"O abandono pode ser praticado por ação ou por omissão. Há ação quando o agente conduz a vítima, até então segura, a situação perigosa, abandonando-a. Essa hipótese admite tentativa, pois o crime exige a superveniência de perigo concreto e é, pois, material. Abandona o agente por omissão quando se abstém de atuar, violando o dever de cuidado, guarda, vigilância ou autoridade, não afastando o perigo que não provocou e que devia evitar. É crime omissivo puro e não admite tentativa."[60]

Para Hungria, a conduta no delito de abandono é inicialmente comissiva – *depositar a vítima em determinado ponto e depois afastar-se dela*. Segue-se à conduta comissiva um comportamento omissivo –

---

[60] FRAGOSO, Heleno Claudio. *Lições de direito penal: parte especial*. Op. cit., p. 110-111.

deixar de observar o conteúdo ativo do dever de assistência, não mais procurando a vítima, que fica abandonada no lugar onde se acha.[61]

O evento consiste em colocar em perigo de vida ou saúde do sujeito passivo, sendo esse perigo concreto, real e comprovado. O abandono deve implicar sempre risco de dano à vida ou à saúde; assim, quando o agente deixa a vítima, mas não ocorre o resultado incriminador, o perigo, não se fala de abandono.[62]

O crime de abandono admite a forma qualificada, não só quando dele resulta morte ou lesão grave, mas também em relação ao lugar do abandono e o vínculo de parentesco do agente com o sujeito passivo.

Nos §§ 1º e 2º do artigo 133 do CP, o legislador considera as hipóteses em que do abandono advêm lesões corporais graves ou morte do sujeito passivo. São delitos preterdolosos,[63] isto é, o evento resultante da conduta delituosa vai além da vontade do agente. Há previsão da hipótese em que do abandono resulte *a morte* da vítima ou que esta sofra *lesão corporal grave*. O crime neste caso é qualificado pelo resultado. A pena de detenção, de seis meses a três anos, é majorada e substituída pela de reclusão de um a cinco anos, ou de quatro a doze, conforme se verifique a lesão ou a morte.

No § 3º, I e II, são circunstâncias agravantes do crime, estão ligadas à ocorrência de abandono, em lugar ermo, isolado, solitário, ou à existência de grau de relacionamento entre sujeitos do delito. O *quantum* da punibilidade se faz em razão das circunstâncias especiais previstas: ascendente, descendente, cônjuge, ou irmão - vínculo jurídico derivado do dever de tutela, curatela. O inciso II do § 3º diz respeito à ligação da vítima com o agente, gerando um dever maior de assistência, decorrente de parentesco, união, tutela ou curatela. O inciso I refere-se ao lugar *ermo*. Afirma Fragoso: "Por *lugar ermo* deve entender-se o lugar habitualmente desabitado e solitário, relativamente privado de socorro."[64] Se o abandono ocorre em lugar que acidentalmente não está freqüentado, não há a qualificadora, pois o tipo exige que o lugar seja habitualmente solitário.[65]

3.3.2. Abandono de recém-nascido

O delito abandono de recém-nascido, art. 134 do Código Penal, não difere do art. 133, exceto em relação ao tratamento dispensado

---

[61] HUNGRIA, Nelson. Op. cit., p. 384.

[62] FRAGOSO, Heleno Claudio. *Lições de direito penal: parte especial.* Op. cit., p. 154.

[63] Hungria assevera que no crime preterdoloso há concurso de dolo e de culpa; dolo no antecedente (*minus delictum*) e culpa no subseqüente (*majus delictum*). É o crime cujo resultado total é mais grave do que o pretendido pelo agente (Ibid.).

[64] FRAGOSO, Heleno Claudio. *Lições de direito penal: parte especial.* Op. cit., p. 112.

[65] Julgados Tribunal Alçada Criminal SP, 78:411.

aos sujeitos, ativo e passivo. Trata-se de uma forma privilegiada do crime de abandono,[66] visto que as penas cominadas se apresentam menos graves e rigorosas que aquelas previstas para o crime de abandono de incapaz. O motivo *honoris causa* integra o tipo penal. A conduta incriminadora consiste em expor ou abandonar. O art. 134 CP usou a expressão *expor ou abandonar* para evitar dúvidas relativamente ao abandono do neonato. Assevera Lyra que "exposição é uma forma tradicional e inconfundível de abandono."[67] Para Hungria, os verbos *expor* e *abandonar* são usados pelo legislador, com idêntico sentido.[68]

O bem jurídico protegido é a vida e a saúde da pessoa humana, no caso específico, a do recém-nascido. "O objeto jurídico é a segurança do indivíduo, incapaz de proteger ou preservar sua incolumidade pessoal."[69]

O sujeito ativo deve ser a mãe, pois trata-se de crime próprio que tem como elemento subjetivo do tipo *ocultar desonra própria*. São elementos subjetivos dos tipos penais, aqueles componentes que se referem à consciência do sujeito ativo do fato. Dizem respeito ao intuito do agente, à sua intenção cuja descrição legal contém uma série de características subjetivas. São também chamados de elementos subjetivos da ilicitude. Relacionam-se com a finalidade última do agente, a meta que o sujeito deseja obter com a prática da conduta inscrita na essência do tipo, a exemplo: *ocultar desonra própria*. Só pode ser a mulher que concebe fora do matrimônio. Quem, por deliberação pessoal, abandona recém-nascido para esconder desonra de outrem, comete o crime previsto no art. 133 do CP, e não o tipo do art. 134. Hungria defende que o pai incestuoso ou adulterino também podem praticar tal delito, pois é possível alegarem proteção à honra própria. Neste tipo penal, a ação deve se praticada para *ocultar desonra própria*. A honra de que se fala, alicerçada nas lições de Fragoso,[70] é aquela relativa aos bons costumes em matéria sexual.

Sujeito passivo é o recém-nascido, fruto de relações não-matrimoniais. A lei não definiu quem é recém-nascido, até quanto tempo de vida pode-se considerar recém-nascido. A linguagem da lei pá-

---

[66] Art. 134. "Expor ou abandonar recém-nascido, para ocultar desonra própria: Pena – detenção, de 6 (seis) meses a 2 (dois) anos. § 1º – Se do fato resulta lesão corporal de natureza grave: Pena – detenção, de 1 (um) a 3 (três) anos. § 2º – Se resulta a morte: Pena – detenção, de 2 (dois) a 6 (seis) anos."

[67] LYRA, Roberto. *Noções de direito criminal. Parte especial*. Rio de Janeiro: s.ed., 1946. v. 1. p. 168.

[68] Op. cit. p. 384.

[69] NORONHA, E. Magalhães. Op. cit., p. 91.

[70] Op. cit. p. 114.

tria não é precisa com relação ao significado do termo, permitindo diversas interpretações e conceituações de recém-nascido.

A doutrina preocupou-se em fazê-lo Hungria diz que "o limite de tempo da noção de recém-nascido é o momento em que *délivrance* se torna conhecida de outrem, fora do círculo da família, pois, desde então, já não há mais ocultar desonra."[71] Fragoso considera o tempo de 30 dias necessário e suficiente para considerar-se recém-nascido.[72] Marques adotou o critério fisiológico, ou seja, a queda do cordão umbilical.[73] A maioria dos doutrinadores pátrios acompanha esta posição quanto ao tempo considerado para conceituar recém-nascido. Para Noronha, recém-nascido é aquele que *nasceu há poucos dias, ou recentemente.*[74] Lyra afirma que o sujeito passivo do abandono previsto no tipo penal do art. 134 é o recém-nascido, sem a limitação do art. 123 CP, referente ao delito Infanticídio, ou seja, *o próprio filho, durante o parto ou logo após.*[75] Bitencourt diz que o sujeito passivo do art. 134 é o recém-nascido que ainda não perdeu o cordão umbilical.[76]

A ação física é expressa pelos verbos *expor e abandonar* que, na prática, têm o mesmo significado; deixar desassistido, desamparado ou largar o recém-nascido incapaz de defender-se dos riscos resultantes do abandono; é deixar a vítima à sua própria sorte, em via pública, na porta de outrem, pelos pais, sem que se saiba quem sejam eles, para esconder desonra própria.

O elemento subjetivo do tipo é expresso pelo dolo, dolo de perigo, obrigatoriamente o direto. Dolo é a vontade, por parte do agente, de *expor ou abandonar* a vítima, com o fim especial de ocultar a desonra. Exige a lei o dolo específico,[77] consiste na finalidade que

---

[71] HUNGRIA, Nelson. Op. cit., p. 438.

[72] FRAGOSO, Heleno Claudio. *Lições de direito penal: parte especial.* Op. cit., p. 163.

[73] MARQUES, José Frederico. *Tratado de direito processual penal.* São Paulo: Saraiva, 1990. p. 346.

[74] NORONHA, E. Magalhães. Op. cit.

[75] LYRA, Roberto. Op. cit, p. 169.

[76] BITENCOURT, Cezar Roberto. Op. cit. p. 524.

[77] Dolo específico expressão usada por Costa Jr., Paulo José (Op. cit., p. 401). Dolo genérico é a vontade de realizar a conduta típica, o fato descrito na lei, ou ainda voluntariamente consentir que essa conduta se realize. Dolo específico é a vontade de realizar o fato com um fim especial. A finalidade última do agente é a prática da conduta inscrita no núcleo do tipo penal. No delito do art. 134 CP a finalidade do agente deve ser "ocultar desonra própria". No entendimento de Jesus, a denominação de dolo específico é imprópria uma vez que "na própria noção do dolo já existe a vontade de produzir o resultado, tanto faz que este se encontre no fato material ou fora dele. A vontade é a mesma; o dolo é o mesmo. Ele é elemento subjetivo do tipo" (JESUS, Damásio de. Direito penal. Op. cit., p. 289). Asúa diz que não existem dolo genérico e dolo específico. O dolo é um só, variando de acordo com a figura típica, o que existe é a presença do elemento subjetivo do tipo (ASÚA, Luís Jiménez de. Op. cit., p. 242-243).

impulsiona o agente para ocultar a desonra própria. Requer-se que o agente tenha o propósito de omitir-se aos cuidados que deve obrigatoriamente prestar à vítima. O eminente jurista brasileiro para caracterização do dolo específico afirma : "É, na espécie, a vontade livre e consciente de abandonar o próprio filho, expondo-o a perigo, com fim de ocultar desonra própria. Exige-se especial fim de agir que constitui elemento subjetivo do tipo."[78]

O art. 134 admite a figura típica privilegiada do abandono de neonato, somente quando praticado por motivo *honoris causa*. Por ser desonrosa a concepção para a mãe, e, em casos especiais para o pai, é que este tipo penal está previsto como um delito de menor gravidade e punição mais branda que a do crime de abandono de incapaz (art. 133 CP). Fragoso afirma que a honra é relativa aos bons costumes em matéria sexual, não sendo aceita alegação de defesa da honra à mulher que dentro de determinada sociedade seja considerada desonrada. A desonra é relativa e está vinculada aos preconceitos vigentes em determinado meio social.[79] O sentimento de desonra é subjetivo e assim deve ser avaliado, de acordo com as reações de cada agente no momento da prática.

Hungria assevera que:

"A *causa honoris* deve ser presumida *juris tantum* em qualquer caso de prole aviltante, ainda que a concepção seja resultante de estupro. Deve ser, porém, excluído o favor legal no caso em que, sob a capa de escrúpulo de honra, se disfarce um injustificado orgulho, qual seria, por exemplo, o da mulher que, tendo sido desposada pelo seu sedutor abandonasse o filho recém-nascido, só porque este viria atestar o coito pré-matrimonial. Não poderia igualmente reconhecer a *honoris causa* no caso de intercedente anulação de casamento de que resultou a concepção da vítima. É bem de ver ainda que não pode invocar o motivo de honra a mulher já decaída no conceito público ou o indivíduo de notória prudência."[80]

Seguindo as mesmas normas tratadas no delito previsto no art. 133 CP, o abandono de recém-nascido pode ocorrer mediante uma ação comissiva, seguida de um comportamento omissivo, gerando perigo concreto à vida ou à saúde para o sujeito passivo. Entende-se por ação comissiva a prática de um ato que a norma proíbe, através do movimento corpóreo, constante da descrição típica da conduta punível. "Expor ou abandonar recém-nascido..." – o verbo é o nú-

---

[78] FRAGOSO, Heleno Claudio. *Lições de direito penal: parte especial*. Op. cit., p. 114.

[79] Ibid., p. 158.

[80] HUNGRIA, Nelson. Op. cit., p. 392.

cleo, é o que dá a essência do delito, é a ação positiva, é o fazer. Omissão é abstenção voluntária de um movimento corpóreo em que o tipo penal descreve um "não fazer". Os crimes praticados por omissão estão divididos em próprios e impróprios. Conforme Coelho,[81] omissão própria é a violação de um dever jurídico de atuação, enquanto omissão imprópria integra a tipicidade com a "não-realização" da atividade devida, descumprindo-se o preceito de agir dessa ou daquela maneira.

Consuma-se o abandono do recém-nascido com a criação de perigo efetivo real, resultante da exposição ou abandono, uma vez que o resultado é contemporâneo à conduta, ainda que esse "seja momentâneo." Prado e Bitencourt[82] entendem por momentâneo o crime que se esgota com a ocorrência do resultado. Afirma Coelho[83] tratar-se de um delito instantâneo "aquele cuja consumação se realiza em momento preciso e perfeitamente delimitado no tempo. A consumação é instantânea, ocorre num exato ponto de percurso do *iter criminis* e aí se esgota" Para Jesus,[84] "é o que se completa num determinado momento, sem continuidade temporal" Hungria, de uma forma sucinta, define crime instantâneo aquele "que se esgota com o evento que o condiciona"[85] Praticada a conduta pelo agente, mediante a exposição ou o abandono, consuma-se a infração no instante subseqüente, ou seja, no momento em que a vítima fica em situação de perigo concreto, isto é, no momento em que o perigo se efetiva.

Trata-se de crime formal,[86] porque não basta a ação do agente, a vontade de concretizá-lo e a configuração do dano potencial, é necessário que ocorra o *eventus periculi*. Neste tipo de crime o legislador descreve o resultado e antecipa a consumação, bastando a simples ação do agente para a identificação do delito, que teoricamente admite a tentativa, especialmente na forma comissiva.[87] É possível a tentativa, uma vez que o agente pode ser impedido de

---

[81] Teoria geral do crime. p. 111.

[82] PRADO, Luiz Regis; BITENCOURT, Cezar Roberto. *Código penal anotado e legislação complementar*. Op. cit.., p. 524.

[83] COELHO, Walter. *Teoria geral do crime*. Op. cit., p. 113.

[84] JESUS, Damásio de. *Direito penal*. Op. cit.

[85] HUNGRIA, Nelson. Op. cit.

[86] Ensina Bitencourt que no "crime formal, embora exista a descrição do resultado não é preciso a ocorrência dele para que se verifique a consumação. Basta a ação do agente e a vontade de concretizá-lo" (BITENCOURT, Cezar Roberto. Op. cit.). Jesus diz que os crimes formais são "aqueles sem resultados". A lei penal se satisfaz com a simples atividade do agente (JESUS, Damásio de. *Direito penal*. Op. cit.).

[87] PRADO, Luiz Regis; BITENCOURT, Cezar Roberto. *Código penal anotado e legislação complementar*. Op. cit., p. 524.

deixar ou largar o recém-nascido antes da criação do perigo à saúde ou à vida. É factível que se caracterize o arrependimento eficaz, pois, embora tenha o agente praticado todos os atos de execução, poderá ele acudir a vítima, antes mesmo de que esta sofra um perigo concreto. Defendem a possibilidade de tentativa no crime da abandono de recém-nascido, na forma comissiva, juristas como Celso Delmanto, Damásio de Jesus e Nelson Hungria.

Os §§ 1º e 2º do art. 134 tratam das formas qualificadas do delito praticado contra o recém-nascido, no que se referem ao *quantum* da punibilidade. A superveniência de lesão corporal de natureza grave ou a morte é prevista como condição de agravamento de pena. Se do abandono resultar lesão corporal de natureza grave (§ 1º), o agente terá um aumento de pena, detenção de 1 (um) a 3 (anos); se, entretanto, resultar em morte do sujeito passivo (§ 2º), a detenção será de 2 (dois) a 6 (seis) anos. Os dois parágrafos referem-se aos crimes preterdolosos, cujos resultados mais graves não foram desejados pelo agente, nem mesmo de modo eventual. Para que a forma qualificada seja aplicável, é necessário que o resultado agravado tenha sido causado culposamente, ao menos, pela mãe (art. 19 CP).[88]

O tipo penal tutela não apenas a incapacidade resultante da idade da vítima, mas a de toda a pessoa não-apta a defender-se dos perigos e riscos do abandono. Não é só o menor, mas o adulto incapaz que necessita de assistência e ou de vigilância. Trata-se de um tipo penal aberto[89] onde, frente ao caso concreto, o juiz verificará qual era o dever de cuidado que o autor tinha a seu cargo e só depois passará a averiguar a conduta concreta e típica do abandono de incapaz. "Tal incapacidade é matéria de fato, a ser constatada pelo

---

[88] CÓDIGO PENAL BRASILEIRO. Art. 19: "Pelo resultado que agrava especialmente a pena, só responde o agente que o houver causado ao menos culposamente."

[89] CONDE, Francisco Muñoz. *Teoria geral do delito*. Trad. de Juarez Tavares e Luiz Regis Prado. Porto Alegre: Fabris, 1988. p. 42: "Tipo penal é a descrição da conduta proibida que o legislador leva a cabo na hipótese de fato de uma norma penal. Tem uma tríplice função: – selecionar os comportamentos humanos penalmente relevantes; – garantir que só os comportamentos a ele subsumíveis podem ser penalmente sancionados; – indicar aos cidadãos quais os comportamentos proibidos e esperar que, com a cominação penal contida nos tipos, esses cidadãos se abstenham de realizar a conduta proibida." PRADO, Luiz Regis; BITENCOURT, Cezar Roberto. *Elementos de direito penal – Parte geral*. São Paulo: Revista dos Tribunais, 1995. (Coleção Resumos; 1). p. 83: "É a descrição abstrata de um fato real que a lei proíbe. É a expressão concreta dos específicos bens jurídicos amparados pela lei penal." Adotando as lições de Zaffaroni e Pierangeli (p. 448 e seguintes), o tipo penal aberto é aquele em que o tipo descrito na norma não individualiza totalmente a conduta proibida, exigindo que o juiz recorra a outras regras gerais que se encontram fora do tipo penal para fechá-lo. Em oposição ao tipo aberto, tem-se o tipo fechado em que a conduta proibida pode perfeitamente ser individualizada sem que haja necessidade de recorrer-se a outros elementos além daqueles fornecidos pela própria lei penal no tipo (ZAFFARONI, Eugenio Raúl; PIERANGELI, José Henrique. *Manual de direito penal brasileiro – Parte geral*. São Paulo: Revista dos Tribunais, 1997).

juiz diante das circunstâncias de cada caso concreto".[90] Estão previstas formas qualificadas pela ocorrência de *eventus damni*.

COMENTÁRIOS FINAIS

No início do novo milênio, a tecnologia que proporcionou ao homem conquistar o mundo, saber muito do universo, não deu a ele a solução para os grandes problemas que afligem o seu espírito. O homem não aprendeu a evitar o aumento da violência, a miséria, o desemprego, o abandono do recém-nascido, pouco entendeu dos objetivos que devem conduzir o seu destino. O progresso científico não se voltou para a proteção à vida, o bem-estar do indivíduo, da família. O direito como instrumento social harmonizador pode e deve interferir na busca da realização dos interesses individuais e coletivos da sociedade, protegendo o bem jurídico vida-saúde.

Ao longo do trabalho, foi possível a exteriorização de alguns pontos que merecem maior reflexão por parte da sociedade, do Estado, da família, da própria mulher, tais como, uma política educacional e social capaz de evitar ou minimizar a ocorrência de abandono de bebês. Urge a necessidade de criar condições para uma transformação mais global da organização social sem as quais não é possível a preservação a dignidade da pessoa e o exercício da cidadania. Carece a apresentação, por parte do Estado - garantidor dos direitos fundamentais do cidadão - um elenco de medidas que oriente e previna a gravidez indesejada, evitando que pais eximam-se das responsabilidades constitucionais apregoadas no art. 229.

Outro fator conclusivo a ser considerado é a necessidade de a mulher buscar mais espaços de poder, de participação nas discussões dos temas políticos que dêem um tratamento as questões de gênero alicerçadas no princípio da igualdade.

Das indagações feitas ao longo do trabalho foram encontrados respostas explicativas para a prática do abandono de recém-nascido ancoradas na história da civilização, na evolução da legislação, no cotidiano da vida das mulheres. A solução para as questões do abandono, portanto, envolvem uma reconstrução da identidade do masculino e do feminino, uma maior conscentização dos papéis sociais fazendo com que aquela mulher, que ainda hoje aceita como natural a submissão ao homem, a violência no lar, liberte-se dessas amarras, do condicionamento socioeconômico, religioso.

Existência humana está inserida no ambiente social, e a mãe tem importe papel na formação dos valores socioculturais e na preserva-

---
[90] FRAGOSO, Heleno Claudio. *Lições de direito penal: parte especial*. Rio de Janeiro: Forense, 1995. v.1, p. 109-110.

ção da saúde física, mental e psicológica das gerações que estão chegando. A mulher precisa aprender a lidar com o emocional, com as relações amorosas centradas no sexo oposto para que disto não resulte uma gravidez indesejada e um posterior abandono. É imprescindível ainda, que se faça uma reflexão sobre a validade da manutenção do vínculo afetivo – mãe e filho – a qualquer preço, porque esta relação forçada pode colocar em risco o desenvolvimento afetivo do bebê. Há muitas mulheres que não desejam, não querem, não se dispõem a ser mães, mas usufruem do prazer, engravidam e rejeitam de imediato a criança. É importante respeitar tal decisão, mas resguardar os direitos das crianças, viabilizando através de políticas sociais o atendimento da criança, colocando-as em lares que possam oferecer-lhes amor e proteção.

A gravidez é o resultado de um relacionamento a dois, portanto, não é um encargo da mulher, deve ser assumido solidariamente, e não de forma solitária pela mulher.

Bibliografia

ASSOUN, Paul-Laurent. *Freud e a mulher*. Trad. Vera Ribeiro. Rio de Janeiro: Jorge Zahar, 1993.

BADINTER, Elisabeth. *Um amor conquistado: o mito do amor materno*. Trad. de Waltensir Dutra. Rio de Janeiro: Nova Fronteira, 1985.

BEAUVOIR, Simone de (Org.). *Segundo sexo: a experiência vivida*. Trad. de Sérgio Milliet. Rio de Janeiro: Nova Fronteira, 1980.

BICALHO, Elizabete. *A mulher no pensamento moderno*. In: Universidade Católica de Goiás. Estudos de gênero. Goiânia: Ed. UCG, 1998. (Cadernos de Área; 7).

BITENCOURT, Cezar Roberto. *Manual de direito penal – parte geral*. São Paulo: Revista dos Tribunais, 1997.

CABRAL, Álvaro et al. *Dicionário Técnico de Psicologia*. São Paulo: Cultrix, 1997.

CERNICCHIARO, Luiz Vicente. *O conceito de cônjuge no código penal brasileiro*. Tese de Doutorado. Brasília: Universidade de Brasília, 1969.

CERVINI, Raúl. *Os processos de descriminalização*. Trad. da 2.ed. espanhola de Eliana Granja et al. São Paulo: Revista dos Tribunais, 1995.

COELHO, Walter. *Teoria geral do crime*. 2 ed. rev. e atual., Porto Alegre: Fabris, 1998.

CONDE, Francisco Muñoz. *Teoria geral do delito*. Trad. de Juarez Tavares e Luiz Regis Prado. Porto Alegre: Fabris, 1988.

COSTA JR., Paulo José. *Comentários ao Código Penal*. 5. ed., São Paulo: Saraiva, 1997.

COULANGES, Fustel de. *A cidade antiga*. 2.ed. São Paulo: Martins Fontes, 1987.

DELMANTO, Celso et al. *Código penal comentado*. 4.ed. Rio de Janeiro: Renovar, 1998.

FRAGOSO, Heleno Claudio. *Lições de direito penal: parte especial*. Rio de Janeiro: Forense, 1995. v.1.

FRANCO, Alberto Silva et al. *Código penal e sua interpretação jurisprudencial*. 6.ed. rev. e ampl. São Paulo: Revista dos Tribunais, 1997.

GAUER, Ruth M. Chittó. *Alguns aspectos da fenomenologia da violência*. In: GAUER, Gabriel J. Chittó; GAUER, Ruth M. Chittó (Orgs.). *A fenomenologia da violência*. Curitiba: Juruá, 1999.

GILBERTI, E., FERNANDEZ, A. M. *La mujer y la violencia invisible*. Buenos Aires: Sudamericana, 1989.

GOFFMAN, Erving. *A representação do eu na vida cotidiana*. 7.ed. Petrópolis: Vozes, 1996.

——. *Estigma: Notas sobre a manipulação da identidade deteriorada.* Rio de Janeiro: Zahar, 1963.

GOMES, Orlando. *Direito de família.* 7. ed., Rio de Janeiro: Forense, 1990.

HEILBORN, Maria Luiza. *Corpo, sexualidade e gênero.* In: DORA, Denise Dourado (Org.). *Feminino masculino: igualdade e diferença na justiça.* Porto Alegre: Sulina, 1997.

HUNGRIA, Nelson. *Comentários ao código penal.* 3 ed. Rio de Janeiro: Forense, 1955. 5v.

JESUS, Damásio de. *Código Penal anotado.* 7.ed. rev. e atual., São Paulo: Saraiva,1997.

KOLONTAY, A. *A nova mulher e a moral sexual.* Rio de Janeiro: Laemment, 1968.

LACAN, Jacques. *Os complexos familiares.* Trad. Marco Antônio Coutinho e Pitiguara da Silveira Junior. Rio de Janeiro: Zahar,1990.

LAURETIS, Teresa de. *A tecnologia do gênero.* In: HOLLANDA, Heloisa Buarque de (Org.). *Tendências e impasses – o feminismo como crítica da cultura.* Rio de Janeiro: Rocco, 1994.

LOCHE, Adriana et.al. *Sociologia Jurídica.* Porto Alegre: Síntese,1999.

LYRA, Roberto. *Noções de direito criminal.* Parte especial. Rio de Janeiro: s.ed., 1946. v.1.

MAFFESOLI, Michel. *O tempo das tribos.* Trad. Maria de Lurdes Menezes. Rio de Janeiro: Forense, 1987.

MARQUES, José Frederico. *Tratado de direito processual penal.* São Paulo: Saraiva, 1990.

NAUFEL, José. *Novo dicionário jurídico brasileiro.* 9. ed. rev., atual.e aum.. Rio de Janeiro: Forense, 1997.

NORONHA, E. Magalhães. *Direito Penal.* 15.ed. atual. São Paulo: Saraiva, 1991. v.2.

——. *Lições de direito penal.* Parte especial. São Paulo: Saraiva, 1991.

OLIVEIRA, Rosiska D. de. *Elogio da diferença: feminismo emergente.* São Paulo: Brasiliense, 1992.

PEREIRA, Caio Mario. *Instituições de direito civil.* 3.ed., Rio de Janeiro: Forense, 1995.

PEREIRA, Rodrigo da Cunha. *Direito de família: uma abordagem psicanalítica.* 2. ed. rev., atual. e ampl. Belo Horizonte: Del Rey, 1999.

PLÁCIDO E SILVA. *Vocabulário Jurídico.* 4. ed., São Paulo: Forense, 1975.

PRADO, Luiz Regis. *Bem jurídico – penal e constituição.* 2.ed. rev. e ampl. São Paulo: Revista dos Tribunais, 1996.

——. BITENCOURT, Cesar R. *Código Penal anotado e legislação complementar.* São Paulo: Revista dos Tribunais, 1997.

SAFFIOTI, Heleieth Iara Bongiovani. *A mulher na sociedade de classe: mito e realidade.* São Paulo: Livraria Quatro Artes, 1969.

STREY, Marlene Neves (Org.). *Mulher: Estudos do gênero.* São Leopoldo: Unisinos, 1997.

——. *Mulher e trabalho.* In: ROSO, Adriane; MATTOS, Flora Bojunga; WERBA, Graziela (Orgs.); STREY, Marlene Neves (Coord.). *Gênero por escrito: saúde, identidade e trabalho.* Porto Alegre: EDIPUCRS, 1999.

STUART, Hall. *A identidade cultural na pós-modernidade.* Trad. de Tomaz T. Silva e Guacira L. Louro. Rio de Janeiro: DP&A, 1997.

URIARTE, Maria Atilano et al., *La família y la comunidad latina-americana.* Separata, São Paulo: Cortez, 1986.

WARAT, Luis Alberto. *A questão do gênero no Direito.* In: DORA, Denise Dourado (Org.). *Feminino masculino: igualdade e diferença na justiça.* Porto Alegre: Sulina, 1997.

WELZEL, Hans. *Derecho penal alemán.* Trad. Bustos Ramires e Yánes Péres. Santiago: Jurídica de Chile, 1987.

ZAFFARONI, Eugenio Raúl; PIERANGELI, José Henrique. *Manual de direito penal brasileiro – parte geral.* São Paulo: Revista dos Tribunais, 1997.

7

Crimes da mulher – o Direito Penal da emoção

NAELE OCHOA PIAZZETA

Sumário: Introdução; 1. Gênero e sexualidade: Em busca da igualdade; 1.1. A sexualidade da mulher e o discurso cultural e jurídico; 1.2. Criminalidade Feminina e Direito Penal; 2. Reflexões acerca da culpabilidade, imputabilidade e responsabilidade; 2.1. A estrutura do delito; 2.2. Co-culpabilidade - responsabilidade do Estado; 3. Mulher e criminalidade; 3.1. Aborto e infanticídio: a problemática jurídico-social do delito; 2.2. Leis e Cultura: um flagrante descompasso; Conclusão; Bibliografia.

INTRODUÇÃO

Em nenhum outro ramo do ordenamento jurídico brasileiro, encontra-se tanta emoção quanto no Direito Penal. O crime possui essa característica, mexe com as paixões, inflama os discursos, reacende o verbo.

No Direito Penal, vê-se a pessoa na plena fragilidade de sua condição humana, norteado por seus desejos, ódios e afetos. E é através do estudo do indivíduo que se penetra em sua psique, desvendando-se os tortuosos caminhos que o levam ao delito e, com isso, compreendendo-se a alma humana e exercitando-se a compaixão.

Nessa esteira, tem-se a lição de Hungria[1] de que "o direito penal que deve ser ensinado e aprendido não é o que se contenta com o eruditismo e a elegância impecável das teorias, mas o que, de preferência, busca encontrar-se com a vida e com o homem, para o conhecimento de todas as suas fraquezas e misérias, de todas as infâmias e putrilagens, de todas as cóleras e negações, e para a tentativa, jamais desesperada, de contê-las ou corrigi-las na medida da justiça terrena".

---

[1] HUNGRIA, Nelson. *Comentários ao Código Penal*. Rio de Janeiro: Forense, 1978, tomo II, p. 457.

Na seara do aborto, do infanticídio, do abandono de recém-nascido, em suma, dos crimes específicos da mulher, todos - quer operadores do Direito, quer leigos - manifestam uma opinião pessoal, levados por suas crenças, valores éticos e sentimentos. Quando se trata de crimes sexuais violentos, como o estupro e o atentado violento ao pudor, acirram-se os ânimos, clama-se por penas mais rigorosas e questiona-se o agir humano sob o aspecto de doenças mentais, já que a brutalidade dos delitos impõe pensar-se em patologias psíquicas.

Mas, antes de qualquer outra consideração, é de fundamental importância, para quem inicia o trato de qualquer assunto, delimitar e definir o objeto do estudo, e para tanto tomam-se, por empréstimo, Jolivet,[2] para quem "a definição lógica consiste de fato em circunscrever exatamente a compreensão de um objeto, ou, em outros termos, em dizer o que uma coisa é".

O âmbito de incidência das reflexões que se busca fazer neste trabalho limita-se aos crimes próprios da mulher, especialmente ao aborto e infanticídio, fulcro da criminalidade feminina e campo propício a comentários acerca da culpabilidade, imputabilidade e responsabilidade penal da mulher delinqüente.

Penetrar na emoção norteadora da conduta da mulher, que pratica o abortamento ou nele consente, ou mata o próprio filho durante ou logo após o parto, constitui um desafio e uma aprendizagem. Significa uma tomada de posição, o começo de um pensamento e o relancear de um novo olhar sobre a mulher e sua vida.

As renovadoras idéias, ainda que incipientes na abordagem jurídico-social desses delitos, são aqui desenvolvidas, importando a todos os que se dedicam ao estudo e à prática do Direito Penal. O surgimento de novas perspectivas, novos argumentos, são imprescindíveis à formação de um Direito Penal mais adequado aos novos tempos, mais humano e mais justo.

1. GÊNERO E SEXUALIDADE: EM BUSCA DA IGUALDADE

A anatomia é o destino. Sobre esta máxima Freud[3] construiu toda sua teoria a respeito da psicologia feminina. Mas em se tratando dos

---

[2] JOLIVET, Regis. *Curso de Filosofia.* Rio de Janeiro: Agir, 1957. Trad. Eduardo Prado de Mendonça, p. 34.

[3] FREUD, Sigmund. *Publicações Pré-Psicanalíticas e Esboços Inéditos..* Rio de Janeiro: Standard Brasileira das Obras Psicológicas Completas de Sigmund Freud/ Imago, 1977.

crimes próprios da mulher, não se pode partir da premissa de que somente a anatomia constitua o seu destino.

É inegável o pioneirismo e a genialidade de Freud, que desvendou os mistérios da psique humana. Contudo, a mulher, em seus sentimentos e anseios, suas emoções e respectivas manifestações, foi pouco compreendida pelo eminente Psiquiatra. Seus estudos sobre o gênero feminino mostraram-se, senão incorretos, pelo menos inconsistentes. As duras críticas que se fazem a Freud baseiam-se no fato de que seus estudos calcaram-se em um modelo masculino, o que o levou à afirmação de sentir-se a mulher um homem mutilado. Melanie Klein, Emilce Dio Bleichmar, Janine Chassegue-Smirgel, Robert Stöller, dentre outros, aprofundaram os estudos iniciais de Freud e chegaram a conclusões diferentes e mais acertadas sobre a mulher e sua sexualidade.

Segundo eles, a identidade feminina não advém unicamente do sexo no sentido biológico, mas de uma estrutura cultural que forma a identidade do sujeito.

A sexualidade humana e o enfrentamento da problemática do gênero são o ponto de partida quando se busca lançar um novo olhar sobre os crimes de auto-aborto, aborto consentido e infanticídio, uma vez que neles, mais dos que em quaisquer outros delitos, constata-se a força da emoção norteadora da conduta humana e a forma como a cultura verticalizou as relações entre homens e mulheres, diferenciando-os fundamental e principalmente em razão do sexo com o qual nasceram.

Dissociar a criminologia feminina da construção cultural imposta aos dois sexos restringiria este trabalho à periferia da questão que nos interessa enfrentar, ou seja, a dicotomia entre masculino e feminino, entre discurso cultural e discurso jurídico, entre opressor e oprimido. Analisados estes aspectos, ver-se-á a propriedade da assertiva de Baratta,[4] de que "a questão feminina tornou-se um componente privilegiado da questão criminal".

Enquanto o sexo é biológico, o gênero é uma construção social, um *sentir-se* homem ou mulher. Por isso, é no âmbito das relações sociais que se constroem os gêneros. Certas qualidades e certos papéis vêm percebidos como naturalmente ligados a um sexo biológico e não a outro, na medida em que uma sociedade e cultura determinadas estipulam como devem comportar-se, sentir-se e representar-se os homens e mulheres que as integram.

---

[4] BARATTA, Alessandro. *O paradigma do gênero*. Org: Carmen Hein de Campos. Porto Alegre: Sulina, 1999, p. 19.

Referências apreendidas de Heilborn[5] - "e assumidas no presente trabalho - atribuem à expressão cultura o sentido de 'meio em que vivemos e que nos fornece os modelos de conduta'. É nessa conotação que estão empregados os termos masculino e feminino".

O núcleo da consciência, a autopercepção de pertencer a uma categoria que é masculina ou feminina, assinala o começo da distinção das diferenças entre os sexos, segundo Stöller,[6] que é incentivada, desde o nascimento, pela rotulação que médicos e familiares fazem do recém-nascido. A sociedade, onde passará a viver o indivíduo identificado como homem ou mulher, e a cultura, que estabelece os comportamentos naturais e permissíveis para aquele corpo identificado, encarregam-se de reforçar as diferenças entre os gêneros.

No que diz respeito ao Direito Penal, fundamento deste trabalho, pode-se vê-lo como especificamente dirigido aos homens enquanto operadores dos papéis na esfera de produção material (pública). Acentua Baratta[7] que simbolicamente, o gênero do Direito Penal é masculino, como também o é seu sistema de controle informal, dirigido às mulheres enquanto possuidoras de papéis no âmbito da produção natural (privado).

As formas e os instrumentos, reafirma Baratta,[8] "assim como o discurso ou a ideologia oficial do sistema que o legitima e lhe esconde as funções latentes atrás das funções declaradas, quais sejam, a defesa da sociedade e da família, reproduzem a diferenciação social das qualidades e dos valores masculinos e femininos. Entretanto, é diverso o modo pelo qual esta diferenciação intervém nos dois sistemas, ou seja, o modo pelo qual, seja em um caso como no outro, o gênero ganha corpo e conteúdo".

A dogmática jurídica traduz-se especialmente na interpretação e aplicação da lei vigente. Tem por objeto o Direito Positivo e, por tarefa, a análise e avaliação das normas gerais do Direito escrito, mas não objetiva o não escrito face a questões jurídicas específicas. Sendo o indivíduo do sexo masculino o referencial do Direito, as peculiaridades inerentes à mulher acabam esquecidas dentro da generalidade da lei.

Lembrar que *todas as diferentes identidades fazem de cada pessoa um indivíduo diferente dos demais e de cada indivíduo uma pessoa como todas*

---

[5] HEILBORN, Maria Luíza. *Gênero e Condição Feminina:* Uma abordagem Antropológica. São Paulo: Imprensa Oficial do estado de São Paulo, 1996, p. 24.

[6] STÖLLER, Robert J. *Masculinidade e Feminilidade* - Apresentação de Gênero. Porto Alegre: Artes Médicas, 1993.

[7] BARATTA, Alessandro. Op. cit. p. 46.

[8] Idem, p. 46.

as demais são os ensinamentos de Ferrajoli[9] e é neles que está embasada a diretriz de que se deve olhar todas as pessoas, sempre tão diferentes entre si, tão complexas, tão únicas em suas características e tão iguais enquanto seres humanos.

Tove Stang Dahl,[10] estudiosa da condição feminina, assegura que "os estudos sobre as mulheres têm dedicado grande atenção à natureza e às formas de sua opressão. Como resultado dessa análise foram descritas e explicadas numerosas disparidades injustificáveis entre mulheres e homens e entre as próprias mulheres. Neste sentido, até agora, os estudos sobre as mulheres têm sido, em grande medida, estudos da desgraça".

1.1. A sexualidade da mulher e o discurso cultural e jurídico

A história da sexualidade é a própria história da vida. Está ela ligada ao fato de que os dois sexos vivem experiências diferentes e, obviamente, possuem percepções diferentes do mundo que os rodeia, daquilo que é evidente e importante e daquilo que é obscuro e secundário. O reconhecimento das inegáveis diferenças biológicas entre os gêneros enquanto valores relevantes e a igualdade de ambos na lei enquanto necessidade de justiça constituem os grandes desafios da contemporaneidade.

A difícil interligação entre o Direito e a vida, segundo Dahl,[11] deve ser buscada e defendida através da utilização de argumentos baseados na igualdade, derivados ou não da Lei da Igualdade. A face visível da discriminação óbvia deve ser julgada com base nas normas sociais gerais de *igualdade* e *igualdade de tratamento*. *Pode-se dizer*, afirma a Autora, "que as diferenças entre os sexos, às quais se dirigem estes argumentos, são precisamente as diferenças que eles pretendem minimizar com vista a tornarem-se efetivos".

Seguramente a sexualidade desempenha na vida humana um papel considerável. Beauvoir[12] sustenta que "a fisiologia já nos mostrou que a vida dos testículos e a dos ovários confundem-se com a do soma. O existente é um corpo sexuado; nas suas relações com os outros existentes, que são também corpos sexuados, a sexualidade está, portanto, sempre empenhada".

---

[9] FERRAJOLI, Luigi. *Derecho y Razón: teoria del garantismo penal*. Madrid: Editorial Trota, 1997, p. 851-957.

[10] DAHL, Tove Stang. *O Direito das Mulheres* - uma introdução à teoria do direito feminista. Lisboa, Portugal: Fundação Calouste Gulbenkian, 1993, p. 20.

[11] DAHL, Tove Stang. Op. cit. p. 63.

[12] BEAUVOIR, Simone. *O Segundo Sexo*. Trad. Sérgio Milliet. Rio de Janeiro: Nova Fronteira, 1980, p. 66.

Se a relação sexual apresenta-se como uma relação social de dominação, é porque foi construída através do princípio de divisão fundamental entre o masculino/ ativo, e o feminino/ passivo, assegura Bourdieu.[13] A história da humanidade - admitida, repassada, recontada, aceita e assimilada - relata que a divisão entre os sexos parece estar na "ordem natural das coisas que devem ser", vez que normais, naturais e inevitáveis.

Para Bourdieu,[14] a origem para a desigualdade entre os gêneros na sociedade e nas leis justifica-se na própria ordem social, que funciona como uma máquina simbólica que tende a ratificar a dominação masculina sobre a qual se alicerça: é a divisão social do trabalho, distribuição bastante estrita das atividades atribuídas a cada um dos dois sexos, de seu local, seu momento, seus instrumentos. Acrescenta o Sociólogo:[15] "é a estrutura do espaço, opondo o lugar de assembléia ou de mercado, reservados aos homens, e a casa, reservada às mulheres; ou no interior desta, entre a parte masculina, com o salão, e a parte feminina, com o estábulo, a água e os vegetais; é a estrutura do tempo, a jornada, o ano agrário, ou o ciclo de vida, com momentos de ruptura, masculinos, e longos períodos de gestação, femininos."

Qualquer análise da condição feminina no Direito Penal deve passar pelas instituições que formam a sociedade. A Família, a Igreja e o Estado, objetivamente orquestrados, tinham em comum, até época recente, o fato de agirem sobre as estruturas inconscientes e, com isso, perpetuarem o discurso da desigualdade entre os gêneros.

É, sem dúvida, à família que cabe o papel principal na reprodução da dominação e da visão masculinas. É nela que se impõe a experiência precoce da divisão sexual do trabalho e da representação legítima dessa divisão, garantida pelo direito e inscrita pela linguagem.

A Igreja, marcada pelo antifeminismo profundo de um clero pronto a condenar todas as faltas femininas à decência e a reproduzir uma visão pessimista das mulheres e da feminilidade, conforme Muel-Dreyfus,[16] inculcava explicitamente uma visão familiarista, completamente dominada pelos valores patriarcais e, principalmente, pelo dogma da inata inferioridade das mulheres.

---

[13] BOURDIEU, Pierre. *A dominação masculina*. Trad. Maria Helena Kühner. Rio de Janeiro: Bertrand Brasil, 1999, p. 31.

[14] Idem, p. 18.

[15] Ibidem, p. 18.

[16] MUEL-DREYFUS, F. *Vichy et l'Éternel féminin*. Paris, França: Éditions du Seuil, 1996.

O Estado, por sua vez, veio reforçar as prescrições e as proscrições do patriarcado privado com aquelas de um "patriarcado público", inscrito em todas as instituições encarregadas de gerir e regulamentar a existência quotidiana da unidade doméstica.

Alicerçada neste tripé - Família, Igreja e Estado - funciona a máquina simbólica da desigualdade entre os gêneros que, com força inegável, alcança as leis.

As relações de poder, repassadas diariamente através dos mais variados mecanismos (família, escola, lendas, mitos e leis), traduzem a idéia de uma relação polarizada dos gêneros. A concepção de "uma" condição masculina dominante e "uma" condição feminina dominada - acentua Guacira Lopes Louro[17] -, apesar de constituir uma simplificação da problemática que envolve homens e mulheres, continua a encontrar força para perpetuar-se através das gerações.

1.2. Criminalidade feminina e Direito Penal

Em decorrência da criminalidade, foi imprescindível o estudo das razões que levam o ser humano a delinqüir. Surgiu, então, a Criminologia, ciência humana e social, que trabalha com mecanismos mentais, psicológicos e outros influenciadores do comportamento, onde a certeza tem que ser relativa, e as leis implicam grande número de exceções.

O objeto da criminologia é o estudo do ser humano delinqüente, da natureza de sua personalidade e dos fatores criminógenos, cuja questão não está - segundo Mannhein[18] - "na pergunta de saber se 'A' praticou determinado crime, mas antes no porquê, que possa justificar a sua conduta, ou ainda, numa interrogação mais vasta, cujo núcleo central reside no descobrir a razão pela qual pessoas cometem crimes. A investigação busca diagnosticar o comportamento criminoso".

Assim, delito, delinqüente e pena não são estudados exclusivamente sob o ponto de vista jurídico. Leciona Noronha[19] que, "com o advento da primeira lei específica de execução penal (Lei nº 7.210), a criminologia ganhou condição de matéria legislada com a introdução do exame criminológico. O binômio delito-delinqüente, numa interação de causa e efeito, em sentido investigatório, passou a ser elemento essencial para a execução da pena".

---

[17] LOURO, Guacira Lopes. *O Currículo e as Diferenças Sexuais e de Gênero* - O Currículo nos Limiares do Contemporâneo. Porto Alegre: DP&A, 1988, p. 86.

[18] MANNHEIN, Hermann. *Criminologia Comparada*. Trad. José Farias Costa e Manuel da Costa Andrade. Lisboa, Portugal, 1965.

[19] NORONHA, Edgard Magalhães. *Direito Penal*. São Paulo: Saraiva, 1997, p. 14.

Cada vez mais, o Direito Penal procura explicações para o fenômeno do crime. A pessoa humana, com suas vivências, experiências, sofrimentos, meio social no qual está inserida é, portanto, única em suas peculiaridades e recebe o olhar da lei e da medicina. Sendo o crime um fato humano, não se pode perder de vista o indivíduo e as situações jurídicas por ele criadas.

O personagem-mulher tem sido objeto de profundos estudos no ordenamento jurídico, tanto no Direito do Trabalho, no Direito Civil (especialmente no Direito de Família) e no Direito Penal. Contudo, em que pese o olhar do Direito destinado à mulher, um longo caminho ainda resta a ser trilhado em busca da real igualdade entre os gêneros.

No entendimento de Habermas,[20] "qualquer regulamentação especial, destinada a compensar as desigualdades da mulher no local de trabalho ou no mercado de trabalho, no casamento ou após uma separação, em termos de segurança social, prevenção da saúde, assédio sexual, pornografia, etc., depende do modo como se interpretam as experiências e situações existenciais típicas dos sexos. Na medida em que a legislação e a justiça se orientam por padrões tradicionais de interpretação, o direito regulativo consolida os estereótipos existentes acerca da identidade dos sexos. Através dos 'efeitos de normalização', produzidos pela legislação e pela justiça, eles se tornam parte do problema que em princípio eles deveriam resolver".

Ao jurista moderno é essencial uma postura crítica perante o sistema vigente, para abrir passo às reformas que uma política criminal progressiva recomenda, com base na pesquisa criminológica. É indispensável, acentua Fragoso,[21] não se perder de vista a realidade social. A finalidade da lei, o escopo político, o fato social do qual a norma surgiu são roteiros seguros para a elaboração dogmática. Reflete o Doutrinador[22] que "a interpretação da norma abre caminho ao reflexo da realidade social na reconstrução científica do direito, através dos valores que o direito penal tutela. As normas são meios para a realização de valores".

Os delitos de aborto e infanticídio são solo fecundo para essa análise da norma em cotejo com a realidade social preconizada por Heleno Fragoso. Desde a primeira inserção na lei dessas figuras delituosas - cumpre que se destaque - o legislador pátrio tem procu-

---

[20] HABERMAS, Jürger. *Direito e Democracia, entre a faticidade e validade*. Rio de Janeiro: Tempo Brasileiro, 1997, p. 164.

[21] FRAGOSO, Heleno Cláudio. *Lições de Direito Penal*. Rio de Janeiro: Forense, 1990, p. 15.

[22] Idem, p. 15.

rado diminuir a culpabilidade da mulher delinqüente. As penas aplicáveis aos delitos, variando no tempo, sempre foram significativamente mais brandas do que nos demais crimes contra a vida. Reconhece a lei repressiva que o móvel do crime não é o motivo vil e abjeto, e sim a emoção relevante que domina a gestante e a infanticida, levando-as a atos dolosos e nefastos, socialmente repudiados e criminalmente tipificados.

A criminalidade feminina está basicamente ancorada em sua sexualidade. O aborto autopraticado ou consentido, o infanticídio e o abandono de recém-nascido são delitos originários de relações sexuais frutificadas. Feto, nascente ou recém-nascido tornam-se sujeitos passivos de crimes quando a pobreza, a marginalidade, a dificuldade de acesso aos meios de produção, o desamparo, a desesperança instalam-se no coração feminino, conduzindo a mulher ao morticínio ou abandono da prole.

A emoção, a paixão e o exercício da sexualidade estão indissoluvelmente ligados nos crimes da mulher. Para Aníbal Bruno,[23] a emoção e a paixão são "forças que condicionam o comportamento individual-social do homem - a emoção, que é um movimento súbito da alma, de carga afetiva, e a paixão, que é a sua forma contínua e duradoura. Da sua intensidade depende a influência que possam ter sobre a normalidade do entendimento e do processo de volição".

Emoção e paixão muitas vezes se confundem. A zona gris que marca o começo uma e o término da outra sempre deu vazo a diversas interpretações. A emoção é o sentimento de breve duração (e isso não significa que, por breve, se entenda calma ou despida de violência), enquanto a paixão, sentimento mais duradouro, pela agudeza de sua manifestação, situa-se, segundo alguns estudiosos da psicologia e do Direito, entre a emoção e a loucura.

Pode-se resumir com a citação de Kant, que afirmava ser "a emoção uma torrente que rompe o dique da continência, e a paixão o charco que cava o próprio leito, infiltrando-se, paulatinamente, no solo".[24]

Apesar de sua incidência em quase todos os delitos, não apenas nos que se encontram sob análise, o sistema penal brasileiro não reconhece a emoção e a paixão capazes de excluir a imputabilidade, mesmo nos casos em que venham a obscurecer o entendimento, impedindo a livre determinação da vontade.

Se a emoção e a paixão, vistas como integrantes da psicologia do ser humano normal, não excluem a responsabilidade penal,[25] mas

---

[23] BRUNO, Aníbal. *Direito Penal*. Rio de Janeiro: Forense, 1967, p. 159-160.
[24] Referências retiradas de Cezar Roberto Bitencourt. Op. cit., p. 313.
[25] Art. 28, do Código Penal: "Não excluem a imputabilidade penal: I - a emoção e a paixão".

atenuam a pena[26] [27] em delitos comuns, nada mais justo que se reconheça a força dos sentimentos que norteiam a conduta da mulher que delinque nesses crimes tão especiais.

Como bem acentua Aníbal Bruno,[28] *não é propriamente a emoção que justifica o abrandamento penal, mas o motivo em que ela se origina*, e os motivos para a conduta da mulher fundam-se, principalmente, nas questões sociais ou de honra.

Existe ainda hoje, embora menos acentuado em algumas sociedades, um verdadeiro *apartheid* feminino, cuja essência funda-se na própria cultura. Leciona Rodrigo da Cunha Pereira[29] que, "apesar da proclamação da igualdade pelos organismos internacionais e pelas constituições democráticas do fim deste século, não está dissolvida a desigualdade entre os gêneros. A mulher continua a ser objeto da igualdade enquanto o homem é o sujeito e o paradigma desse pretenso sistema de igualdade".

Os direitos à diferença (igualdade formal) e à compensação das desigualdades (igualdade material) devem andar juntos e, somente com a coexistência de ambos, será possível, se não erradicar-se a criminalidade feminina, pelo menos diminuírem significativamente seus índices.

2. REFLEXÕES ACERCA DA CULPABILIDADE, IMPUTABILIDADE E RESPONSABILIDADE

Definir o crime, isto é, dizer o que o crime é, não constitui tarefa fácil. Tentaram alguns penalistas encontrar um conceito universal, que abrangesse toda a idéia do delito e que servisse para identificá-lo em todos os tempos e em todos os lugares, referem Garofalo, Durkhein, Rocco, Soler, dentre outros. A tarefa revelou-se impossível devido à própria magnitude do empreendimento.

Sem a pretensão de esgotar o assunto, pode-se acatar a definição de Petrocelli,[30] para quem "o crime é, antes de tudo, uma exteriorização da vontade humana, com repercussão no campo do direito".

---

[26] Art. 65, do Código Penal: "São circunstâncias que sempre atenuam a pena: III - ter o agente: c) cometido o crime sob coação a que podia resistir, ou em cumprimento de ordem de autoridade superior, *ou sob a influência de violenta emoção* [...]" (grifo não constantes no original).

[27] Art. 121, § 1º: "Se o agente comete o crime impelido por motivo de relevante valor social ou moral, *ou sob o domínio de violenta emoção*, logo em seguida a injusta provocação da vítima, o juiz pode reduzir a pena de um sexto a um terço". (grifo não constante no original).

[28] BRUNO, Aníbal. *Direito Penal*. Rio de Janeiro/São Paulo: Companhia Editora Forense, 1966.

[29] PEREIRA, Rodrigo da Cunha. *Direito de Família* - uma abordagem psicanalítica. Belo Horizonte: Del Rey, 1997, p. 103.

[30] PETROCELLI, Biagio. *Principi di Diritto Penale*. Nápoles, Itália: Cedej, 1955, p. 221.

Carrara[31] acentua que o delito é, enquanto "infração da lei do Estado, promulgada para proteger a segurança dos cidadãos, resultante de um ato externo do homem, positivo ou negativo, moralmente imputável e politicamente danoso". Essa afirmação contém, em embrião, todos os elementos do atual conceito jurídico de crime. Embora desse especial relevo à infração da lei, que é a nota da *antijuridicidade*, o grande mestre italiano aponta os demais requisitos da moderna conceituação, isto é, o *fato humano* - externado através de uma ação positiva ou negativa (ação ou omissão), e a *culpabilidade* - reconhecida na expressão "moralmente imputável".

Coube à doutrina alemã a primazia na elaboração do conceito jurídico de crime que reúne, no estágio atual da ciência do Direito Penal, a preferência da maioria dos estudiosos.

As idéias de Binding, expressas na teoria da normas morais, vieram a ensejar os estudos de Ernst Von Beling,[32] que culminaram na formulação do conceito *delito-tipo* (*tatbestand*), em oposição ao entendimento "tipo de delito" que até então se lhe emprestara.

A doutrina do "delito-tipo", inicialmente exposta por Beling em trabalho publicado em 1906, sofreu algumas alterações, até conseguir estabilizar o conceito jurídico de crime como o *fato humano típico, ilícito e culpável*.

Alguns doutrinadores acrescentam também a *punibilidade* como requisito do crime. Hungria,[33] expoente maior dessa corrente no Brasil, assim afirmava: "*Sub specie juris*, e em sentido amplo, crime é o ilícito penal. Mais precisamente: é o fato (humano) típico (isto é, objetivamente correspondente ao descrito *in abstracto* pela lei), contrário ao direito, imputável a título de dolo ou culpa e a que a lei contrapõe a pena (em sentido estrito) como sanção específica. O fato típico e a culpabilidade constituem, respectivamente, o elemento material (exterior, objetivo) e o elemento moral (psíquico, subjetivo) do crime; a injuricidade é a sua própria essência, e a punibilidade, a sua nota particular".

Todavia, em que pese o entendimento de Hungria e de autores de renome como Florian,[34] Petrocelli[35] e Basileu Garcia,[36] pacificou-

---

[31] CARRARA, Francesco. *Programma del Curso de Derecho Penal*. Buenos Aires, Argentina: Depalma, 1944, vol. I, p. 21.

[32] BELING, Ernst Von. *Esquema de Derecho penal - La Doctrina del Delicto-Tipo*. Trad. Sebastián Soler. Buenos Aires, Argentina: Depalma, 1944.

[33] HUNGRIA, Nelson. *Comentários ao Código Penal*. Rio de Janeiro: Revista Forense, 1949, vol. I, p. 187.

[34] FLORIAN, Eugenio. *Lezioni sulla Parte Generale del Diritto Penale*. Turim, Itália: Lib. S.C., 1932, p. 255.

[35] PETROCELLI, Biagio. Op. cit. p. 217.

[36] GARCIA, Basileu. *Instituições de Direito Penal*. São Paulo: Max Limonad, 1951, tomo I, p. 197.

se o entendimento de que a punibilidade não pode ser considerada elemento constitutivo do crime, e sim sua conseqüência.

Manoel Pedro Pimentel,[37] afirmando que a punibilidade não é elemento do crime, de forma irretorquível sustenta que: "se elemento do crime é aquilo que o constitui, e sem o que o delito se descaracteriza, não vemos como se possa sustentar opinião contrária ao nosso entendimento quando se enfrenta a hipótese da extinção da punibilidade, por exemplo, pela prescrição. É indubitável que o fato não é punível desde que prescrito o direito de puni-lo. No entanto, continua a ser considerado crime".

É conveniente, neste momento, proceder-se a alguns breves comentários acerca da tipicidade e da ilicitude (antijuridicidade).

Beling[38] assim a definia: "A comum prática jurídico-penal havia estendido de tal modo o poder judicial que o juiz podia castigar todo o ilícito culpável. Toda ação antijurídica e culpável já era, por isso, uma ação punível. Contra isso se insurgiu o Liberalismo nascente do século XVIII, afirmando a insegurança jurídica que tal sistema importava: submeter à pena toda ação que lhe desagradasse, pretendendo-a antijurídica, e podia impor arbitrariamente uma pena grave ou leve para toda ação estimada como punível. Seguindo este movimento liberal, a legislação posterior estreitou o conceito de ação jurídica. Do domínio comum da ilicitude culpável foram recortados e extraídos determinados tipos delitivos (assassinato, furto, etc.). Para cada um desses tipos se previu uma pena concreta e precisamente determinada por ele; e assim ficaram como não puníveis certas formas de agir antijuridicamente que não correspondiam a nenhum desses tipos enumerados. Assim logrou expressão um valioso pensamento: o de que só certos modos de conduta antijurídica (os "típicos") são suficientemente relevantes para a intervenção da retribuição pública e que, além disso, devem ser todos colocados em uma firme escala de valores".

Estava assegurada a maior conquista da civilização - o princípio do *nullum crimen, nulla poena sine lege* - expressão de Feuerbach e reproduzida no artigo 5º, XXXIX, da Constituição Federal, que representa importante conquista de índole política, inscrita nas Constituições de todos os regimes democráticos e liberais.

A ilicitude, por sua vez, e segundo o magistério de Francisco de Assis Toledo,[39] é "a relação de antagonismo que se estabelece entre

---

[37] PIMENTEL, Manoel Pedro. *Crimes de mera conduta*. São Paulo: Revista dos Tribunais e Universidade de São Paulo, 1968, p. 20-21.

[38] BELING, Ernst Von. Op. cit. p. 36-37.

[39] TOLEDO, Francisco de Assis. *Princípios Básicos de Direito Penal*. São Paulo: Saraiva, 1990, p. 85-86.

uma conduta humana voluntária e o ordenamento jurídico, de sorte a causar lesão ou expor a perigo de lesão um bem jurídico tutelado".

Tipicidade e ilicitude, portanto, são elementos inseparáveis e indispensáveis do conceito de crime. Somente haverá crime se o fato humano cometido for típico. Contudo, não basta ser ele típico, é necessário que seja igualmente antijurídico, ou seja, repudiado pela ordem jurídica, sem que existam razões que o justifiquem, como as encontradas, no artigo 23 do Código Penal.[40]

2.1. A estrutura do delito

Antes de passar-se à análise dos crimes próprios da mulher, deve-se compreender o conceito mais debatido da teoria do delito, a culpabilidade, uma vez que ela constitui seu ponto nevrálgico, e seu entendimento impõe-se para o desdobramento das questões que serão enfrentadas oportunamente.

Para tanto, mister percorrerem-se as duas correntes que explicam a estrutura do delito: culpabilidade como requisito ou elemento do crime, e culpabilidade como pressuposto da pena. Filiam-se à primeira corrente, por exemplo, Aníbal Bruno, Cezar Roberto Bitencourt, Eugenio Raúl Zaffaroni e José Henrique Pierangeli. E, à segunda, dentre outros, Damásio Evangelista de Jesus, Julio Fabbrini Mirabete e Fernando Capez.

Segundo o entendimento dominante na doutrina brasileira, o crime é o *fato típico e ilícito, sendo a culpabilidade pressuposto da pena.* O crime existiria com a presença de apenas dois requisitos: a tipicidade e a ilicitude. A culpabilidade seria o elo de ligação que ligaria o agente à pena. Assim sendo, a culpabilidade consistiria apenas na resposta penal àquele que cometeu um fato típico e ilícito e por ele podia ser censurado, já que capaz de entendimento e determinação.

Damásio,[41] filiado à corrente doutrinária que defende a culpabilidade como pressuposto da pena, sustenta ser "necessário que, além de típico, seja o fato antijurídico, *i.e*, que não ocorra qualquer causa excludente da ilicitude. Não é suficiente, porém, que o fato seja típico e ilícito. Suponha-se que o agente cometa um homicídio, não se encontrando acobertado por qualquer justificativa. Basta acrescentar que o agente é portador de doença mental, que lhe tenha retirado a capacidade de compreensão do caráter ilícito do fato no

---

[40] Art. 23 do Código Penal: "Não há crime quando o agente pratica o fato:
I - em estado de necessidade;
II - em legítima defesa;
III- em estrito cumprimento do dever legal ou no exercício regular de direito."
[41] JESUS, Damásio Evangelista de. *Direito penal*. São Paulo: Saraiva, 1997, p. 455.

momento de sua prática. Nos termos do que dispõe o artigo 26, *caput*, do CP, ele é isento de pena. Faltou-lhe a culpabilidade, que é o pressuposto da imposição da pena".

No mesmo sentido, é de Fernando Capez[42] a assertiva de que, "na culpabilidade, afere-se apenas se o agente deve ou não responder pelo crime cometido. Em hipótese alguma será possível a exclusão do dolo e da culpa ou da ilicitude nessa fase, uma vez que tais elementos já foram analisados nas precedentes. Por essa razão, culpabilidade nada tem a ver com o crime, não podendo ser qualificada como seu elemento".

Em sentido contrário, entendendo ser a culpabilidade elemento do delito, Bitencourt[43] afirma que o crime é constituído do *fato típico, ilícito e culpável* e que todos esses elementos compõem a estrutura do delito, sendo indispensáveis ao seu próprio conceito e à sua própria teoria.

O crime é, portanto, o fato típico, ilícito e culpável. Como reforço a essa afirmativa, citam-se os ensinamentos de Cerezo Mir[44] para quem "os diferentes elementos do crime estão numa relação lógica necessária. Somente uma ação ou omissão pode ser típica, só uma ação ou omissão típica pode ser antijurídica e só uma ação ou omissão antijurídica pode ser culpável".

Caso se pudesse admitir apenas a culpabilidade como pressuposto da pena - pergunta Bitencourt,[45] a tipicidade a a ilicitude também não o seriam? "Na medida em que a sanção penal é conseqüência jurídica do crime, este, com todos os seus elementos é pressuposto daquela. Assim, não somente a culpabilidade, mas igualmente a tipicidade e a antijuridicidade são pressupostos da pena, que é a sua conseqüência".

O crime é, assim, "o conjunto de todos os requisitos gerais indispensáveis para que possa ser aplicável a sanção penal. A análise revela que tais requisitos são a ação típica, antijurídica e culpável".

A culpabilidade, então, não é o fundamento da pena, e sim o seu limite, já que a resposta estatal não pode ser imposta além ou aquém da medida necessária e prevista dada a importância do bem jurídico tutelado.

Ao falar-se em culpabilidade, geralmente emprega-se a expressão *juízo de censura* para designar-se *juízo de culpabilidade*, cujo significado se refere à ação reprovável, censurável do agente perante a

---

[42] CAPEZ, Fernando. *Curso de Direito Penal*. São Paulo: Saraiva, 2000, p. 250.

[43] BITENCOURT, Cezar Roberto. *Manual de Direito Penal*. São Paulo: Saraiva, 2000, p. 277.

[44] MIR, José Cerezo. *Curso de Derecho Penal español*. Madrid, España: Tecnos, 1985, p. 267.

[45] BITENCOURT, Cezar Roberto. Op. cit. p. 274.

ordem jurídica. Certamente que essa avaliação de censura é feita pelo juiz, aplicador da lei, mas em momento algum se pode afirmar que sua existência estaria estritamente na cabeça do julgador. Bitencourt,[46] citando Rosenfeld, afirma que "a culpabilidade de um homem não pode residir na cabeça dos outros".

Jiménes de Asúa[47] assegura que "o fato concreto psicológico sobre o qual se inicia o juízo de culpabilidade é do autor e está - confirmando a afirmação de Rosenfeld - em sua própria cabeça, mas a valorização para a reprovação quem a faz é um juiz".

Se esse *juízo de censura*, indispensável à aferição da culpabilidade, refere-se ao autor do fato e não ao fato praticado, deve-se abordar, ainda que brevemente, o significado das expressões *culpabilidade de ato* e *culpabilidade de autor*. Por culpabilidade de ato, segundo Zaffaroni e Pierangeli,[48] "o que se reprova ao homem é a sua ação, na medida da possibilidade de autodeterminação que teve no caso concreto. É, em síntese, a reprovabilidade do que o homem fez". Quando se reprova ao homem a sua personalidade, diz-se culpabilidade de autor, ou seja, reprova-se o que ele é, e não o que fez.

Luiz Flávio Gomes,[49] citando Wessels, refere que "o ponto de referência para o juízo de culpabilidade é constituído pela ação do injusto. A culpabilidade do Direito Penal é culpabilidade do fato isolado, não culpabilidade de caráter".

Deve-se ter presente que o Direito Penal Pátrio é um direito penal de ato, e não direito penal com culpabilidade de autor, e aí não se pode sustentar, salvo melhor juízo, ser a culpabilidade apenas pressuposto da pena, e não requisito do crime.

Com a reforma penal de 1984 e a conseqüente adoção da teoria limitada da culpabilidade, esta passou a possuir os seguintes elementos: imputabilidade, potencial conhecimento da ilicitude e exigibilidade de conduta diversa.

O Código Penal brasileiro não define a imputabilidade, portanto, é através do conceito de inimputabilidade, que se busca o seu entendimento.

Imputável é o agente que, ao tempo da ação ou omissão, era inteiramente capaz de entender o caráter ilícito do fato e de determinar-se de acordo com esse entendimento.

---

[46] BITENCOURT, Cezar Roberto. Op. cit. p. 275.

[47] ASÚA, Luis Jiménes de. *Tratado de Derecho Penal*. Trad. José Arturo Rodriguez Muñoz. Revista de Direito Privado, 1935, t. 1, p. 12.

[48] ZAFARONI, Eugenio Raúl e PIERANGELI, José Henrique. *Manual de Direito Penal Brasileiro - Parte Geral*. São Paulo: Editora Revista dos Tribunais, 1999, p. 608.

[49] GOMES, Luiz Flávio. *Erro de tipo, erro de proibição*. São Paulo: Revista dos Tribunais, 1996, p. 165.

A imputabilidade designa, então, segundo Zaffaroni e Pierangeli,[50] "a capacidade psíquica de ser sujeito de reprovação, composta da capacidade de compreender a antijuridicidade da conduta e de adequá-la de acordo com esta compreensão".

A inimputabilidade, por sua vez, surge quando o agente for portador de doença mental ou desenvolvimento mental incompleto ou retardado, condição essa existente ao tempo da ação ou omissão. Sob o título de "doença mental" estão abrangidos todos os casos de enfermidades mentais propriamente ditas, refere José Frederico Marques,[51] como as doenças que afetam as funções intelectuais ou volitivas e aquelas que se traduzem em manifestações orgânicas, como as de caráter funcional ou psíquico.

Apresenta-se a inimputabilidade quando o agente for portador de doença mental ou não possuir dezoito anos completos à época do fato, auferida tal condição através do critério *biopsicológico*. Assim, a responsabilidade do agente só é excluída se em razão de enfermidade ou retardamento mental era o mesmo, no momento da ação ou omissão, incapaz de entendimento ético-jurídico e autodeterminação.

Muitas vezes usam-se as palavras *imputação* e *imputabilidade* como sinônimos, quando na realidade não o são. Carrara,[52] de forma magnífica, lega o ensinamento de que, "se imputação é a atribuição de alguma coisa a alguém, coisa esta já acontecida, imputabilidade é o juízo sobre um fato previsto como possível, mas ainda não ocorrido. Imputação, portanto, é uma idéia, um conceito; imputabilidade, uma realidade".

Apesar da confusão que envolve os institutos da imputabilidade e da responsabilidade, deve-se ter presente que o primeiro refere-se às condições de normalidade e maturidade psíquicas, e o segundo, à capacidade de culpabilidade daquele que, possuindo saúde mental e maturidade física e psíquica, pode responder por seus atos perante o Estado-Juiz. A imputabilidade, portanto, é um pressuposto da responsabilidade penal.

No que se refere à mulher delinqüente, as psicoses, como a paralisia geral progressiva, a demência senil, a sífilis cerebral, a esquizofrenia, a loucura circular, a histeria, a paranóia, a perversidade instintiva, a neuropsicose constitucional, dentre outras, tanto preexistentes quanto desencadeadas pelo fenômeno obstétrico, reti-

---

[50] ZAFFARONI, Eugenio Raúl e PIERANGELI, José Henrique. Op. cit. p. 626.

[51] MARQUES, José Frederico. *Tratado de Direito Penal*. São Paulo: Saraiva, 1965, p. 125.

[52] CARRARA, Francesco. *Programma...*Op. cit. p. 40.

ram-lhe a plena capacidade de entendimento ou determinação e a tornam inimputável sob a ótica penal.

Já os casos de semi-imputabilidade ou responsabilidade diminuída podem ser encontrados nas menores de dezoito anos, nas silvícolas não-adaptadas à civilização, nas oligofrênicas moderadas (nos seus graus de debilidade mental, imbecilidade e idiotia), nos casos de personalidade psicopática, por exemplo.

Por potencial conhecimento da ilicitude do fato, tem-se, segundo Capez,[53] "a exigência de saber-se se o sujeito, ao praticar o crime, tinha a possibilidade de saber que fazia algo errado ou injusto, de acordo com o meio social que o cerca, as tradições e os costumes locais, sua formação cultural, seu nível intelectual, sua resistência emocional e psíquica e inúmeros outros fatores".

A exigibilidade de conduta diversa traduz-se na expectativa social de um comportamento diferente daquele que foi adotado pelo agente. Para Capez,[54] "somente haverá exigibilidade de conduta diversa, quando a coletividade podia esperar do sujeito que tivesse atuado de outra forma".

Entende Bitencourt[55] que um dos elementos mais importantes da reprovabilidade vem a ser "exatamente essa possibilidade concreta que tem o autor de determinar-se conforme o sentido em favor da conduta jurídica". Citando Vidaurri Aréchiga,[56] o Doutrinador[57] refere-se ao fato de o autor "dever e poder adotar uma resolução de vontade de acordo com o ordenamento jurídico e não a resolução de vontade antijurídica".

2.2. Co-culpabilidade - responsabilidade do estado

A sociedade é formada por uma reunião de indivíduos, que agem, interagem e cooperam uns com os outros em busca do bem comum, sujeitos a regras morais e, principalmente, a regras escritas, ditadas pelo Estado, não se pode desconhecer que a realidade apresenta-se, muitas vezes, de forma diferente da idealizada.

As oportunidades que a sociedade oferece aos que nela vivem - o acesso à cultura, à saúde, ao emprego, à plena cidadania preconizada na Magna Carta e elencada exaustivamente em seu art. 5º - não são igualitárias, justas ou equanimemente distribuídas.

---

[53] CAPEZ, Fernando. Op. cit. p. 273.

[54] CAPEZ, Fernando. Op. cit. p. 275.

[55] BITENCOURT, Cezar Roberto. Op. cit. p. 298-299.

[56] ARÉCHIGA, Manuel Vidaurri. *La culpabilidad en la doctrina juridicopenal española*. (tese de doutorado - inédita). Sevilla, 1989, p. 82. Apud BITENCOURT, Cezar Roberto. *Manual...*, p. 274-275.

[57] BITENCOURT, Cezar Roberto. *Manual...* Op. cit. p. 274-175.

A dualidade latente nos crimes de aborto e infanticídio, é o fato de ser neles a mulher, simultaneamente, autora e vítima do delito. Autora, porque realiza a conduta típica, ilícita e culpável prevista na lei penal. Vítima, porque o Estado deixa de cumprir em relação a ela com uma de suas atribuições primordiais, a de garantidor de direitos, fazendo surgir, assim, a co-culpabilidade estatal.

As desigualdades sociais, entretanto, tão acentuadas no Brasil, fizeram com que os constituintes de 1988 inserissem na Constituição Federal a expressão "Estado Democrático de Direito", e, em decorrência, o Estado, antes um tão-somente *garantidor* de direitos, passa a ser um *devedor* de direitos.

Ampliam-se os direitos de segunda geração, surgidos em 1934, e os direitos à igualdade material, eminentemente sociais, ocupam papel de destaque em todos os estudos sobre a forma de efetivar-se a igualdade entre os indivíduos, antes assegurada apenas formalmente.

Ingo Sarlet,[58] trabalhando a eficácia dos direitos fundamentais do ser humano, elenca cinco grandes princípios que lhe devem ser assegurados: vida, liberdade, igualdade, segurança e propriedade.

O direito à vida, à propriedade, à liberdade, à segurança, sem dúvida inerentes à própria condição humana, pouco são questionados, sendo reconhecidos tais direitos como imprescindíveis. O grande foco de discussão sempre foi (e continua sendo) o direito à igualdade.

Que igualdade é esta que a Constituição Federal preconiza? Qual o seu âmbito de incidência e a que especificamente se refere? Como "igualar" homem e mulher, inegavelmente tão diferentes entre si?

A resposta a essas questões conduzem às seguintes afirmativas: a igualdade constitucionalmente estabelecida é a *igualdade na lei* (e não a igualdade *perante* a lei). Seu âmbito de incidência e sua destinação visa ao homem e à mulher, que devem ter seus direitos protegidos e os mesmos benefícios assegurados *desde o momento em que a lei é elaborada*. Não se busca "igualar" os dois sexos (já que não podem homem e mulher ser "igualados" no sentido biológico), e sim reconhecer as diferenças entre eles enquanto valores relevantes.

Mas o plano teórico é sempre mais coerente e aplicável do que o prático. Amplos direitos, pouca aplicabilidade real. Surge então a co-culpabilidade do Estado,[59] que nada mais é do que a responsabilidade que lhe surge enquanto devedor de direitos.

---

[58] SARLET, Ingo Wolfang. *A Eficácia dos Direitos Fundamentais*. Porto Alegre: Livraria do Advogado, 1998.

[59] As reflexões acerca da co-culpabilidade do Estado são referências retiradas de Bruno Heringer Júnior, em trabalho inédito intitulado *Co-Culpabilidade: A Responsabilidade da Sociedade pelo Injusto*, apresentado no Curso de Mestrado em Direito na PUCRS.

Como já se afirmou em linhas anteriores, a conduta típica penal pode ser realizada através de ação ou omissão. Não se pode deixar de ver a omissão do Estado em propiciar à mulher os meios necessários para que possa ela, em plena igualdade de condições com o homem, gerir os meios para a sua mantença, através de emprego e educação.

Os rumos e as configurações da vida de uma mulher são geralmente bloqueados pela responsabilidade perante os outros. A responsabilidade pode ser (e as mais das vezes é mesmo) uma escolha própria, mas é também, em larga medida, forçada, esperada das mulheres e insuficientemente valorizada. Dahl[60] acredita que "simultaneamente exige-se à mulher que trabalhe fora de casa e participe na vida política mais ou menos em pé de igualdade com o homem. Numa perspectiva estrutural, este conjunto de expectativas - as relacionadas com o trabalho de casa aliadas ao trabalho fora de casa e à igualdade de posição na vida política - constituem, na realidade, exigências impossíveis. As mulheres nunca poderão participar do trabalho pago ou na vida pública em pé de igualdade com os homens e nunca terão as mesmas possibilidades reais que eles, uma vez que devem dispensar muita de sua energia à maternidade (gravidez e parto) e ao tratamento dos filhos (amamentação e cuidados infantis)".

Diante desta realidade, poucas mulheres aproximam-se de um ponto de igualdade com os homens e, mesmo neste caso, trata-se, quase sempre, de uma "igualdade aproximada", haja vista as flagrantes desigualdades de oportunidades na educação e no mercado de trabalho.

As ausências periódicas das mulheres e sua menor participação no trabalho fora de casa e na vida pública são sempre usadas contra elas, é a assertiva de Elster.[61] O dever da sociedade consiste, segundo o Autor, "na tarefa de organizar uma distribuição tão eqüitativa quanto possível, com distribuição de recursos e possibilidades em vista do bem-estar geral".

A mulher deve ter a possibilidade plena de traçar o plano de sua vida, a decisão própria sobre a gravidez e a maternidade - direitos essenciais - mas, na esmagadora maioria dos casos, a gravidez e a maternidade resultam do acaso, e por isso pode-se dizer que a criminalidade feminina manifestada no aborto provocado ou consentido e no infanticídio é, na quase totalidade das vezes, fruto da

---

[60] DAHL, Tove Stang. *O Direito das Mulheres*...Op. cit. p. 140-141.

[61] ELSTER, Jon. *Self-Realization in Work and politics*. Discurso preparado para a conferência "Marxism e Democracy", Universidade de Chicago, março de 1985.

pobreza, da marginalidade, do desamparo, do preconceito, do temor pelas dificuldades ainda maiores a enfrentar, agora não mais como um indivíduo só, e sim com o fruto de suas entranhas.

Como permitir-se amar, acalentar e criar o filho se, assim atesta a jurisprudência majoritária de nossos Tribunais, a gestante e a infanticida são mulheres de baixo estrato social e econômico? A quem recorrer, se desde a pré-puberdade estão por sua conta e risco? Com quem dividir a alegria e os temores de uma vida que se inicia, se foram abandonadas por família, companheiros e pelo Estado?

Somente fechando os olhos à cruel realidade social do Brasil pode-se deixar de ver a co-autoria do Estado nessas modalidades de condutas delituosas.

Não basta descriminalizar essas condutas, mediante uma quebra total de paradigmas. Não se acredita que seja essa a melhor solução. Trata-se de obter a efetivação concreta dos direitos da mulher, com a real participação do Estado e da sociedade na busca pela igualdade, pois, somente assim, poder-se-ão julgá-las e aplicar-lhes uma pena sem que a sociedade se sinta igualmente julgada e penalizada.

3. MULHER E CRIMINALIDADE

O tema, apesar de não constituir nenhuma novidade, envolve e apaixona o pensador do Direito.

As pesquisas reconhecem uma menor incidência de crimes praticados por mulheres. Como a agressividade, a competitividade e o extravasamento da violência física sempre foram atributos outorgados aos meninos e negados às meninas, talvez esteja aí a explicação para o fato de a delinqüência feminina ser significativamente menor do que a masculina.

Mas, a mulher - igualmente - mata, rouba, trafica, recepta. A explicação dos motivos que a levam ao cometimento de crimes comuns certamente não é muito diferente daquela que leva o homem a cometê-los. Quando, porém, uma mulher provoca em si mesma o abortamento, ou quando mata o filho que está nascendo ou que acabou de nascer, qual o móvel que norteia sua conduta?

Empreender essa análise e desvendar esse universo de emoções significa adentrar nos delitos de auto-aborto, aborto consentido e infanticídio e levantar o véu que encobre o sentimento feminino mais recôndito e profundo.

Se *falar de direito penal é falar, de alguma forma, de violência*, como acertadamente assegura Bitencourt,[62] também se pode afirmar que

---
[62] BITENCOURT, Cezar Roberto. *Manual*...Op. cit. p. 32.

falar de Direito Penal é falar de emoção. A violência e a emoção, que impregnam o delito, permitem que esse delito se apresente em toda a sua magnitude.

3.1. Aborto e infanticídio: a problemática jurídico-social do delito

É na sexualidade feminina, mítica e reprimida, fecunda e castigada, que opera, com força incomum, o discurso jurídico, discurso de poder, de subjugação, de ocultamento do real.

Simone de Beauvoir,[63] examinando a condição feminina, escreve: "fundamentalmente o papel dos dois gametas é idêntico: criam juntos um ser vivo em que ambos se perdem e se superam. Mas, nos fenômenos secundários e superficiais que condicionam a fecundação, é pelo elemento masculino que se opera a variação de situação necessária ao novo desabrochar da vida; é pelo elemento feminino que esse desabrochar não se fixa num organismo estável".

Óvulo e espermatozóide - um binômio inseparável para a transmissão da vida. Um fenômeno de poesia, alegria, ou de dor, desamparo, desespero. Tudo um resumo de gravidez enquanto dádiva, ou gravidez enquanto ônus exclusivo da mulher. Na esteira da gravidez surgem duas das grandes práticas delituosas femininas: o aborto e o infanticídio.

A criminalização do aborto, para Baratta,[64] serve para representar, simbolicamente, o papel conferido à mulher na esfera privada da reprodução natural. Depois, para assegurar o domínio patriarcal sobre ela, através de sua função na reprodução, que nada mais é do que conferir-lhe uma posição subordinada no regime de transmissão da propriedade e na formação dos patrimônios.

É inegável que as transformações sociais caminham mais rapidamente que os diplomas legais. As clínicas clandestinas que realizam abortamentos proliferam com o conhecimento da população e das autoridades. Já existe, no mercado farmacêutico, a chamada "pílula do dia seguinte", abortiva do óvulo fecundado e já nidado, ou seja, devidamente alojado no útero materno no que constitui o início da gravidez.

O sistema penal é levado ao descrédito no momento em que convivem tão antagônicas realidades: de um lado, leis altamente repressivas; de outro, a aceitação tácita do aborto por parte da população e do Estado.

---

[63] BEAUVOIR, Simone. *O Segundo Sexo*. Op. cit. p. 34.

[64] BARATTA, Alessandro. Op. cit. p. 49.

No que tange ao infanticídio, delito rico em peculiaridades e vasto campo para a análise da condição e da delinqüência feminina, a própria história da humanidade relata que, nas sociedades antigas, estritamente patriarcais, o pai podia condenar à morte, já ao nascerem, os filhos ou as filhas, embora no primeiro caso, a sociedade restringisse na maioria das vezes, o seu poder. Todo recém-nascido masculino normalmente constituído tinha o direito de viver. O mesmo não acontecendo com as meninas, pois o costume de abandoná-las era muito comum.

É de Beauvoir[65] a referência a que "entre os árabes, havia infanticídios em massa. Mal nasciam, eram as meninas jogadas em fossos. Aceitar a criança do sexo feminino era um ato de livre generosidade por parte do pai. A mulher só entra nessas sociedades por uma espécie de graça que lhe é outorgada, e não por legitimidade como o homem".

O fulcro do infanticídio, sem dúvida, encontra-se na expressão *influência do estado puerperal*, e não no fato de ser a mãe a agir dolosamente sobre o nascente ou o nascido com a finalidade de matá-lo, pois não é incomum (apesar de raro), encontrar-se homicídios praticados pela mãe contra o filho de poucos ou muitos anos.

A *influência do estado puerperal* é condicionante do tipo, e sobre ela Acosta[66] acentua que "situações biológicas normais parecem adquirir outra dimensão e merecem um tratamento de transtornos mentais, equiparáveis a incapacidades psíquicas ou estados patológicos transitórios. As mudanças no homem não têm sido objeto de tão profundas investigações e, menos ainda, de uma reflexão popularizada, onde se acredita que, pelo contrário, são invulneráveis a qualquer mudança".

Tentar-se-á, então, percorrer o caminho que conduz à compreensão do fenômeno da parturição, do puerpério e das alterações biopsicológicas e transitórias que o direito penal aceita como capazes de influenciar a mulher que acabou de dar à luz, com o intuito de constatar-se que o agir da infanticida se encontra impregnado pela emoção.

Para Lima,[67] o termo puerpério, em linguagem médica, significa "período que se segue ao parto até que os órgãos genitais e o estado

---

[65] BEAUVOIR, Simone. Op. cit. p. 103.

[66] ACOSTA, Gladys Vargas. *La Mujer en los Codigos Penales de America Latina y el Caribe hispano.* In: Conferência Panamericana de La Condición Legal de la Mujer. 1977, Washington, D.C. *Anais*, vol. 2, Washington D.C. 1977.

[67] LIMA, Agostinho J. de Souza. *Tratado de medicina Legal.* Rio de Janeiro: Livraria Editora Leite Ribeiro, 1924, p. 673.

geral da mulher retornem à normalidade, bem como o conjunto de fenômenos ocorrentes nesse período".

Conclui-se, então, que o puerpério constitui-se em alterações físicas e mentais que acometem *todas* as mulheres que enfrentam o processo do parto. Esse período de acomodação do corpo e da mente femininos popularizou-se através da palavra *quarentena*, largamente propalada pela crendice popular. Não deixa de assistir razão aos leigos. O legista Leonídio Ribeiro[68] aponta que o puerpério dura de cinco a oito semanas e termina com a volta da menstruação.

É justamente no período que compreende o início da parturição e o retorno da mestruação que ocorrem os transtornos fisiopsíquicos consistentes em abalo emocional que libera os impulsos recônditos na mente feminina, num verdadeiro colapso do senso moral, constituindo o intermédio entre a loucura total, a alteração parcial e a normalidade.

Não denota alienação moral nem semi-alienação, mas são casos regulados pelo artigo 26, *caput*, e seu parágrafo único,[69] que trata da inimputabilidade e da semi-imputabilidade, acarretando, respectivamente, a isenção ou a redução da pena. No primeiro caso, sempre medida de segurança para tratamento e recuperação; no segundo, a aplicação escorreita do sistema vicariante, pena ou medida de segurança.

A existência do infanticídio enquanto delito autônomo encontra forte oposição por parte da doutrina. Maggiore[70] opina no sentido que, "em geral, à parte o interesse demográfico, acreditamos que a extrema imoralidade e abjeção de quem elimina a própria prole não podem ser moralizadas por motivo algum, mesmo a honra. Há qualquer coisa mais forte do que a honra, e é o instinto da maternidade, o afeto - obrigatório - para com o próprio filho. Quem vence tal instinto e descumpre tal dever é um ser que perdeu o sentimento humanitário. Justamente, os antigos consideravam o infanticídio como homicídio agravado pelos vínculos de sangue e freqüentemente pela premeditação".

---

[68] RIBEIRO, Leonídio. O papel do Médico-Legista na Reforma do Código Penal. In: *Ciclo de Conferências sobre o Anteprojeto do Código penal de Autoria do Ministro Nélson Hungria*. São Paulo: Imprensa Oficial do estado de São Paulo, 1965, p. 308.

[69] Art. 26: "É isento de pena o agente que, por doença mental ou desenvolvimento mental incompleto ou retardado era, ao tempo da ação ou omissão, inteiramente incapaz de entender o caráter ilícito do fato ou de determinar-se de acordo com esse entendimento.
Parágrafo único: A pena pode ser reduzida de um a dois terços, se o agente, em virtude de perturbação da saúde mental ou por desenvolvimento mental incompleto ou retardado não era inteiramente capaz de entender o caráter ilícito do fato ou de determinar-se de acordo com esse entendimento".

[70] MAGGIORE, Giuseppe. *Derecho Penal*. Trad. José Ortega Torres. Bogotá: Temis, 1956, vol. V, p. 254.

Sustentam o posicionamento de sua inclusão como causa especial de diminuição de pena ou como privilégio no delito de homicídio, Dirceu de Mello,[71] Alfredo Farhat[72] e Luiz Antônio Silva de Luna Dias.[73]

O delito de infanticídio, em que pesem as divergências quanto à respectiva constituição, é resultado de um problema social. Raramente se constata sua ocorrência quando a mulher se encontra amparada por uma situação socioeconômica favorável ou quando presentes a família, o marido ou companheiro.

A lei penal, buscando fundamentar o privilégio de uma pena mais benigna para a infanticida, acatou o critério fisiopsíquico, que abandona qualquer consideração acerca da legitimidade da gravidez e tem o condão de atenuar a culpabilidade.

A abstração do motivo de honra, adotado por outras legislações, para Luiz Régis Prado,[74] "deve-se a diversas razões, dentre as quais pode ser apontada a inconveniência em se acentuar a *causa honoris* em detrimento de motivos outros que também poderiam ser eventualmente sustentados como dignos de tratamento mais benévolo (v.g. dificuldades econômicas, o excesso de prole). Demais disso, a proteção da vida humana sobrepuja a tutela conferida à honra".

O antecedente psicológico que conduz ao delito (o motivo de honra) é sempre examinado pelo julgador, em que pese a lei haver abandonado esse critério. Todas as causas - psicológicas e fisiológicas - devem ser globalmente analisadas para reconhecer-se o infanticídio.

O Anteprojeto nº 232, de 24 de março de 1998, para alteração do Código Penal, mantém o delito de infanticídio no artigo 123,[75] mas não avança no sentido de adequá-lo aos novos tempos. Retira a expressão *influência do estado puerperal* e acrescenta *sob a influência perturbadora do parto*. Modifica a pena, mantendo o mínimo cominado (atualmente dois anos), e diminuindo a máxima (de seis para quatro anos).

A problemática que envolve esse delito, com tantas e significativas repercussões na vida da mulher, tende a manter-se caso a atual

---

[71] MELLO, Dirceu de. *Infanticídio. Algumas questões suscitadas por toda uma existência (do delito) de discrepâncias e contrastes*. Revista dos Tribunais, São Paulo: RT 1973, v. 455, p. 296-297.

[72] FARHAT, Alfredo. *Do infanticídio*. São Paulo, 1970, p. 162.

[73] LUNA DIAS, Luiz Antônio Silva de. *Obsolescência do infanticídio como crime autônomo*. Revista Forense, 1998, v. 344, p. 180-181.

[74] PRADO, Luiz Régis. *Curso de Direito Penal Brasileiro*. São Paulo: Revista dos Tribunais, 2000, p. 73.

[75] Art. 123 da portaria nº 232, de 24 de março de 1998: "matar o próprio filho, durante ou logo após o parto, sob a influência perturbadora deste.
Pena - detenção, de dois a quatro anos".

Portaria nº 232/98 venha a transformar-se em lei. No momento em que se fala em direitos de terceira, quarta e até quinta geração, a mulher segue aguardando a efetivação de seus direitos já assegurados - os que lhes garantem a igualdade material, forma única de permitir-lhe o real acesso à sociedade. Com eles, sem dúvida, a delinqüência feminina, nas modalidades de aborto e infanticídio, será sensivelmente reduzida.

2.2. Leis e cultura: um flagrante descompasso

As mudanças culturais caminham a passo gigantesco. Dia após dia novas e antigas formas de comportamento tornam-se visíveis e aceitas pelo grupo social.

O que até há bem pouco tempo era considerado uma afronta à família e à comunidade, v.g., uniões homossexuais, gravidez fora do casamento, divórcio, hoje são fatos correntes e, na maioria das vezes, passam despercebidos na vida das cidades.

Todavia, em que pese a rapidez com que se operem as mudanças sociais, a grande maioria das leis continuam a tutelar situações jurídicas ultrapassadas e eivadas de preconceito.

O Estatuto Penal Brasileiro, em sua Parte Especial, é um claro exemplo do anacronismo de uma lei datada de 1940. Alguns tipos penais incriminadores não fazem mais sentido, como a sedução e o rapto consensual. Outros, como tráfico de mulheres, rapto violento ou mediante fraude, estabelecem uma desigualdade entre os gêneros, totalmente incompatível com os dias atuais.

Encontra-se em tramitação, há mais de doze anos, o referido Anteprojeto para alteração do Código Penal. Certamente, quando de sua em sua entrada em vigor, já estará em descompasso com os costumes da sociedade.

A interferência do Estado deve ser mínima, preconiza o movimento humanitário e o garantismo penal, onde os princípios maiores de uma sociedade e esculpidos na Constituição Federal devem fixar o norte de um Direito Penal de amplas garantias e menores incidências de criminalizações de condutas.

Os operadores do Direito, por seu turno, almejam leis sucintas, de amplo espectro, passíveis de duração no tempo sem o risco de se tornarem obsoletas.

Os crimes próprios da mulher nas modalidades de aborto praticado ou consentido, e infanticídio, continuam penalizados no anteprojeto, apesar de as penas cominadas aos delitos serem mais brandas, talvez pelo reconhecimento, por parte do Estado de que, ao lado de seu direito de punir, existem direitos da mulher que ainda não lhe são assegurados ou facilitados.

CONCLUSÃO

Na verdade não se podem dissociar os crimes próprios da mulher do paradoxo da existência de uma violência simbólica, como ressalta Bourdieu,[76] "violência suave, insensível, invisível a suas próprias vítimas, que se exerce essencialmente pelas vias puramente simbólicas da comunicação ou do conhecimento, ou, mais precisamente, do desconhecimento, do reconhecimento ou, em última instância, do sentimento".

A violência a que se refere o Filósofo não é a força bruta e crua do delito em sua exteriorização, e sim aquela que resulta do discurso cultural e jurídico, repassado através dos tempos pelas grandes instituições que norteiam a vida em sociedade, ou seja, a família, fonte primária da construção do gênero; a Igreja, que com seus dogmas e mitos reforça a desigualdade entre os sexos; e o Estado, em alguns momentos, patriarcal com relação à mulher, e em muitos outros, não-garantidor dos direitos inalienáveis à igualdade material.

Conclui-se que o fundamento para a desigualdade repete-se de geração em geração, e as leis editadas apenas asseguram uma igualdade formal, que não se concretiza pela omissão do Estado em viabilizar a efetivação dos direitos de segunda geração - os direitos à igualdade material - forma única de acesso do sexo feminino à sociedade.

No universo do gênero e da sexualidade da mulher, conclui-se que aquele é resultante do discurso familiar e cultural, e esta voltada para a preservação dos papéis destinados ao gênero feminino - gestação e maternidade.

Viu-se a força com que os discursos culturais e jurídicos operam e condicionam os indivíduos dentro dos limites do que é tido como certo e valioso de acordo com as características anatômicas com que nasceram.

Foi imprescindível para a compreensão do tema a análise da estrutura do delito, tendo-se visto que é na culpabilidade que reside o ponto nevrálgico do conceito de crime. Enquanto a tipicidade e a ilicitude são unanimemente aceitas pela Doutrina, como requisitos para o crime, quanto à culpabilidade divergem os autores, inserindo-a ora como requisito do crime, ora apenas como pressuposto da pena.

---
[76] BOURDIEU, Pierre. Op. cit. p. 7.

Expuseram-se as linhas mestras das duas correntes: culpabilidade como pressuposto da pena e culpabilidade como elemento do crime. Uma tomada de posição fazia-se, então, imperativa e, de todo o exposto mister é reconhecer-se que o delito somente se aperfeiçoa, quando presente o tripé em que se sustenta, ou seja, tipicidade, ilicitude e culpabilidade. Somente uma ação humana típica pode ser ilícita e somente se típica e ilícita pode ser culpável.

Com a abordagem jurídico-social dos delitos de aborto e infanticídio, cabe a conclusão de que ambos são originários da desigualdade com que é tratado o indivíduo mulher, autora dos delitos, porque realiza a ação típica, ilícita e culpável prevista na lei penal, e vítima porque refém de uma cultura de desigualdade amplamente disseminada e aceita tanto pela sociedade quanto pelas leis.

Deve-se lutar pela chegada do tempo em que a afirmação de Dahl[77] - "até agora, os estudos sobre as mulheres têm sido, em grande medida, estudos da desgraça" - se torne uma pálida lembrança de tempos de desigualdades e injustiças sociais.

BIBLIOGRAFIA

ACOSTA, Gladys Vargas. *La mujer en los Codigos Penales de América Latina y el Caribe hispano*. In: CONFERENCIA PANAMERICANA "LA TRANSFORMACIÓN DE LA CONDICIÓN LEGAL DE LA MUJER". Washington, D.C, *Anais*, Washington, D.C. 1977, Vol. 2.

ARÉCHIGA, Manuel Vidaurri. *La culpabilidad en la doctrina juridicopenal española* (tese de doutorado - inédita). Apud BITENCOURT, Cezar Roberto. *Manual de Direito Penal*. São Paulo: Saraiva, 2000.

ASÚA, Luis Jiménes de. *Tratado de Derecho Penal*. Trad. José Arturo Rodriguez Muñoz. Revista de Direito privado, 1935, t. 1.

BARATTA, Alessandro. *O Paradigma do Gênero*. Org. Carmen Hein de Campos. Porto Alegre: Sulina, 1999.

BEAUVOIR, Simone. *O Segundo Sexo - Fatos e Mitos*. Rio de Janeiro: Nova Fronteira, 1980.

BOURDIEU, Pierre. *A dominação masculina*. Trad. Maria Helena Kühner. Rio de Janeiro: Bertrand Brasil, 1999.

BELING, Ernst Von. *Esquema de Derecho Penal - La Doctrina del Delicto-Tipo*. Trad. Sebastián Soler. Buenos Aires, Argentina: Depalma, 1944.

BITENCOURT, Cezar Roberto. *Manual de Direito Penal*. São Paulo: Saraiva, 2000.

BRUNO, Aníbal. *Direito Penal*. Rio de Janeiro/São Paulo: Conpanhia Editora Forense, 1966.

CAPEZ, Fernando. *Curso de Direito Penal*. São Paulo: Saraiva, 2000.

CARRARA, Francesco. *Programa del Curso de Derecho Penal*. Buenos Aires, Argentina: Depalma, 1944.

DAHL, Tove Stang. *O Direito das Mulheres - uma introdução à teoria do direito feminista*. Lisboa, Portugal: Fundação Calouste Gulbenkian, 1993.

ELSER, Jon. *Self-Realization in Work and Politcs*. Discurso preparado para a conferência "Marxism e Democracy", Universidade de Chicago, março de 1985.

FARHAT, Alfredo. *Do infanticídio*. São Paulo: s/e.

FERNANDES, Paulo Sérgio Leite. *Aborto e Infanticídio*. São Paulo: Sugestões Literárias, 1972.

---

[77] DAHL, Tove Stang. Op. cit. p. 20.

FERRAJOLI, Luigi. *Derecho y Razón: teoria del garantismo penal*. Madrid: Editorial Trota, 1997.

FOUCAULT, Michel. *História da Sexualidade* - A Vontade de Saber. Trad. Maria Thereza da Costa Albuquerque e J. A Guilhon de Albuquerque. Rio de Janeiro: Graal, 1997.

FLORIAN, Eugenio. *Lezioni sulla Parte Generale del Diritto Penale*. Turim, Itália: Lib. Sc., 1932.

FRAGOSO, Heleno Cláudio. *Lições de Direito Penal*. Rio de Janeiro: Forense, 1990.

FRANCO, Alberto Silva. *Código Penal e sua Interpretação Jurisprudencial*. São Paulo: Revista dos Tribunais, 1993.

FREUD, Sigmund. *Publicações Pré-Psicanalíticas e Esboços Inéditos*. Rio de Janeiro: Standard Brasileira das Obras Psicológicas Completas de Sigmund Freud / Imago Ltda, 1977.

GARCIA, Basileu. *Instituições de Direito Penal*. São Paulo: Max Limonad, 1951.

GOMES, Luiz Flávio. *Erro de tipo, erro de proibição*. São Paulo: Revista dos Tribunais, 1996.

GIANFORMAGGIO, Letizia. Igualdade e Diferença: São Realmente Incompatíveis? In: BONACHI, Gabriela, GROPPI, Ângela (orgs). *O Dilema da Cidadania*. Direitos e Deveres das Mulheres. São Paulo: UNESP, 1994.

HABERMAS, Jürger. *Direito e Democracia, entre a faticidade e validade*. Rio de Janeiro: Tempo Brasileiro, 1997.

HEILBORN, Maria Luiza. *Gênero e Condição Feminina:* Uma Abordagem Antropológica. São Paulo: Imprensa Oficial do Estado de São Paulo, 1996.

HUNGRIA, Nélson. *Comentários ao Código Penal*. Rio de Janeiro: Forense, 1978, tomo II.

JESUS, Damásio Evangelista de. *Direito Penal*. São Paulo: Saraiva, 1997.

JOLIVET, Régis. *Curso de Filosofia*. Trad: Eduardo Prado de Mendonça. Rio de Janeiro: Agir, 1957.

LOURO, Guacira Lopes. *O Currículo e as Diferenças Sexuais e de Gênero* - O Currículo nos Limiares do Contemporâneo. Porto Alegre: DP&A, 1988.

LIMA, Agostinho J. de Souza. *Tratado de Medicina Legal*. Rio de Janeiro: Livraria Editora Leite Ribeiro, 1924.

LUNA DIAS, Luiz Antonio Silva de. *Obsolescência do infanticídio como crime autônomo*. Revista Forense. Rio de Janeiro: Forense, v. 344, 1988.

MAGGIORE, Giuseppe. *Derecho Penal*. Trad. José J. Ortega Torres. Bogotá: Temis, 1956, v. V.

MANNHEIM, Hermann. *Criminologia Comparada*. Trad. José Farias Costa e Manuel da Costa Andrade, Lisboa: 1965.

MARQUES, José Frederico. *Tratado de Direito Penal*. São Paulo: Saraiva, 1965.

MELLO, Dirceu de. *Infanticídio: algumas questões suscitadas por toda uma existência (do delito) de discrepâncias e contrastes*. Revista dos Tribunais, São Paulo: RT, v. 455, 1973.

MIR, José Cerezo. *Curso de Derecho Penal español*. Madrid, Espanha: Tecnos, 1985.

MUEL-DREYFUS, F. *Vichy et l'éternel féminin*. Paris, França: Éditions du Seuil, 1996.

NORONHA, Edgard Magalhães. *Direito Penal*. São Paulo: Saraiva, 1997.

PETROCELLI, Biagio. *Principi di Diritto Penale*. Nápoles, Itália: Cedej, 1955.

PEREIRA, Rodrigo da Cunha. *Direito de Família* - uma abordagem psicanalítica. Belo Horizonte: Del Rey, 1997.

PIERANGELLI, José Henrique. *Códigos Penais do Brasil* - Evolução Histórica. Bauru, São Paulo: Jalovi Ltda, 1980.

PETROCELLI, Biagio. *Principi di Diritto Penale*. Nápoles: Cedej, 1955.

PIMENTEL, Manoel Pedro. *Crimes de mera conduta*. São Paulo: Revista dos Tribunais e Universidade de São Paulo, 1968.

PRADO, Luiz Régis. *Manual de Direito Penal*. São Paulo: Revista dos Tribunais, 2000.

RIBEIRO, Leonídio. O papel do médico-legista na reforma do Código Penal. In: *Ciclo de Conferências sobre o Anteprojeto do Código Penal de Autoria do Ministro Nélson Hungria*. São Paulo: Imprensa Oficial do Estado de São Paulo, 1965.

SAFFIOTI, Heleieth Iára Bongiovani. Relações de Gênero: Violência Masculina Contra a Mulher. In: *Mulher e Dignidade* - Dos Mitos à Libertação. Pe. Helcion Ribeiro (coord). São Paulo: Paulinas, 1989.

SARLET, Ingo Wolfang. *A Eficácia dos Direitos Fundamentais*. Porto Alegre: Livraria do Advogado, 1998.

STÖLLER, Robert J. *Masculinidade e Feminilidade*- Apresentação de Gênero. Porto Alegre: Artes Médicas, 1993.

TOLEDO, Francisco de Assis. *Princípios Básicos de Direito Penal*. São Paulo: Saraiva, 1990.

ZAFFARONI, Eugenio Raúl. PIERANGELI, José Henrique. *Manual de Direito Penal Brasileiro*. São Paulo: Revista dos Tribunais, 1999.

Impressão:
Editora Evangraf
Rua Waldomiro Schapke,77 - P. Alegre, RS
Fones: (51) 3336-2466 - 3336-0422
E-mail: evangraf@terra.com.br